"十二五"普通高等教育本科国家级规划教材

大学体育教程

（第2版）

全国体育院校教材委员会　审定

郝光安　冯青山　主编

人民体育出版社

图书在版编目（CIP）数据

大学体育教程 / 郝光安, 冯青山主编. -- 2版. -- 北京：人民体育出版社, 2023 (2025.8重印)
ISBN 978-7-5009-6316-5

Ⅰ.①大… Ⅱ.①郝… ②冯… Ⅲ.①体育—高等学校—教材 Ⅳ.①G807.4

中国国家版本馆CIP数据核字(2023)第094233号

大学体育教程

郝光安　冯青山　主编
出版发行：人民体育出版社
印　　装：上海盛通时代印刷有限公司

开　本：787×1092　16开本　印　张：17.5　字　数：434千字
版　次：2012年12月第1版　2023年8月第2版
印　次：2025年8月第2版第27次印刷
书　号：ISBN 978-7-5009-6316-5
印　数：316,989—322,688册
定　价：45.00元

版权所有·侵权必究

购买本社图书，如遇有缺损页可与发行与市场营销部联系
联系电话：（010）67151482
社　　址：北京市东城区体育馆路8号（100061）
网　　址：https://books.sports.cn/

编委会

主　编　郝光安（北京大学　教授）
　　　　　冯青山（山西大同大学　教授）

编　委（排名不分先后）
　　　　　赵　岷（山西大同大学　教授）
　　　　　辛　锋（忻州师范学院　教授）
　　　　　王　江（山西师范大学　副教授）
　　　　　吴　剑（中北大学　教授）
　　　　　李　明（长治学院　副教授）
　　　　　李翠霞（山西大同大学　教授）
　　　　　宋　顺（山西大同大学　副教授）
　　　　　王　海（山西大同大学　副教授）
　　　　　彭　昆（河南工学院　副教授）

前 言

党的二十大报告中提出，到二〇三五年，我国发展的总体目标之一是"建成教育强国、科技强国、人才强国、文化强国、体育强国、健康中国，国家文化软实力显著增强"。教育是国之大计、党之大计。体育教育是学校教育的重要组成部分，是实现教育强国和体育强国总体目标的重要环节和有效途径。《关于全面加强和改进新时代学校体育工作的意见》提出，"学校体育是实现立德树人根本任务、提升学生综合素质的基础性工程，是加快推进教育现代化、建设教育强国和体育强国的重要工作，对于弘扬社会主义核心价值观，培养学生爱国主义、集体主义、社会主义精神和奋发向上、顽强拼搏的意志品质，实现以体育智、以体育心具有独特功能"。

大学教育是学生接受学校教育的最后阶段，也是个人行为习惯养成的关键阶段，如何实现让学生热爱并最终养成终身体育锻炼习惯的目标，是每位大学体育教育工作者应该深入研究的课题。学校教育离不开教材，教材是体现教育思想的重要载体。《大学体育教程》所体现的正是"立德树人""健康第一""终身体育""三全育人"的现代体育教育新思维。本教材编委会紧紧围绕《全国普通高等学校体育课程教学指导纲要》《高等学校课程思政建设指导纲要》的精神，在全国体育院校教材委员会的指导下，组织全国不同层级高等院校的专家和一线体育教师，在充分总结和研讨体育教学改革经验，借鉴国内外体育教育新思想的基础上，认真开展编写工作，严格把关教材质量。

本教材主要有以下四个特点。

一、继承。首先，继承了几十年来大学体育教材的编写方法、理念和体例结构，更能适应教师、学生对教材的使用和阅读习惯。其次，在内容选编方面尽量与中学体育课程衔接，尤其在单项技术方面，使学生接受起来不"断层"。

二、创新。主要体现在体育锻炼的目标评价方面。以往的很多教材忽略了评价标准，只提供了专业性的评价标准，没有考虑学生的个性差异。本教材提出个体纵向评价标准，即自主锻炼、自我评价，引导学生进入良性循环，养成经常锻炼的习惯。只要坚持锻炼，就能取得进步；取得进步，就能体会到成功的喜悦；体会到成功的喜悦，便有动力持续坚持锻炼。

三、简洁。简洁的编写理念贯穿全书。在理论课方面，本教材没有对名词、原理、概念做"解剖"式的阐述，而是有选择地对有利于提高学生体育文化素养和健身健心的知识进行了点题式介绍，引导学生通过自己的方式对感兴趣的课题进行深入探究。在技术课方面，摒弃了以往对动作要领所做的极其细致的描述，避免使学生望而生畏、望而生厌。本教材通过简洁的文字描述，配以标准示范图，使学生易学易练。

四、实用。在内容更新过程中，编写成员做了大量的调研，充分了解了大学生对体育课及自我体育锻炼的需求，在选材上尽量贴近学生生活。在第1版的基础上，第2版做了以下调整：一是增加了课程思政内容；二是增加了田径项目的相关内容；三是武术项目增加了五步拳，将四十二式太极拳、三十二式太极剑更换为练习人群更广的二十四式太极拳、初级剑术；四是二维码中所附的规则均根据最新版规则作了更新。

教材必须要在教学实践中不断完善，希望广大教师在使用过程中多提宝贵意见。错漏之处，恳请同行批评指正。

郝光安

2023年6月

目 录

理论篇

第一章　体育概述 ……………………………………………………………（2）

 第一节　体育的起源 ……………………………………………………（2）
 第二节　体育与人类发展 ………………………………………………（3）
 第三节　体育与身心健康 ………………………………………………（5）

第二章　体适能 ………………………………………………………………（14）

 第一节　体适能教育基础 ………………………………………………（14）
 第二节　心肺系统机能与健身促进 ……………………………………（16）
 第三节　肌肉力量与肌肉耐力 …………………………………………（21）
 第四节　柔韧性 …………………………………………………………（28）
 第五节　体育锻炼的基本原则与监控方法 ……………………………（33）
 第六节　实用健身运动处方 ……………………………………………（36）

第三章　营养及运动性伤病防治 ……………………………………………（42）

 第一节　营养知识基础 …………………………………………………（42）
 第二节　运动性伤病的防治与急救 ……………………………………（46）

技术篇

第四章　田径项目 ……………………………………………………………（65）

 第一节　田径运动概述 …………………………………………………（65）
 第二节　短跑 ……………………………………………………………（65）
 第三节　接力跑 …………………………………………………………（69）
 第四节　中长跑 …………………………………………………………（70）
 第五节　跳高 ……………………………………………………………（72）
 第六节　跳远 ……………………………………………………………（74）
 第七节　推铅球 …………………………………………………………（76）

第五章　球类项目 （80）

第一节　篮球 （80）
第二节　足球 （91）
第三节　排球 （100）
第四节　羽毛球 （110）
第五节　网球 （125）
第六节　乒乓球 （134）

第六章　武术与传统养生项目 （143）

第一节　武术运动概述 （143）
第二节　五步拳 （144）
第三节　初级长拳第三路 （146）
第四节　初级剑术 （161）
第五节　二十四式太极拳 （174）
第六节　健身气功·八段锦 （187）

第七章　其他项目 （191）

第一节　游泳 （191）
第二节　定向运动 （208）
第三节　瑜伽 （230）
第四节　健美操 （235）
第五节　毽球 （244）
第六节　高尔夫球 （249）
第七节　轮滑 （253）
第八节　跆拳道 （255）
第九节　太极柔力球 （261）

参考文献 （271）

理论篇

第一章　体育概述

第一节　体育的起源

一、原始体育的形成

体育是随着人类社会的发展而产生的，生产劳动是体育产生的最根本源泉。

恩格斯在《劳动在从猿到人转变过程中的作用》中指出"劳动创造了人本身"。原始人面对恶劣的生活环境，为了能够生存下去，必须跋山涉水，奔跑于荒原之中，依靠石块、木棍等原始工具追捕和猎杀猎物，以获取食物。这种生存方式尽管不能称之为体育，但它包含了攀爬、奔跑、跳跃、投掷和涉水等基本活动内容，由此构成了原始体育的萌芽。到了原始社会后期，人们为了提高生存能力，除了改进生产工具和狩猎技术外，还要和猎物在速度、力量、灵敏和耐力等方面竞争。这种生存竞争的需要，使以语言为媒介的技能传授和身体操练逐渐从单纯的生存手段中分离开来，演变成身体运动的形式，原始体育开始形成。

除此之外，随着物质和生存条件的改善，一些高于基本生活的身体活动开始出现在生活领域。例如，原始人通过宗教祭祀活动开展的舞蹈、角力运动，因部落之间的冲突而出现的各种格斗，为治疗疾病、强身健体而进行的一些保健活动等，这些也都是体育产生的源泉。

> **体育之窗**
>
> **毛泽东：文明其精神　野蛮其体魄**
>
> 毛泽东曾在《体育之研究》中提到"欲文明其精神，先自野蛮其体魄"，其大意为：想要让人们精神变得文明，应该先使他们的身体更强健。《体育之研究》是毛泽东于1917年4月发表在《新青年》上的文章，全面系统地论述了体育的价值与功能。《体育之研究》是青年毛泽东"对现实的担忧和负责"，对于我们今天发展体育运动、增强国民整体身体素质仍然具有深远的指导意义。
>
>
>
> 扫一扫
> 查看完整故事

二、奥林匹克运动会的起源

（一）古代奥运会

奥运会是在战争背景和祭礼形成中产生的，但它又表达了人民对和平的美好愿望，这种互相矛盾又互相制约的关系，使奥运会产生并延续下去。

古代奥运会的产生与希腊当时社会的政治、经济、文化和宗教有着密切的关系。奴隶社会的希腊，战争连年不断，为了取胜，各个城邦都利用体育锻炼来培养身强力壮的武士，体育运动就在这种情况下发展起来，逐渐形成了有组织的运动竞赛，为奥运会的产生打下了基础。

古希腊人信奉多神教，每逢重大的祭祀节日，各城邦都举行盛大的宗教集会，以唱歌、舞蹈和竞技等方式来表达对诸神的敬意。古希腊人认为宙斯神是众神之首，所以对他格外崇敬，对他的祭祀也格外隆重，促进了古代奥运会的产生。

公元前5世纪，古希腊奴隶社会进入了鼎盛时期，但随后不久，内部战争分歧，社会矛盾加剧。公元前5世纪末，爆发的伯罗奔尼撒战争使希腊奴隶制开始走向衰败，也是古代奥运会由兴到衰的转折点。战争使经济萧条，社会风气低下，运动竞技失去原来的意义，逐渐成为人们追求财富的手段，运动会上出现了营私舞弊、损人利己的不良倾向，古代奥运会的崇高理想受到扭曲。

公元前2世纪，罗马征服了希腊，闻名于世的古代奥运会走向全面衰落。公元4世纪末，统一了希腊的罗马皇帝狄奥多西一世宣布立基督教为国教，因此把祭祀宙斯神的古代奥运会当作是异教活动。为了维护罗马对希腊的统治，为了巩固基督教的地位，公元394年狄奥多西一世下令终止了古代奥运会。至此，举办了293届，历时1169年的古代奥运会从此消失了。

（二）现代奥运会

现代奥运会是以恢复古代奥运会的名义而构建的一个现代社会文化现象，它沿用了"奥林匹克运动会"的名称，继承了每四年举办的传统，借用和发展了某些仪式，吸收了公平竞争、奋勇拼搏、身心和谐发展的古代奥运会传统思想。但现代奥运会并不是古代奥运会的简单延续和翻版，它是在新背景下产生的新的社会文化现象，它们之间有本质的区别。

1883年，顾拜旦第一次提出举办类似古代奥运会的比赛，它不是简单的继承，而是把过去只限于希腊人参加的运动会扩大到世界范围。尽管顾拜旦的主张遭到一些反对，但在他的不懈努力下，1894年6月16日终于有20个国家的代表在法国巴黎大学召开了第一届"重建国际奥林匹克运动会国际会议"。会议作出决定，将于1896年在希腊首都雅典举行第一届现代奥林匹克运动会。希腊人对这次大会表现了极大的热情，出席开幕式的观众达8万人，这一数字直到1932年洛杉矶奥运会才被打破。从此，奥运会成为世界性的体育盛会。

第二节　体育与人类发展

一、生态环境与人类进化

自从进入以大量消耗自然资源为特点的工业时代后，人类逐步走进因为市场方式改变而产生的人工制造的物质环境中去，一个屏障在人类与自然之间悄然竖起，使我们的生存空间渐渐异化。人对自然环境的适应方式越来越直接，工业社会和信息革命加速了这一过程。工业社会强调规模化生产，以机器取代体力劳动，以分工限制人的全身运动；而信息革命更是将人的体力劳动降到了最低限度，知识经济使人的体力变得更缺乏意义，分散性的社会组织和多元化的生活方式使强制性的身体活动领域迅速萎缩。

正如大家所熟知的，人类对环境适应的能动性使人类通过自己的活动把自然生态环境变成了一种"人工自然"，人类通过改造客观世界适应了环境。由于人类对自然环境的改造，使自然这种不可控的必然力量对人的作用减小，使人类的生活环境平和优越，从而适应起来更加便捷。这是一种文明的进步，却又是生物形态结构、生理机能由复杂变为简单的退化。虽然人类积极的外向性活动在主观上暂缓了这一过程，但是受活动目的性质和对象的制约与限定，其影响和作用往往是局部的、片面的和不适宜的。同时，工具的改进和人类对心智发展的偏重使人自身也逐渐从直接参与外向性活动中解脱了出来，失去了发展的机会，客观地造成了人的身与心、体力和智力发展的不平衡。

二、人类进化中体育发挥的作用

（一）体育在人类新进化中的作用

体育是追寻健康最积极、最有益、最有趣的方式。而正是由于体育这种方式，缓解了人类文明进步与体质弱化、文化张扬与人类生物性运动能力衰退的矛盾。近代体育的出现，使在大工业中变得尖锐的综合性体力劳动过渡到片面性劳动的问题得到暂缓。人类进入信息时代，体力劳动急速转向脑力劳动，自然环境社会化、感性世界抽象化的趋势加速了矛盾的激化。超工业社会、信息社会导致人类个性的差异，客观上导致体育活动越来越丰富，并以其自身的魅力来吸引人。而体育也会走向体现对人类的关怀、以人为本、对人类的尊重的必然归宿，以培养人类健康身体的方式来提供快乐，努力保持人类作为一个生物物种的生存活力。

体育作为人类对自身进行改造的实践活动，再现了人类感性生命活动中的力度和灵性，表现了人的本质力量、人性中的自然天性，同时人类也从中体会到了自己的情感、意志和主体意识以及人类作为万物之灵的价值。

运动代表了人这一物种的力量，表达了在这个智慧力量远远胜过肉体力量的社会中，人们对逐渐失落的人的本质力量和自然天性的体味、留恋和向往。因为在人类社会的大多数活动中，人都扮演着工具的角色，屈从于某种外在的目的，但在体育中，人本身就是目的，是自己行动的主人，是行动的主体和客体，可以在跑、跳、投、翻腾、格斗、对抗之中意识到自己血肉之躯的感觉，体会到自己的力量、情感、意志和主体意识，从而能够找回自我。

正是体育在人类竭力追求理性和工具价值而导致的人体畸形和片面发展的同时，给予自己身体以补救，使人亿万年以来形成的正常功能得以幸存，从而保存了在文明过程中遗失的部分感性生命和物种的力量。从体育中，人类能真切地感受到自身的存在和生命的价值。

(二) 体育运动在人类新进化中发生作用的方式

可以认为，人之为人的最宝贵的创造性在这一系列过程中并没有丧失，反而得到了更好的发挥和增进的机会。但我们又不能不看到，仅有创造性也是不够的，人的全面发展还应包括一些如体力和肢体活动的协调能力等的基本能力。

人体通过体育锻炼而发生的"用进废退"现象属于后天获得性。虽然这是属于个体发育过程中的表型和性状变化，不会引起人体遗传基因的变化而直接传给后代。但生物学告诫我们："后天获得性一般是适应性的变异，它对生存有利。既然对生存有利，那么在进化中就有积极意义了。"

体育运动在人的生物学前提下，在人的个体生长发育的可塑性范围内与发展的可能性中，是通过积极的、有意识的"用进"和"废退"来实现协调合理发展的。在体育运动中，人的器官、系统怎样被经常利用就怎样发展；人的运动能力怎样被经常消耗就怎样被强化。因此，如果要强化人的某种能力或某系统的机能，就必须采用或构建一定的运动形式，使被强化的能力或系统在运动中能充分地发挥和利用。

体育运动怎样才能保证对自身的改造是合理的、科学的？这不单纯是一个生物学问题，更是一个严肃、复杂的社会问题。在人类社会不同的历史时期，对人自身的改造总是服务于当时社会发展对人社会化的具体规定和特定要求的。因而，在体育运动的生物学原则上，还存在社会学原则，它是人类社会发展的客观规律在特定历史阶段和发展水平的反映，限定和约束这个"用进废退"生物学原则在体育实践活动中的实际运用。

从整体水平上看，体育运动是有意识地为主动调节和转换人体功能状态而进行的身体活动，或者是使人体由一种功能状态转入另一种功能状态，抑或是在一种功能状态的不同层次或不同水平上转换。体育运动对人体功能状态的调节作用，实质上是一种物质与能量交换模式的改变。在运动中，不仅人体同外界物质与能量交换加大，而且人体内部的物质交换、物质与能量的转换也加速，打破了原有的机能平衡，使人体处于一种新的不稳定的动荡状态中。经常性地打破原有的平衡，必然造成人体的适应性发展。适应的结果既表现为人体易于从一种功能状态或水平转到另一种功能状态或水平，较快地完成由一种平衡状态被打破到新的平衡状态的建立，也表现在相应的形态结构和生理指标的改变上。概括地说，体育运动对人自身自然改造的生物学作用机制是通过身体活动造成人体功能状态或水平的改变进而发生的运动性适应。

第三节 体育与身心健康

科学技术的发展促进了人们生活水平的提高，改变了人们的作息方式。同时，在生活和工作中，体力活动和体力支出日趋减少，给人们的健康带来了负面影响。

随着生活水平的改善，逐渐改变着人们的饮食结构，人们在享受富足生活的同时，也给自身的健康带来了问题，所以越来越认识到了健康的重要性，进而有意识地选择体育锻炼来提高自身的身体和心理健康。

一、体育锻炼与身体健康

体育锻炼是通过科学的身体活动形式对人体各器官、系统进行一种良性刺激，促使身体的形态结构、生理机能等方面发生一系列适应性反应和变化，从而增强体质、增进健康。

（一）体育锻炼的健身作用

实践证明，体育锻炼对促进人体发展，增强体质具有重要作用。体育锻炼的健身功能如下：

①科学的体育锻炼不仅有利于人体骨骼、肌肉的生长，而且还能改善血液循环系统、呼吸系统、消化系统、排泄系统的机能状况，有利于人体的生长发育，提高抗病能力，增强有机体的适应能力。

②体质的强弱受多种因素影响，体育锻炼是增强体质的最积极、有效的手段之一。国际运动医学联合会原主席普罗科教授研究发现"不锻炼的人30岁起身体机能就开始下降，到35岁身体机能相当于最健康时的2/3，而经常锻炼的人到四五十岁身体机能还相当稳定，当他60岁时，心血管系统的功能大约相当于二三十岁不锻炼的人。这也就是说经常锻炼的人比不锻炼的人要年轻20~30岁"。国际运动医学联合会原主席霍尔曼教授指出："每天坚持跑步10分钟心脏可以年轻20岁。"

③科学的体育锻炼能改善神经系统的调节功能，提高神经系统对人体活动时错综复杂变化的判断能力，并及时作出协调、准确、迅速的反应，使人体适应内外环境的变化、保持机体生命活动的正常进行。

（二）体育锻炼的健脑作用

随着科技的不断发展，从事脑力劳动的人不断增多。用脑过度会使脑细胞转入抑制状态。如不做调整，则会导致记忆力减退甚至神经官能症而严重影响健康。

脑力劳动其机能特点是呼吸表浅，血液循环慢，新陈代谢低下，肌肉活动量少，但大脑神经却处于高度兴奋状态。根据高级神经活动的负诱导规律，运动中枢兴奋可以使思维、记忆中枢得到休息。科学研究证明，体育锻炼对大脑中枢神经系统有良好的刺激作用。改善大脑的供氧状况可消除大脑疲劳、提高大脑的工作能力。体育锻炼还能使大脑皮质及时、准确地调动植物性神经系统，尽早地进入工作状态，使大脑反应快，功能加强。这因为：

①体育锻炼能使脑细胞的数量和体积得到充分的发展。
②体育锻炼能完善大脑的传导系统。
③体育锻炼能改善大脑皮质的兴奋和抑制过程，促进条件反射的建立。
④体育锻炼能提高大脑皮质反应的灵活性和工作能力，有激活脑细胞的功能。

二、情绪对心理健康的影响

情绪是一种非常重要的心理现象，是人认知和行为的终结，是人格的核心心理特征。情绪由多成分组合、多维度结构、多水平整合，并为有机体生存适应和人际交往而同认知交互作用的活动过程和心理动机力量。情绪反映在生理活动之中，反映在表达方式之中，也反映在个体行为之中；它与认知相伴相生；它跨越文化，跨越人际，将人与人联系起来。一个人的情绪积极与否，直接关系到他的人际关系质量，关系到他的心理和生理健康，关系到他的事业成败和生活幸福。

（一）积极情绪对思维的促进作用

积极情绪是指个体由于体内外刺激、事件满足个体需要而产生的伴有愉悦感受的情绪，包括高兴、喜悦、兴奋、愉快、满足、轻松等。情绪对思维的影响是不可忽视的，它可以塑造我们的思维方式，从而影响我们的认知和行为。

心境可以影响记忆的组织以及对信息的使用，从而影响问题的解决过程。大量研究表明，正性感情促进思维的灵活性。感到愉快的人比一般感受状态的人更能对刺激物做出概念上的联想、发现差异和复杂关系，把情绪引入思维过程可以产生更有灵活性的计划、更有创造性的思维，改变原有的注意方向，并对个体产生动机作用。

（二）积极情绪与健康人格紧密相连

如果青少年有积极的思想，那么他就会体验到积极的情感，进而表现出积极的行为。反之，消极的思想必然带来消极的情绪体验和消极的行为表现。如果思想、情感和行为几方面经常表现出不协调性和非一致性，就会形成不健康或是病态的人格。

总之，积极的情绪不仅可以促进心理健康，也与生理健康紧密相连，良好的情绪能增加机体的抵抗力，起到防治的作用。

（三）消极情绪对心理健康的危害

消极情绪如冷酷、嫉妒、报复、抑郁等，是构成不良心理健康的成分。它给人们带来很多干扰和困难，给生活蒙上了阴影。消极情绪对心理健康的危害大致有以下几方面：
①影响生活质量，导致精神痛苦。
②干扰学习过程，影响才智的发挥。
③危害身心健康。

三、青年学生常见的心理障碍

在人生道路上，每时每刻都可能遇到各种不良的社会心理因素刺激。研究证明，适量的刺激对于个体的生存和发展是有益的，但过多、过强、过长的心理压力或刺激会影响人的心身健康，如致心因性精神障碍、心身疾病、神经症以及诱发或加剧内因性精神病或躯体疾病。

（一）适应障碍

适应障碍是指由于个体素养或个性的缺陷导致对日常生活中的紧张性刺激不能适当地调适，从而产生较明显的情绪困扰、适应不良行为或生理功能障碍，并造成社会功能（正常工作及人际关系）受损。适应障碍临床表现具体如下。

（1）以情绪障碍为突出表现的适应性障碍。

多见于抑郁者，表现为情绪低落、沮丧、失望、对一切失去兴趣，也有紧张不安、心烦意乱、心悸、呼吸不畅等表现。

（2）以品行障碍为突出表现的适应障碍。

多见于青少年，表现为侵犯他人的权利或违反社会道德规范的行为，如逃学、斗殴、破坏公物、说谎、滥用药物、酗酒、吸毒、离家出走、过早开始性行为。

（3）以躯体不适为突出表现的适应障碍。

患者感到疼痛（头、腰背或其他部位）、胃肠道症状（恶心、呕吐、便秘、腹泻）或其他不适，而检查又未发现躯体有特定的疾病，症状持续不超过半年。

（4）以工作、学习能力下降为突出表现的适应障碍。

患者原来工作学习能力良好，但出现工作能力下降、学习困难。

（5）以社会退缩为主的适应障碍。

患者以社会性退缩为主，如不愿参加社交活动、不愿上学或上班、常闭门在家，但不伴有抑郁或焦虑。

（二）人格障碍

严格意义的人格障碍，是变态心理学范围中一种介乎精神疾病及正常人格之间的行为特征。人格障碍是指人格特征显著偏离正常，使患者形成了特有的行为模式，对环境适应不良，常影响其社会功能，甚至与社会发生冲突，给自己或社会造成恶果。人格障碍常开始于幼年，青年期定型，持续至成年或者终生。

人格障碍的主要类型和特点具体如下：

（1）偏执型人格障碍。

以猜疑和偏执为主要特点。表现出普遍性猜疑，不信任或者怀疑他人的忠诚，过分警惕与防卫；强烈地意识到自己的重要性，有将周围发生的事件解释为阴谋、不符合现实的先占观念；过分自负，认为自己正确，将挫折和失败归咎于他人；容易产生病理性嫉妒；对挫折和拒绝特别敏感，不能谅解别人，长期耿耿于怀，常与人发生争执或沉湎于诉讼，人际关系不良。

（2）分裂型人格障碍。

以观念、外貌和行为奇特，人际关系有明显缺陷和情感冷淡为主要特点。对喜事缺乏愉快感，对人冷淡，对生活缺乏热情和兴趣，孤独怪癖，缺少知音，我行我素，很少与人来往，因此也较少与人发生冲突。

(3) 边缘型人格障碍。

又称暴发型或攻击型的人格障碍。以行为和情绪具有明显的冲动性为主要特点。发作没有先兆，不考虑后果，不能自控，易与他人发生冲突。发作之后能认识不对，间歇期一般表现正常。

(4) 强迫型人格障碍。

以要求严格和完美为主要特点。希望遵循一种所熟悉的常规，认为万无一失，无法适应新的变更，缺乏想象，不会利用时机，做事过分谨慎与刻板，事先反复计划，事后反复检查，不厌其烦。犹豫不决、优柔寡断也是其特点之一。

(5) 表演型人格障碍。

以高度的自我中心、过分情感化和用夸张的言语和行为吸引注意为主要特点。其行为目的是引起他人同情和注意。

(6) 悖德型人格障碍。

悖德型人格障碍又称反社会型人格障碍，以漠视他人权利和侵犯他人权利（即行为不符合社会规范）为主要特点。这种人感情冷淡，对人缺乏同情，漠不关心，缺乏正常的人间关爱；易激惹，常发生冲动性行为；即使给别人造成痛苦，也很少感到内疚，缺乏罪恶感，因此常发生不负责任的行为，甚至是违法乱纪的行为，虽屡受惩罚，也不易接受教训，屡教不改。临床表现的核心是缺乏自我控制能力。

(7) 自恋型人格障碍。

这种人自以为了不起，平时好出风头，喜欢别人的注意和称赞；好"拔尖"，只注意自己的权利而不愿尽自己的义务；他们从不考虑别人的利益，要求旁人都得按照他们的意志去做，不择手段地占别人的便宜，而不考虑对自己的名声有何影响；这种人缺乏同情心，理解不了别人的感情。

(8) 回避型人格障碍。

以社交抑制、情感不适当和对负面评价过分敏感为主要表现的一种人格障碍，显著特征是社会退缩。

(9) 精神分裂型人格障碍。

以脱离社会和在与人交往中表现明显受限为主要表现的人格障碍，患者通常很少报以微笑、点头和肢体动作。

(10) 依赖型人格障碍。

这是一类以过分服从和依附行为为主要表现的人格障碍，其主要特征就是过度依赖他人，构成这种自我淡化的原因是对遭遗弃的恐惧。

(三) 神经症

神经症，又称神经官能症或精神神经症。是一组精神障碍的总称，包括神经衰弱、强迫症、焦虑症、恐怖症、躯体形式障碍等，患者深感痛苦且妨碍心理功能或社会功能，但没有任何可证实的器质性病基础。神经症的发病通常与不良的社会心理因素有关，不健康的心理因素和人格特性常构成发病的基础。

(1) 共同特征。

共同特征是一组心因性障碍，人格因素、心理社会因素是主要致病因素，但非应激障碍；是一组机能性障碍，障碍性质属功能性非器质性；具有精神和躯体两方面症状；具有一定的人格特质基础但非人格障碍；各亚型有其特征性的临床表现；神经症是可逆的，外因压力大时加重，反之症状减轻或消失；社会功能相对良好；自知力充分。

(2) 症状表现。

神经官能症的症状复杂多样，有的头痛、失眠、记忆力减退；有的则有心悸、胸闷、恐怖感等。其特点是症状的出现与变化与精神因素有关。如有的胃肠神经官能症患者，每当情绪紧张时就会出现腹泻。植物神经紊乱的主要症状有以下几种：

①与精神易兴奋相联系的精神易疲劳表现为联想回忆增多，脑力劳动率下降，体力衰弱，疲劳感等。

②情绪症状表现为烦恼、易激惹、心情紧张等。

③睡眠障碍主要表现为失眠。

④头部不适感、紧张性头痛，头部重压感、紧束感等。

⑤内脏功能紊乱，胃胀、肠鸣、便秘或腹泻；心悸、胸闷、气短、肢体瘫软、乏力、濒死感；低热；皮肤划痕症阳性；女子月经不调，男子遗精、阳痿等。

(四) 性心理障碍

性心理障碍也称性变态，泛指以两性行为的心理和行为明显偏离正常，并以这类性偏离作为性兴奋、性满足的主要或唯一方式为主要特征的一组精神障碍。

(1) 性心理障碍类型。

性心理障碍主要分为性身份障碍、性偏好障碍。性身份障碍又分为性别改变症、双重角色异装症和童年性身份障碍3种。性偏好障碍主要有恋物癖、异装癖、窥阴癖、兽奸癖、施虐癖、受虐癖、摩擦癖、性窒息癖、恋尸癖。

(2) 防治性心理障碍的方法。

①精神分析疗法。精神分析疗法是通过医患之间的交流，施行心理疏导，从正面阐述正常性心理状况及性心理障碍的发生情况，通过认识疗法，让患者对治疗的目的、意义、方法、效果等全面了解。

②行为疗法。行为疗法是目前治疗性心理障碍比较有效的一种方法，它是通过围绕性兴奋或性高潮能力为轴心，运用变换刺激方式和强化训练方法以实现性行为重建。

③生物反馈法。通过现代高科技，使人学会控制和调整体内的生理活动，使患者全身松弛、消除紧张疲劳，同时调整勃起，建立正常的性兴奋信号，消除异常冲动的发生。

④药物疗法。包括使用性激素、抗抑郁剂、抗焦虑剂等，其目的是帮助消除某些抑郁、焦虑等不适症状和减少异常性冲动机会，防止产生不良后果，但单凭药物治疗难以痊愈，多作为一种辅助治疗。

(五) 精神分裂症

精神分裂症是一种精神科疾病，是一种持续、慢性的重大精神疾病，是精神病里最严重的一种，是以基本个性、思维、情感、行为的分裂，精神活动与环境的不协调为主要特征的一类最常见的精神病，多青壮年发病，进而影响行为及情感。

精神分裂症常见类型有以下几种：

①偏执型精神分裂症。本型为精神分裂症中最多见的一型。其临床表现主要是妄想和幻觉，但以妄想为主，这些症状也是精神病性症状的主要方面。妄想为原发性妄想，主要有关系妄想、被害妄想、疑病妄想、嫉妒妄想和影响妄想。这些妄想通常结构松散、内容荒谬。如出现关系妄想时，患者总觉得周围发生的一切现象都是针对自己的，都与自己相关；别人的议论是对他的不信任的评价、别人润嗓子发出的声音是在传递不利于自己的信息，别人瞥一眼是在鄙视自己等。

②青春型（瓦解型）精神分裂症。本型在精神分裂症中也较为多见。起病多在 18~25 岁的青春期。其临床表现主要是思维、情感和行为障碍。思维障碍表现为言语杂乱、内容离奇，难以为人理解；情感障碍表现为情绪波动大、喜乐无常、时而大哭、时而大笑，转瞬又变得大怒，令人难以捉摸；行为障碍表现为动作幼稚、愚蠢、做鬼脸、傻笑，使人无法接受。此外，也可能有妄想和幻觉，但较片面简单。本型病人生活难以自理，预后较差。

③紧张型精神分裂症。本型较为少见。起病较急，多在青壮年期发病。其临床表现主要是紧张性木僵，病人不吃、不动也不说话，如泥塑、木雕，或如蜡像一般，可任意摆动其肢体而不作反抗，但意识仍然清醒。有时会从木僵状态突然转变为难以遏制的兴奋躁动，这时行为暴烈，常有毁物伤人行为，严重时可昼夜不停，但一般数小时后可缓解，或复又进入木僵状态。本型可自行缓解，治疗效果也较理想。

④单纯型精神分裂症。本型较为少见。起病隐袭，发展缓慢，多在青少年期发病。其临床表现为思维贫乏、情感淡漠，或意志减退等"阴性症状"为主，早期可表现为类似神经衰弱症状，如精神萎靡、注意力涣散、头昏、失眠等，然后逐渐出现孤僻、懒散、兴致缺失、思维贫乏或松弛、情感淡漠和行为古怪，以致无法适应社会需要，但没有妄想、幻觉等明显的"阳性症状"。病情严重时精神衰弱日益明显。病程至少 2 年。本型预后最差，以痴呆状态为最终表现。

⑤其他型精神分裂症。精神分裂症除以上几种精神病性症状较为明显的类型外，尚有未分型、残留型和抑郁型等几种类型。未分型精神分裂症是指多种症状交叉混合，很难归入上述任何一型的精神分裂症，也可称为混合型。残留型精神分裂症是指在以"阳性症状"为主的活动期后迅速转入以"阴性症状"为主的非特征性表现的人格缺陷阶段的精神分裂症，本型在精神分裂症中也较为多见。抑郁型精神分裂症是指精神分裂症急性期除"阳性症状"外，同时伴有抑郁症状的精神分裂症，如精神分裂症其他各种症状减轻后才逐渐出现抑郁症状，则称为分裂症后遗抑郁状态。

(六) 心身疾病

目前，心身疾病有狭义和广义两种理解。狭义的心身疾病是指心理社会因素在发病、发展过程中起重要作用的躯体器质性疾病，如原发性高血压、溃疡病。广义的心身疾病就是指心理社会因素在发病、发展过程中起重要作用的躯体器质性疾病和躯体功能性障碍。显然，广义的心身疾病包括了狭义的心身疾病和狭义的心身障碍。

心身疾病可分为以下几类：

①循环系统：原发性高血压、冠状动脉硬化性心脏病、神经性心绞痛、阵发性室上性心动过速、功能性早搏、原发性青光眼。

②呼吸系统：支气管哮喘、神经性呼吸困难、神经性咳嗽。

③消化系统：消化性溃疡、慢性胃炎、胃下垂、过敏性结肠炎、神经性呕吐、神经性压食。

④神经系统：偏头痛、肌紧张性头痛、植物神经紊乱。

⑤内分泌系统：糖尿病、甲状腺功能亢进、肥胖症。

⑥泌尿系统：夜尿症、神经性尿频。

⑦皮肤：神经性皮炎、瘙痒症、过敏性皮炎、荨麻症、湿疹、多汗症。

⑧耳鼻喉：梅尼埃病、过敏性鼻炎、耳鸣、晕车。

⑨生殖系统：月经期不准、无月经症、痛经、更年期综合征、阳痿、早泄、阴痹、不孕症。

⑩骨骼肌肉系统：类风湿性关节炎、全身性肌肉痛、脊椎过敏症、痉挛性斜颈、颈腕综合征、面部痉挛。

四、体育锻炼对心理健康作用

体育锻炼是改善心理环境、增强心理健康的重要手段之一。研究表明，有氧练习和力量、灵敏性练习均可改善人的心理健康水平；长期进行体育锻炼和长期进行渐进性放松练习均可降低人的焦虑水平。体育锻炼作为一种发泄口，将各种烦恼、焦虑、不安等应激情况发泄出去，从而使心理得到平衡、增进心理健康。

体育锻炼能消除人的紧张情绪，发泄内心的冲动、烦闷和无聊，提高人的自信心和责任感，满足人与人之间的交往和有益的需要，磨炼人的性格和意志。经常参加体育锻炼，能显著地放松人们紧张的精神状态，改善人的自我感觉，消除沮丧和失望情绪，这是保持和增进心理健康，消除心理疾病的重要方法。

体育锻炼是一种低消费支出、低风险和低副作用的有效改善心理健康的手段，它对人们心理健康的积极影响表现在改善情绪状态。体育锻炼能直接给人们带来愉快和喜悦，并能降低紧张和不安，从而控制人的情绪，改善心理健康状况，培养坚强意志和良好的适应能力。

体育锻炼作为一种具有丰富、强烈情绪的体验的活动，是帮助青少年学生克服困难，培养坚强意志、获得奋发进取精神的有效手段。通过体育竞赛使学生增强自信、自我激励、争取不断地超越他人、超越自我，获得奋进向上的积极情绪体验。体育竞赛永远伴随着成功与失败，它可以增强学生承受挫折与失败、克服困难的能力，以及培养不屈不挠的良好意志品质、消除心理障碍、促进心理健康的形成。体育锻炼能够调节情绪，改善人际关系，有助于摆脱压抑、悲观等消极情绪，降低焦虑、忧郁等心理障碍的程度，从而形成健康心理，增进健康。

第二章 体适能

第一节 体适能教育基础

一、体适能的概念

体适能是指人们从事需要速度、耐力、力量和柔韧性等的身体活动的能力。体适能（Fitness）概念最早是由美国科学家提出的，从广义上讲，它是指人体适应外界环境的能力，是健康概念的一种延伸。由于"Fitness"一词的本意是"适当""适切性"，因此，有人将它理解为"健康"的意思，即身体各方面均处于适当的状态。

二、体适能的分类

目前国际上把体适能（Physical fitness）作为健身的一项主要目标。体适能因个人需求的不同分为运动体适能和健康体适能（图2-1）。

运动体适能主要包括速度、反应、爆发力、协调性和灵敏性等素质，这是运动选手为在竞技比赛中夺取最佳成绩所追求的体适能。

健康体适能主要包括心血管耐力、身体成分、肌肉力量和耐力及柔韧性等素质，这是一般人为了促进健康、预防疾病并提高日常生活、工作和学习效率所追求的体适能，基本涵盖了学校体育追求健康的目标。显然，对于大学生而言，需要的是健康体适能。

> **体育之窗**
>
> **袁隆平：一生热爱运动**
>
> "共和国勋章"获得者、"杂交水稻之父"、中国工程院院士袁隆平为我国和世界的粮食安全作出了不可磨灭的贡献。袁隆平从小就将个人前途与国家利益紧紧相连，在成为一名农业学家之前，他曾想过参军报国，也有过体育救国的梦想。终其一生，袁隆平都是一位体育爱好者，曾拿过武汉市的游泳冠军，酷爱打排球。而体育也给了袁隆平强健的身体，曾让他在90岁高龄依然能够出现在田间地头。被问到对于如何在科研工作中保持良好的体力和精神状态，袁隆平给出的答案很简单——体育运动。同时，体育也给了他精神上的激励。袁隆平最喜欢的运动员是郎平。他说，女排精神和他自己的性格其实是一样的，那就是不怕失败、永攀高峰。
>
>
>
> 扫一扫 查看完整故事

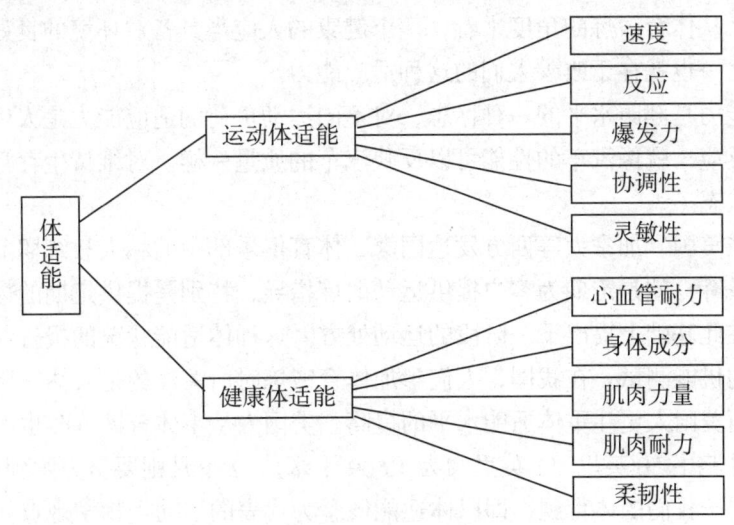

图 2-1　体适能分类及组成要素示意图

三、健康与体适能

在过去的医学生物学模式下，健康被认为是身体没有疾病的状态。而在现代生物—心理—社会模式下，健康概念则包括身体的、心理的和社会的三方面的含义。在这种新健康概念中，健康不仅是没有疾病，而且是指与个人工作、生活密切相关的身体、心理、社会适应三方面基本完好、协调的状态。健康体适能由心血管耐力、肌肉力量、肌肉耐力、柔韧性和身体成分组成，这些素质与人的健康有着密切关系。例如，心血管耐力与心脏健康有关，肌肉力量、耐力及柔韧性与背部和脊柱健康有关，而身体成分（或体脂比例）则与肥胖症有关。

关于体适能对健康的作用，早在1953年英国科学家摩利斯（Morris）就曾得出体力劳动有利于降低冠心病患病率的结论；同年，美国学者柯斯（Kraus）通过六项肌肉力量测试，提出美国青少年体力下降情况十分严重的报告后，经美国青少年体适能咨询委员会研究决定，于1958年在学校实施"AAHPERD青年健康测试法"……但直至20世纪70年代中期，美国学者通过研究提出质疑，认为"如果一个孩子50码跑的成绩不好，不一定就会影响健康"。于是人们才按运动训练和体育健康的不同需要，开始对健康概念中的体适能进行重新认识和研究，终于确定了把体适能分为运动体适能和健康体适能。在本教材中，主要对健康体适能概念、健身促进方法及手段等进行分析。

四、体育锻炼与健康体适能

随着社会的发展，人们生活、工作压力的提高，运动健身或体育锻炼的健康功能越来越受到人们的关注。体育锻炼的目的在于提高健康水平，其运动负荷和运动形式都与运动训练有很大的不同。从体育锻炼的角度来看，一个健康的人应当具备对环境的良好适应能力，体育锻炼的功能之一也就在于改善人们的这种适应能力。

人的运动能力是健康水平的一种标志，对不同运动负荷的适应能力是人体机能状态和体质状况的一种反应，就像汽车的性能可以反映汽车的质量一样。对维持生存活动的适应是体适能的最基本状态。

近年来，在美国、加拿大等西方发达国家，体育俱乐部中的私人教练职业备受人们的青睐。所谓私人教练，就是定期为客户提供运动锻炼指导，特别是提供定期的体适能状况的测试与评价，并在此基础上提出下一阶段的运动处方。这种体适能状况的报告一般是基于一系列运动状态下的机能测试。在我国，人们参加体育锻炼时所关注的是身体三围的变化和肌肉的某种改变，而美国人更注重体适能水平的提高。美国人从事体育锻炼时也经常给自己设定目标，如1个月跑了50英里（1英里约为1.609千米），2个月则要努力跑到70英里等。这体现了他们不同于我们的体育观，即以体适能概念为代表的运动生物学观点。人体之所以能够通过训练改善其体适能，是因为人体具有很强的适应外界环境的能力。在环境条件发生改变的情况下，人体能够很快地产生应激反应，或称"一般性适应症候群"，在这种应激刺激下，其机体功能状态得到提高。人体的这种特性被称为可训练性。除此之外，人体对外界环境的改变还具有恒常性的反应特点，即人体在环境变化的情况下能够保持机体功能状态的相对稳定，而不至于由于功能状态的变化引起身体的不适反应甚至产生伤害或疾病。在一定程度上，人体的可训练性与恒常性是一对矛盾。科学的运动锻炼就是利用合理设计的运动刺激，突破身体维持恒常性的机制，诱使身体产生抵抗力以对抗和适应身心受到的强烈的运动刺激。此种情况一再反复就会使身体产生较强的对抗运动刺激的适应能力，这就是体适能的提高。同时，科学设计合理的运动刺激本身就要求对运动主体的体适能水平进行估计和测量。

第二节 心肺系统机能与健身促进

倘若人的心脏一旦停止跳动，呼吸也再不能吐故纳新，那生命活动自然就会随即中止。基于此，要永葆生命具有活力，就必须经常不断加强心肺功能的锻炼，使它为生命活动提供最基本的源泉。

一、心肺系统机能与健康

心肺系统是指功能上有密切联系的循环系统和呼吸系统。心肺系统在为肌肉供应能源物质和运输氧气的过程中起重要作用。因此，心肺系统的机能是身体健康素质中最重要的组成要素，直接影响人们的学习效率和生活质量。心肺功能的适应能力是与健康密切相关的最重要的生理指标之一。

参加体育锻炼时，骨骼肌代谢增强，需氧量增大，机体通过调节使心肺系统活动加强以满足运动的需要。因此，定期的、有规律的有氧运动是提高心肺系统机能、抵御"现代文明病"最有效的手段。进行体育运动将对心肺系统机能产生如下影响。

一是增强心脏功能。

经常运动可以使心肌壁增厚,心脏重量增加,容积增大(表2-1)。平时冠状动脉血流量占输出量的8%~10%,但在运动时冠状动脉血流量可达安静时的10倍。由于心肌在锻炼中得到大量营养,心肌纤维变粗,收缩力增大,心搏率更加适应锻炼需求,出现心动徐缓,而且运动后恢复较快,使心力储备增加,更好地适应激烈运动。

表2-1 经常锻炼者与不经常锻炼者的心脏比较

项目	一般人	经常参加锻炼者
心脏重量(g)	300	400~450
心脏容量(ml)	765~785	1005~1027
心肌横断面(cm)	11~12	13~15
安静心搏率(b/min)	70~80	50~65
每搏输出量(运动时)ml	80~100	90~160

二是增加血液中红细胞、白细胞和血红蛋白含量。

一般人血液中红细胞含量男子为450万~550万个/升,女子为380万~460万个/升;经常运动的人可达700万个/升,且白细胞中具有免疫力的淋巴细胞比例明显增加。一般人血红蛋白含量为600克左右,而经常运动的人可达800克左右,这样可以更好地供应和输送氧气并有利于排除代谢产物。

三是增强血管功能,改善微循环,防治心血管疾病。

经常参加锻炼可使动静脉血管壁弹性提高,管径增大,有利于血液流动。运动还能使毛细血管扩张,能有效地改善微循环功能。经常锻炼还可以通过大脑皮质,调节血管收缩和舒张,使血压下降。经常参加运动的人比一般人高血压发病率低3倍,有助于预防心血管疾病。运动可预防运动不足症,长期静坐的人冠心病发病率是经常锻炼的人的2倍。事实表明,经常运动可以有效地防止冠心病的发生。

四是增强呼吸系统的功能。

经常锻炼可使肺活量增大。由于锻炼要大量耗氧,排除大量二氧化碳,加快了新陈代谢,使呼吸加快,增强呼吸肌、胸廓和呼吸器官的工作能力,能使人体承受更大的负荷强度。锻炼还能使呼吸道毛细血管密实,上皮细胞的纤毛活动和肺内吞噬能力增强,减少感染,防止呼吸道疾病,预防感冒。

二、心肺系统机能的测评

(一)评价心血管系统机能指标——台阶实验

测试方法:男生用高40厘米的台阶(或凳子),女生用高35厘米的台阶(或凳子)。测验前让受试者做轻度的准备活动,主要是活动下肢关节。上、下台阶的频率是30次/分,因而节拍器的节律为120次/分(每上、下一次是四动)。受试者按节拍器的节律完成试验,用2秒上、下一次的速度连续做3分钟。做完后，立刻坐在椅子上测量运动结束后的60~90分钟、120~150分钟、180~210分钟的3次脉搏数。用下列公式求得评定指数，计算结果中有小数的，对小数点后的1位进行四舍五入取整进行评分。

$$评定指数=\frac{踏台上、下运动的持续时间（秒）\times 100}{2\times（3次测定脉搏的和）}$$

【注意事项】

（1）心脏有病的人不能测试。

（2）按2秒上、下一次的节奏进行。当受试者跟不上节奏时应及时提醒，如果三次跟不上节奏应停止测试，以免发生伤害事故。

（3）上、下台阶时，膝、髋关节都应伸直。

（4）受试者不能自己测量脉搏。

（5）如果受试者不能完成3分钟的负荷运动，以实际上、下台阶的持续时间进行计算，计算公式和方法同上。

（二）评价肺功能指标——肺活量

测试方法：使用干燥的一次性口嘴（非一次性口嘴，则每换测试对象需消毒一次）进行测试。受试者做一两次较平日深一些的呼吸动作后，更深地吸一口气，向口嘴处慢慢呼出至不能再呼出为止，吹气完毕后，液晶屏上最终显示的数字即为肺活量毫升值。每位受试者测三次，每次间隔15秒，记录三次数值，选取最大值作为测试结果。以毫升为单位，不保留小数。

三、提高心肺系统机能的措施和方法

（一）有氧运动形式

发展与提高心肺系统功能比较有效的运动主要以有氧运动为主。有氧运动是指运动时人体需氧量和摄氧量达到动态平衡的运动，包括游泳、跳绳、走步、慢跑、爬山、划船、骑车等户外运动和各种有音乐伴奏的集体有氧健身操形式。做有氧运动时，体内不产生乳酸堆积，心率和呼吸保持在稳定的状态，因而持续运动时间长、安全性高、脂肪消耗多，有利于改善心血管系统的功能。

1. 步行锻炼法

步行是体育锻炼中最简便易行的运动。如果是以锻炼身体为目的的步行，当以100米/分左右的速度步行15分钟，其消耗的能量与以270米/分左右的速度骑自行车6分钟相当。若以更缓慢的80米/分左右的速度步行20分钟的话，其消耗的能量相当于以130米/分左右的速度骑行12分钟。可见，步行能够消耗大量的能量物质，对增进健康有着积极的作用。另外，步行在减肥过程中所起的作用也被许多研究所证明。而当以放松为目的进行步行时，可以使人身心得到放松,从而缓解各种生活和工作的压力。

2. 跑步锻炼法

跑步是一种有关肌群反复活动的全身性有氧运动。利用跑步消耗体内过剩的热量有助于减少体脂和控制体重。跑步消耗热量的多少主要取决于运动强度和持续时间,以270米/分的速度跑30分钟所消耗的热量要比以135米/分的速度步行30分钟所消耗的热量多得多,强度越大,消耗的热量也越多。因此,每个人要根据自己的具体情况来制订锻炼计划,循序渐进地增加练习时间和强度。大学生跑步的适宜运动强度如表2-2。

表2-2 大学生跑步的适宜运动强度

锻炼水平	跑步距离(km)	跑步速度(km/h)	运动强度(%,最大心率)
初级	2.7~3.2	8.0~9.6	60~65
中级	3.7~4.3	11.2~12.8	70~75
高级	4.8~5.3	14.4~16.0	80~85

3. 游泳锻炼法

游泳的锻炼价值与跑步有很多相似之处,两者的主要不同是游泳以手臂和腿的运动推动人体在水中前进的同时,还必须付出一定的能量使身体免于下沉。因此,在水中游与跑步同样的距离,其消耗的能量是跑步的4倍之多。人体通过克服来自前进中的阻力获得对肌肉力量和耐力的锻炼。由于水的浮力减轻了人体承重关节的负荷,水的良好导热性又帮助锻炼者散发运动时产生的热量,因此,游泳锻炼虽然消耗的能量较多,但心率却相对于处较低的水平,是一种更为安全的健身方法。

4. 跳绳锻炼法

坚持跳绳锻炼能提高心血管系统和呼吸系统的功能,提高肌肉长时间工作的能力。此外,跳绳对速度、灵敏、协调等身体素质也有较高的要求,锻炼同样会使这些身体素质得到增强。应该注意的是,跳绳是一种比较剧烈的运动,应根据自己的身体状况制订切实可行的计划和目标。

5. 有氧操锻炼法

有氧操是一种以锻炼身体为目的,以徒手运动为基础,并在音乐伴奏下进行的健身活动。每个人都可以根据自己的年龄特点、体能状况和锻炼目的等,选择或自编有氧操进行锻炼。

有氧操是一种充满活力的体育锻炼方法,在提高心血管系统和呼吸系统工作能力方面具有明显作用。有氧操锻炼可以使体重得到有效的控制,而良好的体能和健美的身材能使人自信增强。另外,有氧操练习中体验到的轻松和快乐还能减轻人精神上的烦恼和痛苦,使情绪得到改善。

6. 自行车锻炼法

同跑步和游泳一样，自行车锻炼能使人体在生理上产生理想的应答反应。通过锻炼能有效地增强肌肉力量，提高机体的耐久力并使体重得到控制。另外，在有关健康的研究中，几乎没有因自行车锻炼的过度负荷而导致运动损伤的报道。因此，自行车锻炼不仅可以成为人们日常进行体育锻炼的良好手段，还能在受伤后的康复期内作为保持身体活动能力的有效替代练习。

（二）有氧练习的方法

1. 综合练习

综合练习是由几种不同的锻炼内容组成的，如第一天是跑步，第二天为游泳，第三天骑自行车。综合练习的一个优点就是避免日复一日进行同一种练习的枯燥感，并且可以防止身体同一部位的过度疲劳。

2. 持续练习

持续练习是指长时间、长距离、慢节奏和中等强度（约70%最大心率）的锻炼，也是一种最受欢迎的心肺锻炼方法。如果运动强度不增加，锻炼者就能轻松地完成身体练习。一次锻炼时间可持续40~60分钟。

3. 间歇练习

间歇练习是指重复进行强度、时间、距离和间歇时间都较固定的锻炼方法。练习持续的时间各不相同，一般为1~5分钟。每次练习后有一休息期，休息期的时间与练习时间相等或稍长于练习时间。间歇练习比持续练习能使学生完成更大的运动量，且锻炼的方式可以有所变化。

4. 法特莱克练习

法特莱克（Fartlek）是瑞典词，意思是"速度运动"，是一种与间歇练习相似的长距离跑的锻炼方式，但练习时间与休息时间的比例不固定。法特莱克的锻炼地点比较随意，可减少枯燥感。

（三）有氧练习的有效练习强度和频率

健身效果与有氧训练的频率、强度和每次训练的持续时间有关。因此，在进行有氧练习时，要科学地控制练习强度和频率。
- 选择主要以大肌肉群而不是小肌肉群参与的运动方式。
- 每周练习3~5次，运动持续时间30~60分钟。
- 运动强度控制在"靶心率"（指能获得最佳锻炼效果并能确保安全的运动心率）范围内。这个心率范围是既安全，又有效的。

第三节 肌肉力量与肌肉耐力

一、肌肉力量、耐力与健康

肌肉力量是指肌纤维收缩时所产生的力,它是力量性活动的基础。肌肉力量的大小与肌肉生理横断面的大小密切相关,和性别、年龄没有直接关系。肌肉粗细是由肌纤维的粗细决定的,人的肌纤维蛋白含量会随着运动负荷的增加而逐渐增加。因此,经常进行训练的人会拥有发达的肌肉,而普通人则很单薄。

肌肉耐力是指肌肉长时间工作的能力,它是从事耐力性活动的基础。肌肉耐力的大小取决于肌肉中毛细血管的发达程度和肌肉血流量的多少。反复进行活动,能激活那些没有进入工作状态的毛细血管活力。因此,经常参加锻炼,可使肌肉的耐力逐步得到增强。

二、肌肉力量和耐力的测评

(一) 评价下肢爆发力指标——立定跳远

测试方法:受试者两脚自然分开站立,站在起跳线后,脚尖不得踩线(最好用线绳做起跳线)。两脚原地同时起跳,不得有垫步或连跳动作。丈量起跳线后缘至最近着地点后缘的垂直距离。每人试跳三次,记录其中成绩最好的一次。以厘米为单位,不计小数。

(二) 评价上肢肌肉力量指标——握力

测试方法:受试者两脚自然分开成直立姿势,两臂自然下垂。用有力(利)手持握力器,全力紧握三次(此时握力器不能接触衣服和身体),记录握力器显示数字,取最大值。以公斤为单位,测试时保留1位小数。

(三) 评价腹肌耐力指标——仰卧起坐

测试方法:受试者全身仰卧于垫上,两腿稍分开,屈膝成90°左右,两手指交叉贴于脑后。另一同伴压住其踝关节,以便固定下肢。受试者起坐时两肘触及或超过双膝为完成一次。仰卧时两肩胛必须触垫,记录1分钟内完成次数。

三、增强肌肉力量和耐力的措施与方法

负重抗阻练习是增强肌肉力量的基本手段,通过不断增加肌肉克服阻力大小的力量练习就可以发展肌肉的力量。不论性别和年龄的差异,只要每周进行适当的力量练习,都可以增

加肌肉组织，促进健康。

（一）力量练习的类型

根据肌肉收缩的类型，力量练习可分为等张练习、等长练习和等动练习。

1. 等张练习

肌肉以等张收缩的形式进行负重或不负重的动力性抗阻练习，称为等张性练习或动力性练习。等张练习是最常用的力量练习法。等张练习能有效地发展动力性力量，改善神经肌肉的协调性，但不足之处是在整个动作过程中不能保证肌肉每次收缩的负荷都相等，容易造成在某些关节运动角度上肌肉负荷不足，因此，只能按照力量最弱的关节运动角度来安排负荷，在整个练习中负荷往往偏小。

2. 等长练习

肌肉以等长收缩的形式使人体保持某一特定位置或对抗固定不动的阻力练习，称为等长性练习或静力性练习。它能有效地发展静力最大力量和静力耐力。

等长力量练习与等张力量练习主要有两个方面的区别：其一是等长力量的发展是高度特异性的，如果采用等长练习来发展某一特定动作的力量，可能在动作的所有范围内的某几点上进行不同的等长性练习，而等张练习在整个动作的关节范围内肌肉力量都能得到发展；其二是大强度等长练习中，由于血液循环条件不良和憋气等影响，大脑血流量减少，容易引起头昏眼花等不良反应。

3. 等动练习

等动练习是借助于专门的等动训练器，在动力状态下完成练习的方法。在整个练习中关节运动在各角度上均受相同的较大负荷，从而使肌肉在整个练习中均能产生较大的张力。

（二）常用力量练习方法

1. 发展胸部肌肉

练习1：卧举杠铃。将杠铃降低到轻轻地接触胸部的位置。垂直上举，直至手臂伸直，然后再收回来。为了均匀地锻炼胸大肌，应该试着变换手握的位置。肘部成直角是抓握的基本型，握的位置窄一点对胸部中央有效，握得宽一点对胸的外侧有效。如果想锻炼胸的上、下侧，就把杠铃靠近脸部或腹部。

练习2：哑铃划弧。仰卧，将胸部张开，肘部屈曲到锻炼凳以下，像划弧一样将哑铃上举，到达胸上部后慢慢将姿势复原（图2-2）。

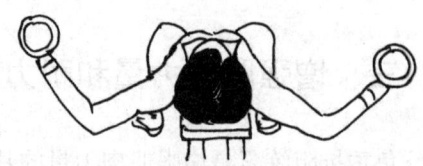

图2-2 哑铃划弧

练习3：斜凳举铃。将锻炼凳设置为斜坡形，将肘部向左、右拉，使哑铃下降至靠近胸部的位置。双手将哑铃慢慢地举起，直至手臂与地面垂直为止（图2-3）。

练习4：双杠屈臂撑。

方法1 站在双杠之间，握住把手。屈曲腰部和腿部，使大腿和地面平行。头稍向前倾，看着自己的膝盖。一边留意自己胸部肌肉，一边将身体从地板上撑起（图2-4）。以这种姿势慢慢地将胳膊伸直撑起身体，然后复原。

方法2 将膝盖屈曲成直角，使小腿与地面平行。正视前方，挺直上身和腰部。一边注意胸部肌肉，一边从地面将身体撑起（图2-5）。以这种姿势慢慢地将胳膊伸直撑起身体，然后复原。

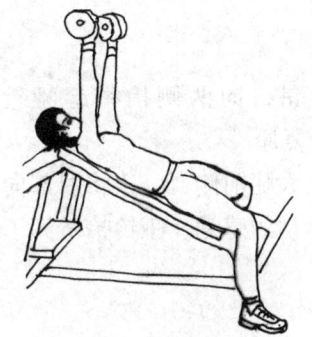  

图2-3 斜凳举铃　　　　图2-4 双杠屈臂撑（方法1）　　　图2-5 双杠屈臂撑（方法2）

2. 发展背部肌肉

练习1：向下拉滑轮杠（后方）。坐在拉杠器的椅子上，伸开胳膊握住滑轮杠，肘部不要完全伸直，肩膀要尽量向上提起，就像朝耳朵贴近一样。一边意识到背部肌肉，一边慢慢地将滑轮杠向下拉，到达能够接触到头部的位置后再复原（图2-6）。

练习2：向下拉滑轮杠（前方）。胳膊不要伸太直，以肘部稍微屈曲的姿势握住滑轮杠。两手间距离是肩宽的两倍。肩膀要尽量向上提起，就像朝耳朵贴近一样。将胸部张开，像是将肩胛骨靠拢一样慢慢地将滑轮杠拉到胸的上部（图2-7）。

 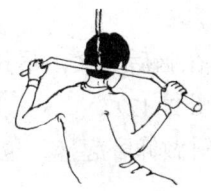 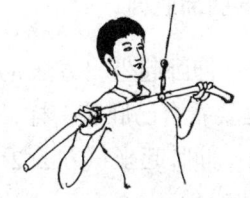

图2-6 向下拉滑轮杠（后方）　　　　图2-7 向下拉滑轮杠（前方）

练习3：凳上拉滑轮。坐在滑轮前的板凳上，双腿踏在脚台上。上身前倾握住把手，肘部用劲向后拉，胸部张开后再慢慢地复原（图2-8）。

练习4：背部伸展。设置背部锻炼台，使垫子能紧紧地贴在大腿上。脚腕固定好之后，将上身屈成直角，两手在脑后交叉，用腰部和臀部的肌肉慢慢地将上身提起，与地面平行后再将姿势复原（图2-9）。

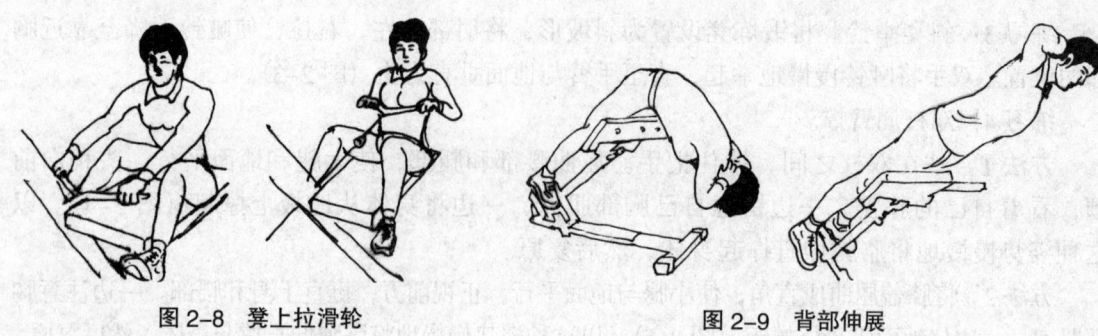

图 2-8　凳上拉滑轮　　　　　　　　　图 2-9　背部伸展

3. 发展肩部肌肉

练习 1：向两侧抬举哑铃。两手握着哑铃站立，肘部稍屈，向两侧抬举起哑铃（图 2-10）。充分注意肩部肌肉，将哑铃举到肩膀的高度后再慢慢复原。

练习 2：开肘抬举哑铃。将背部伸直站立，两手握住哑铃放在大腿前侧，一边将肘部向两侧张开，一边抬举哑铃（图 2-11）。注意要有用肩、肘部向上抬举的感觉。哑铃抬举到了胸口上部后再回到原来的位置。

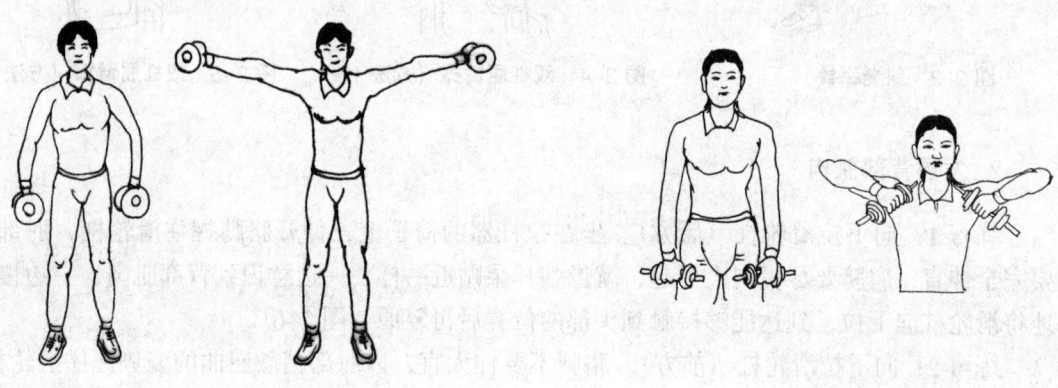

图 2-10　向两侧抬举哑铃　　　　　　图 2-11　开肘抬举哑铃

4. 发展腹部肌肉

练习 1：仰卧起坐（方法 1）。膝盖屈曲，两手在脑后交叉。尽量收缩腹部，蜷起背部，感觉就像是要看自己肚脐一样，然后慢慢地复原（图 2-12）。

练习 2：仰卧起坐（方法 2）。将身体向侧面倾斜做仰卧起坐，也可以一边起坐，一边扭动身体（图 2-13）。

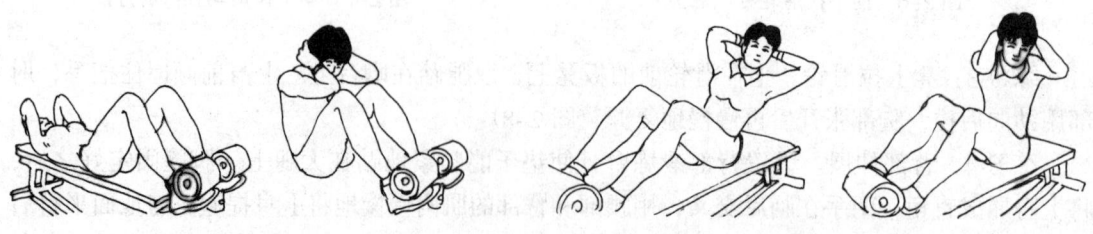

图 2-12　仰卧起坐（方法 1）　　　　图 2-13　仰卧起坐（方法 2）

练习3：收腹提肩。仰卧，将小腿放在锻炼凳上，两手在脑后交叉，像要看自己肚脐一样，慢慢地将背部蜷起，肩胛骨抬起来，慢慢地复原（图2-14）。

练习4："V"字形腹肌强化法。坐在锻炼凳上，上身稍向后倾斜，两手紧握锻炼凳边支撑身体，挺直腰部和背部，膝盖稍稍屈曲，双腿抬高，然后慢慢放下，用力收缩下腹部（图2-15）。

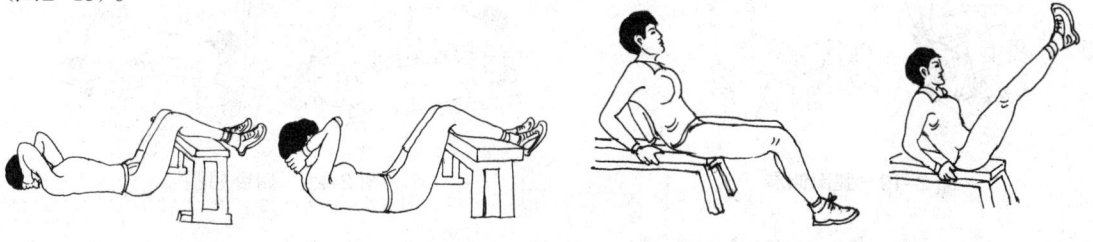

图2-14 收腹提肩　　　　　　　图2-15 "V"字形腹肌强化法

练习5：仰卧收腹举腿。仰卧在锻炼凳上，将臀部以下伸出凳外，双手紧握住头两侧的凳边，膝部稍稍屈曲，将双腿向上提起，臀部稍微离开凳面以后慢慢地将双腿放下（图2-16）。

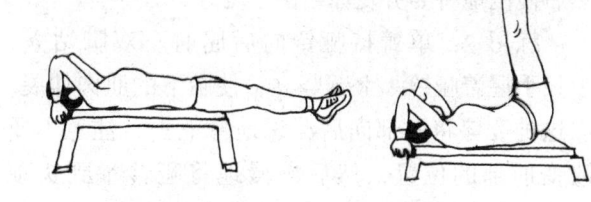

图2-16 仰卧收腹举腿

5. 发展腿部肌肉

练习1：蹲起运动。将杠铃扛在肩上，两脚与肩同宽自然站立，双手从杠铃的后方握住杠铃，背部自然伸直，目视前方蹲下，直到脚后跟差不多要翘起来为止，然后姿势复原（图2-17）。

练习2：踮脚起踵。脚尖站在垫脚板上，伸展背部，往下压脚后跟；慢慢地抬起脚后跟，变成用脚尖站立的姿势，然后还原（图2-18）。负重起踵可以采用快慢结合来练习。

 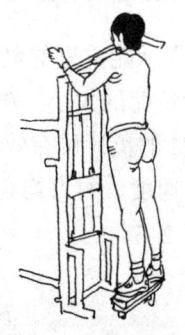

图2-17 蹲起运动　　　　　　　　　图2-18 踮脚起踵

练习3：腿部伸展。坐在伸腿器上，调节椅子的位置，使脚腕向前伸时正好碰到垫子上，握住腰两侧的把手来支撑身体，慢慢地将腿伸直，然后复原（图2-19）。

练习4：俯卧屈腿。趴在屈腿运动器械上，将位置调节好后，使垫子正好贴靠在跟腱附近，双手握住把手或者台子的边缘，慢慢地弯曲腿部，然后复原（图2-20）。

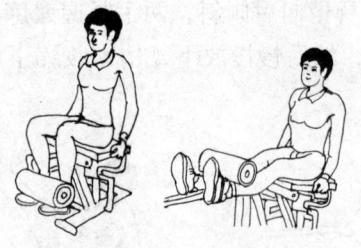

图2-19 腿部伸展

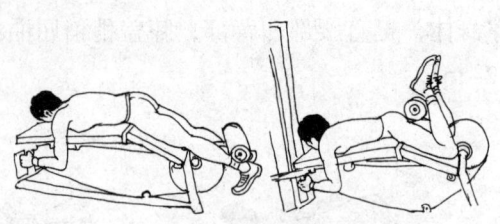

图2-20 俯卧屈腿

6. 发展手臂肌肉

练习1：持哑铃屈肘。笔直站立，两手下握哑铃，屈曲肘部，将哑铃慢慢地抬起向肩部靠近，然后慢慢地将姿势复原（图2-21）。

练习2：单臂持哑铃向后屈肘。双脚站立，一只手握着哑铃。上臂竖立，使腋下的肌肉伸展。以这种姿势将肘部向后深深地弯下去，注意不要改变肘部的位置，然后慢慢地将哑铃举到头顶（图2-22）。

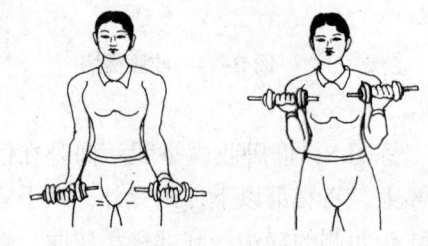

图2-21 持哑铃屈肘

（三）力量练习的控制指标

在练习过程中，可以采用不同的 RM 和 SET 组合，以达到不同的锻炼效果。

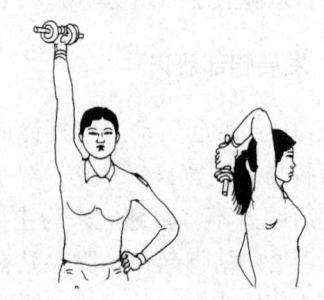

图2-22 单臂持哑铃向后屈肘

1. RM（Repetition Maximum）

RM 是表示能重复的最大次数，即进行某一重量的练习时，用一次连续练习的最大重复次数来衡量负荷的大小。RM 代表能最大重复多少次的重量，而不反映重量的绝对值。研究表明，30RM 的负荷可有效改善肌肉耐力，但对力量和速度的提高不明显。10~15RM 的负荷能使力量、速度、耐力均有提高，同时，增大肌肉体积。不同目的的力量练习时的强度、组数组合如表2-3。

表2-3 不同目的力量练习时的强度、组数组合

强度（RM）	组数	效果
3~6	3~6	主要发展肌肉绝对力量
8~12	3~6	主要发展肌肉体积
15~30	4~6	主要发展肌肉耐力

2. SET

SET 是指一次无间歇的最高重复次数的练习，称为一组。例如，练习者对某一重量只能连续举起 10 次，那么 10 次就算一组。一般认为，一次练习可在 3~6 组。

3. 每组练习的间隔时间

力量练习各组间的间隔时间，一般以肌肉能完全恢复为准。肌肉在练习后的 3~5 秒时已恢复 50%，2 分钟时完全恢复。如果练习是为了增强肌肉的力量，练习的间隔时间不太重要，一般在 1 分钟左右；如果是为了增加肌肉的耐力，在 6~8 周练习中，练习的间隔时间应从 2 分钟逐渐减少到 30 秒。

4. 每次练习的间隔时间

如果进行全身的肌肉练习，每隔一天练习会获得最佳的锻炼效果。假如每天坚持力量练习，应该训练不同的肌肉群。但应注意，恢复时间不能过长（4 天或 4 天以上）。

若每天进行力量训练，20 周后力量提高 100%，如果停止练习，30 周后力量消退到原来水平。若每周练一次，进行 45 周，力量只能增加 70%，但消退得也慢，70 周后仍保持在较高水平。另外，也有研究证明，通过练习，力量增加后，如果每隔 6 周进行一次力量练习，可以使力量的消退速度大幅延缓；如果每两周进行一次力量训练，可使已获得的力量得到保持。

5. 练习顺序的安排

合理安排练习的顺序可以防止疲劳的发生。应先安排大肌肉群的练习，再安排小肌肉群的练习，其原因是小肌群比大肌群较早产生疲劳。

典型的力量练习顺序模式为：①大腿、腰部；②腿部（股四头肌、大腿后部肌群、小腿三头肌）；③躯干部（背、肩、胸）；④上臂（肱三头肌、肱二头肌、前臂肌肉）；⑤腹部；⑥颈部。

此外，还应注意不要在两个相继的练习中使用同一肌群，以保证肌肉在每次负荷后有足够的恢复时间。

【注意事项】

要逐渐增加负荷重量（某一重量能举起 12 次时，负重量大约可增加 5%）；要调整好呼吸，尽量少憋气，用慢呼气来协助最大用力，自然呼吸（小重量）；力量练习后要做拉伸与放松练习。

（四）不同针对性的力量练习

1. 以健身和保持形体为目的

力量训练和有氧训练相结合，每周 2~3 次力量练习，3~4 次有氧练习。采用 40%~50%

重量的中低强度，以增强肌肉弹性。每个身体部位练习2组，每组15~20次，腰腹的练习次数应多些。

2. 以增加体重，增强体质为目的

以力量练习为主，有氧练习为辅。每周至少进行3次力量练习，隔天为宜，有氧练习作为力量练习前的热身。力量练习采用50%~70%重量的中等强度，以增加对肌肉的刺激。每组做到接近极限的次数，每个部位每周练2次，每次各部位练12次，重复2~3组。

3. 为减轻体重，减少脂肪为目的

以有氧练习为主和适当的力量练习，力量练习每周3次，采用"低强度、多次数"的方法，腰、腹、臀等部位每周力量练习3次，其余部位为1次。25~30次一组，重复2~3组。应注意的是，每周体重下降应控制在1~2公斤。

第四节　柔韧性

柔韧是一种重要的人体运动素质。20岁以后的人随着年龄的增长，柔韧性会逐渐降低。缺乏柔韧性运动，长期以一种固定的姿势生活、工作、学习是人体柔韧素质退化的主要原因。由于生活水平和生存环境及学习紧张的制约，我国不少大学生缺乏柔韧锻炼，身体关节活动受到限制，肢体动作变得僵硬、不协调，柔韧性变差，肌肉活动范围变小。此时，如果做较大范围的动作或应付突发情况，身体就会出现运动伤害。

一、柔韧性与健康

柔韧素质是指人体各个关节的活动幅度，以及肌肉、肌腱和韧带等软组织的伸展能力。身体的柔韧性是支撑运动器官的机能特征，它决定着身体各个关节动作的幅度和灵活性，也可以反映身体各个关节活动时，髋关节的韧带、肌腱、肌肉、皮肤和其他组织的弹性和伸展能力。

关节的活动幅度主要取决于关节本身的装置结构；髋关节的肌肉、肌腱、韧带等软组织的伸展，则主要通过合理的训练获得。经常做伸展练习，可以保持肌腱和韧带的弹性，关节的活动范围将明显加大，灵活性也将增强，还可以减少由于动作幅度加大、扭转过猛而产生的肌肉和关节的损伤。

柔韧性运动又称伸展运动，这种运动最强大的功能是可以扩展关节的活动范围，使僵硬的肌肉得到舒解，增加身体的协调性，提高工作能力和减少运动伤害的产生。人体的每个动作，都与关节、肌肉、肌腱、韧带的运动相联系。

单独进行柔韧性练习虽然不能明显地增强心肺耐力，强化肌力或减肥，但它却是任何运动前必须进行的项目，而且它不受场地、器材等的约束，所以容易为人们喜爱和接受，如柔韧体操、韵律操、瑜伽招式等都属发展柔韧素质之列。柔韧运动是所有人必须重视的。长期

处于紧张工作状况的人常引发神经性头痛，如果适时进行伸展运动，可以使后颈、肩胛和背部僵硬紧绷的肌肉放松，从而预防或减缓这类疼痛的发生。就女性而言，精心设计的伸展体操可以减轻女性生理疼痛。柔韧性运动还有一个重要的功效就是可以预防和矫正人们不良的体姿，如头部前倾、圆肩、高低肩或摇摆肩、驼背等。这些不良体姿不但影响风度、形象，还会造成生理上的病痛。据运动科学理论，形成优美的体姿和预防运动性损伤最有效的方法是经常进行柔韧性运动。关节周围肌群的延展性功能的衰退，是人体柔韧性减退的主要表现和原因。因此，要提高人体柔韧性，就必须对人体所有关节及关节周围的肌群适时给予有效的刺激，以加强人体的柔韧性素质。

二、柔韧性测评

身体柔韧性主要通过立位体前屈或坐位体前屈指标的测试来表现，侧重反映上体、腰、髋等的关节、肌肉和韧带的柔韧程度。

测试方法：受试者两腿伸直，两脚平蹬测试纵板坐在平地上，两脚分开 10~15 厘米，上体前屈，两臂伸直向前，用两手中指尖逐渐向前推动游标，直到不能前推为止（图 2-23）。测试计的脚蹬纵板内沿平面为 0 点，向内为负值，向前为正值。记录以厘米为单位，保留一位小数。测试两次，取最好成绩。

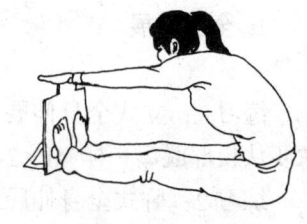

图 2-23　坐位体前屈测试方法

三、发展柔韧性的方法和要求

（一）柔韧性练习方法分类

发展柔韧性的练习方法归纳起来，可以分为主动柔韧性和被动柔韧性练习，而主动柔韧性和被动柔韧性又都可以分为动力性练习和静力性练习（表2-4）。

表 2-4　不同类型柔韧性练习方法

柔韧性练习类型	举例	特点
主动柔韧性的动力性练习	肩绕环、扩胸、振臂、转腰、涮腰、踢腿等	在主动肌的力量和速度不断增长的条件下，不断发展对抗肌的柔韧性
主动柔韧性的静力性练习	控腿、拱腰、桥等	使主动肌保持一个相对静止的收缩状态，通过有意识地逐步放松对抗肌，使之慢慢拉长
被动柔韧性的动力性练习	压肩、压腿等	对于活动关节、协调主动肌和对抗肌的运动，发展肌肉的力量、爆发力等是一项很好的方法
被动柔韧性的静力性练习	拉肩、吊肩、耗腿、搬腿、劈叉、压脚背等	在自身体重或外力作用下，肌肉被强制拉伸

主动柔韧性是指，练习者靠自身肌肉的收缩而增大关节活动范围和肌肉、韧带的伸展度

的练习；被动柔韧性是指，练习者的某部肌肉在松弛的状态下，被自身体重或外力作用而引起关节活动范围增大的练习。

动力性伸展练习是通过身体部位的用力摆动来达到拉长肌肉、肌腱和韧带的目的；静力性伸展练习是在有意识的控制下慢慢地拉长肌肉，而不是通过用力地去摆动身体部位来拉长肌肉。静力性伸展练习对发展柔韧性之所以有效是因为它不产生牵张反射，比动力性伸展练习要安全，不易拉伤肌肉。

做静力练习时要注意：①在体温升高的条件下再进行练习；②练习时应充分拉长肌肉；③肌肉处于酸胀的状态下保持一定的时间。

（二）伸展练习的方法

1. 全身伸展

练习1：立式全身伸展。笔直站立，双手在头顶上交叉，双臂夹住耳朵，伸展上身使之像要从腰部脱离一样（图2-24）。收紧腹部，感觉到肩部和腰部竖直伸展。

练习2：卧式全身伸展。双臂伸直，双手在头顶上交叉，拉拽上身（图2-25）。绷紧腹部和背部，使劲伸展膝部和脚腕。

2. 身体侧面伸展

练习1：体侧和腰部伸展。双手、双膝着地，然后一只手支撑体重，另一只手伸直，有意识地伸展腋下的肌肉（图2-26）。

练习2：基本体侧伸展。两脚略宽于肩站立，一只手高举过头，将重心移到另一只脚上，用力伸展从腰到手臂的部分，另一只手叉于腰上，保持身体稳定（图2-27）。

图2-24 立式全身伸展　　图2-25 卧式全身伸展　　图2-26 体侧和腰部伸展　　图2-27 基本体侧伸展

3. 上身伸展

练习1：背部伸展。学猫的样子做背部伸展，双手、双膝着地，低头，用力收腹拱起背部，感觉脊椎被逐节伸展(图2-28)。

练习2：消除腰痛的伸展。双手、双膝着地，一边吸气一边目视前方，使上身向上翘起，就像要将肚脐贴在地板上一样（图2-29）。

4. 肩部伸展

练习1：肩部到上臂伸展。一只手在与肩同高的位置穿过胸前向另一侧伸直，另一只手在肘部附近将伸直的手臂向胸部拉，目视前方（图2-30）。也可以将脸朝向伸展肩膀的一边看，效果会更好。

练习2：肩膀、背部、胸上部伸展。肘部贴在地板上，双手向前伸展，抬高腰部，用力伸展背部到指尖（图2-31）。

练习3：肩膀、肱三头肌、腋下伸展。一只手向上举起，手臂弯到头部后方，抬起另一只手，两手抓在一起后再慢慢地伸展（图2-32）。

图2-28　背部伸展

图2-29　消除腰痛的伸展

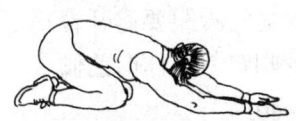

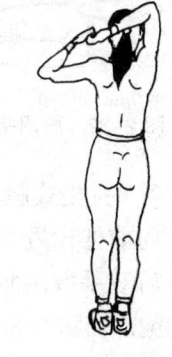

图2-30　肩部到上臂伸展　　图2-31　肩膀、背部、胸上部伸展　　图2-32　肩膀、肱三头肌、腋下伸展

5. 腰部伸展

练习1：腰和体侧。坐在地板上，将一条腿伸直，另一条腿交叉在伸直的腿上面，将身体向弯曲腿的方向扭动，上臂压着膝部，慢慢地做伸展运动（图2-33）。

练习2：屈膝。仰卧，两膝屈曲，贴近胸部；两手抱住膝盖，伸展腰部，使臀部稍稍抬起（图2-34）。将颌部向下压，背伸直。

6. 背部伸展

练习1：增强背部柔韧性。俯卧，双手放在肩前着地，支撑着上身，慢慢伸直肘部（图2-35）。

练习2：伸展颈部到腰部。仰卧，两手撑住腰部，双腿上抬，将膝部屈曲，使之向脸部靠近。将背部屈曲，使之向脸部靠近。将背部向上抬起，直到肩胛骨离地为止，腿伸到头的上方（图2-36）。

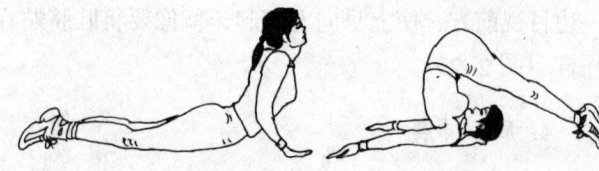

图2-33 腰和体侧　　图2-34 屈膝　　图2-35 增强背部柔韧性　　图2-36 伸展颈部到腰部

7. 腿部伸展

练习1：股四头肌伸展。用一只手支撑着头部躺下，屈曲上面的腿，抓住脚腕伸展（图2-37）。

练习2：立式腿内侧伸展。两脚分开站立，身体向一条腿的方向前屈（图2-38）。

练习3：卧式腿内侧伸展。仰卧，抬起一条腿，用两手握住，然后伸展腿部（图2-39）。

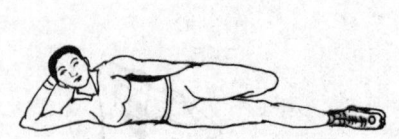

图2-37 股四头肌伸展　　图2-38 立式腿内侧伸展　　图2-39 卧式腿内侧伸展

练习4：坐式腿部伸展。屈膝而坐，一条腿笔直地向前伸，另一条屈曲的腿的脚跟要避开臀部，然后双手抱住伸出的腿的脚腕，身体向前倾斜，使胸部向腿部贴近（图2-40）。

练习5：弓步腿部伸展。一只脚大步向前迈出，后腿的膝盖着地，前腿膝部屈曲成直角，伸展背肌，两手放在膝盖上支撑着身体，下压腰部直到后腿跟部伸开为止（图2-41）。

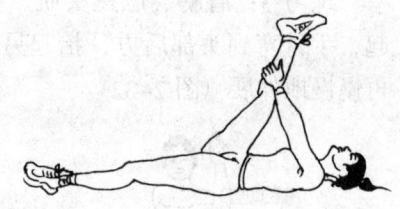

图2-40 坐式腿部伸展

8. 股关节伸展

练习1：基本伸展。两脚心并在一起坐下，双手将脚握住，向自己身体方向拉，使两膝分别向两边地面贴近（图2-42）。

练习2：股关节和内旋肌伸展。一条腿横向伸出，另一条腿向外屈曲，下压腰部，在伸出的

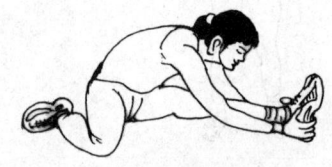

图2-41 弓步腿部伸展

腿肚伸展开后保持静止状态，另一条腿也有意识地将膝部向外伸展（图2-43）。

练习3：股关节、腰部、内转肌伸展。尽量将腿张开坐下，一边努力不让膝部屈曲，一边慢慢地使上身前倾（图2-44）。脚腕屈曲对腿肚有效，注意膝盖和脚尖不要向内侧旋转对股关节起作用。

 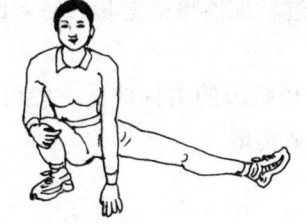 

图 2-42　基本伸展　　　图 2-43　股关节和内旋肌伸展　　　图 2-44　股关节、腰部、内转肌伸展

(三) 柔韧性练习的基本要求

柔韧性练习要循序渐进，持之以恒才能收到良好的效果。同时，还需根据自己的具体情况，在安排练习时注意每周练习的次数、每次练习的强度和重复次数。青少年时期，肌肉韧带的弹性、伸展性具有较大的可塑性，在这一时期注意发展柔韧素质可以获得比较理想的效果。

科学安排发展身体柔韧性的基本要求如下。

（1）做柔韧性练习之前一定要做热身活动，以身体感到微微出汗为宜。

（2）每周应进行 3~5 次的柔韧性练习。发展柔韧性需要时间作保证，低强度、长时间和多次数是发展柔韧性练习的基本特征。

（3）柔韧性练习的强度应逐渐增加。肌肉、关节的伸展强度应随着肌肉和关节活动范围的逐渐增大而逐步加大，做到"酸加、痛减、麻停"。

（4）要循序渐进地安排柔韧性练习时间。在柔韧性练习的起始阶段，对每项内容要重复 3 次，每次使肌肉和关节保持静止 10 秒即可，经过一段时间的练习后，重复次数和保持时间可以逐渐增加到 3 次以上和 30 秒。

（5）柔韧性练习应兼顾身体各关节、肌肉柔韧性的全面发展。

第五节　体育锻炼的基本原则与监控方法

一、体育锻炼的基本原则

(一) 超负荷原则

超负荷原则是指，在进行体育锻炼时身体或特定的肌肉所受到的刺激，强于不锻炼或强于已适应的刺激强度。

发展有氧耐力水平可以通过增加每周的练习次数、每次练习的持续时间和练习的强度达到超负荷的锻炼目的。

发展肌肉力量练习的超负荷，可通过增加器械的重量、练习的次数或组数及缩短每组练习的间歇时间。

超负荷原则同样也适用于发展关节和肌肉的柔韧性，一般可通过增加肌肉的拉伸长度、拉伸持续的时间及加大关节活动的幅度来实现。

（二）循序渐进原则

体育锻炼对增强体质、促进健康的作用是循序渐进、逐步提高的。循序渐进原则是保持体育锻炼动机和欲望及预防运动损伤的重要保证。要想获得理想的锻炼效果，增加运动负荷不宜太慢或太快，应在进行体育锻炼或发展某种身体健康素质时逐渐增加运动负荷。

（三）安全性原则

安全性原则要求在体育锻炼的过程中始终注意保护自己，做到安全第一。其主要内容如下。

（1）不要盲目参加超过你能力的活动，应该通过力所能及的体育活动来锻炼身体。

（2）在有条件的情况下，请体育教师或专家根据你的体质健康状况给你开运动处方，指导你有目的、有计划地进行安全、科学的锻炼。

（3）每次锻炼前必须做好充分的准备活动，克服内脏器官的生理惰性，预防运动损伤的发生。

（4）饭后、饥饿或疲劳时应暂缓锻炼；生病刚愈不宜进行较大强度的锻炼。

（5）对于不熟悉的水域，不要随便入水游泳或潜水，以免发生意外。在公共游泳场所游泳时，要注意公共卫生，服从工作人员的管理。

（6）每次锻炼后，要注意做好整理、放松活动。这样有利于促进身体的恢复，以便迅速投入学习活动。

（7）在锻炼的过程中，不要大量饮水，以免加重心脏的负担或引起身体及肠胃的不适反应。运动后，不宜即刻洗冷水澡。

（8）在制订或实施自己的锻炼计划前，一定要经过体检并得到医生的认可。如果你患有某种疾病或有家族遗传病史，需要找医生咨询，在有医务监督的情况下按照体育教师和医生的建议进行锻炼。

二、体育锻炼的 FIT 监控原则

FIT 是次数（Frequency）、强度（Intensity）和时间（Time）的英文缩写，是人们从事以健康为目的的运动必须采用的基本监控方法。

（一）次数

次数表示一个人的运动周期，如每周进行身体锻炼的次数。要想获得良好的体育锻炼效果，每周至少应该进行锻炼 3~5 次。

（二）强度

对有氧运动的强度控制可以通过测量心率来实现。在进行有氧运动时，心率应控制在靶心率范围内。在力量练习中，可以通过调控练习器械的重量、练习组数和次数来贯彻 FIT 监控原则。要使自己现有的身体健康素质水平逐步得到提高，就必须在适应一定的运动强度后，逐渐加大运动强度，即完成适应—不适应—适应这样一个循环往复锻炼的渐进过程。

（三）时间

时间是指每次运动的持续时间。为了提高心肺循环系统的耐力，有氧运动每次应至少持续进行 20~30 分钟。练习的强度会直接影响持续运动的时间，而在大多数情况下控制运动时间要比控制运动强度容易得多。

三、心率的监控作用

（一）评定心脏功能

人们做同样的活动，如上楼梯、做广播体操等，心脏功能好的人心率低，恢复到安静心率的速度快；反之，心率高，恢复到安静心率的速度慢。

（二）判断运动疲劳

运动后第二天的晨脉没有恢复到前一天的晨脉，则表示出现了运动疲劳，应减少运动量。

（三）确定运动强度

在一定范围内，心率与运动强度成正比。

（四）结合运动负荷评定心功能

可用台阶实验来评定心功能。

四、体育锻炼与环境

人与周围环境有着密不可分的关系，参加体育锻炼当然与环境须臾不可分。

（一）太阳射线对人体的不良影响

在阳光下锻炼身体，可以直接接受太阳辐射到地球上的光线、紫外线和红外线，它们对人类的健康与生存尤为重要。但是，这些射线也随时威胁着健康。尤其在当今，大气臭氧层遭到破坏的情况下，过多的太阳射线对人体有不良影响。

（二）冷热环境中的体育锻炼

运动时，人体内产热量会大幅增加，特别是剧烈运动时能比平时增加100倍以上。因此，在热环境中进行体育锻炼，必须采取防暑措施，否则就有患病的危险。

冷环境下，肌肉的黏滞性增大，伸展性和弹性降低，更容易引起运动损伤。在运动时不要穿太厚的服装，以免在运动时出汗较多，运动后感冒。运动后要及时穿好衣服以保持身体温度。

（三）空气环境对体育锻炼的影响

在气温适中时，空气的湿度对人体影响不大，而在高温或低温时，较大的湿度对人体十分不利。在一般情况下，适宜的湿度为40%~60%。大气中的二氧化碳是影响体育锻炼效果的重要污染物，它可导致胸腔发闷、咳嗽、头痛、眩晕及视力下降等，严重的还可导致支气管哮喘。因此，在体育锻炼时一定要对环境进行适时地监控，将不利于健康的因素控制到最低点。

第六节 实用健身运动处方

一、改善身体形态的运动处方

（一）增加身高

1. 机理

一个人的身高取决于先天遗传和后天环境两大因素，其中70%~75%取决于父母亲遗传的先天因素，20%~25%取决于后天因素，如营养、睡眠、运动、气候、疾病等。人的身高的生长是有年龄限制的，不是什么时候都在长。一般男子在20~25岁，女子19~23岁，身高便停止生长。人的身高取决于下肢骨的发育情况，而体育运动有机械物理作用，适当运动可以产生刺激骨骼的压力，使长骨生长，使身高增加；运动引起的身体内环境的变化，可以促进能量物质的代谢，加快血液循环，改善骨骼营养，调节激素水平，促进生长发育，增加身高。

2. 增加身高的运动项目

促进身体长高的运动处方如表 2-5 所示。

表 2-5　促进身体长高的运动处方

姓名	性别	年龄	专业

运动目的：促进身体长高
准备活动：活动各关节，慢跑，柔韧性运动
主要运动：
1. 单杠悬垂
2. 纵跳摸高（单脚起跳、双脚起跳）
3. 快速上、下坡跑
4. 跳绳练习
整理运动：放松按摩
运动强度：心率 130~160 次/分
运动频率：2~3 次/周
运动持续时间：每次 40~60 分钟
注意事项：
1. 运动要循序渐进，不可操之过急
2. 具体运动组数根据强度与时间进行制定
3. 运动之后注意休息，保证睡眠充足，饮食多样化

(1) 全身大肌肉群参加的全面身体锻炼，如跑、跳、球类运动等。
(2) 肢体伸展类运动、单杠悬垂、跳绳练习、深蹲跳、摸高练习。
(3) 增高操：用力伸展上体—抱膝伸腰—额头挨地叩拜—静力状态伸展全身—手握立柱下蹲。
(4) 户外活动项目。

（二）控制体重（肥胖）

1. 机理

脂肪是人体不可缺少的成分，在人的生命活动中起重要的生理作用。体脂要适当，脂肪过多的肥胖者会造成身体器官功能和代谢障碍，诱发许多如高血压、冠心病、高脂血症、糖尿病等慢性疾病。由吸收热量大于消耗热量所引起的肥胖，称单纯性肥胖，可以通过体育锻炼和控制饮食达到减肥目的。由内分泌功能紊乱等疾病而造成的肥胖，称为继发性肥胖，则一定要请医生进行检查治疗。这里我们谈的肥胖属于单纯性肥胖。各个年龄阶段都有可能发生肥胖，除了与家庭遗传有关之外，还与饮食和生活习惯密切相关。

2. 控制体重的运动项目

控制体重的运动处方如表 2-6 所示。

表 2-6　控制体重的运动处方

姓名		性别		年龄		专业	

运动目的：控制体重
准备活动：活动各关节，慢跑，全身伸展性运动
主要运动：
　　1. 进行耐力性练习（慢跑、自行车、游泳）
　　2. 适当地参加球类运动（羽毛球、乒乓球、篮球等）
　　3. 各种力量练习（仰卧起坐、俯卧撑、俯卧抬上体、提踵、立卧撑，哑铃操）
整理运动：舒缓的舞蹈练习
运动强度：心率 110~140 次/分
运动频率：2~3 次/周
运动持续时间：每次 40~60 分钟
注意事项：
　　1. 在上述三项"主要运动"中可任选一项或几项进行
　　2. 运动要低强度、时间稍长为宜
　　3. 控制好运动量，不可为过快减轻体重而加大运动量
　　4. 体重缓慢下降比较好控制，要持之以恒
　　5. 根据体力与心血管情况进行运动强度、运动量的调整

（1）耐力运动项目：长距离的步行与远足，以及自行车、游泳等。

（2）力量性练习：仰卧起坐、俯卧撑、俯卧抬上体、提踵、立卧撑，以及各种器械体操（哑铃操）等。

（3）各种球类运动：乒乓球、羽毛球、排球、篮球等。

二、增强身体机能的运动处方

增强身体机能的运动处方如表 2-7 所示。

表 2-7　增强身体机能的运动处方

姓名		性别		年龄		专业	

运动目的：提高心肺功能、有氧耐力
准备活动：活动各关节，全身伸展性运动
主要运动：
　　1. 慢跑　　2. 快速走　　3. 走跑交替　　4. 游泳　　5. 爬楼梯
　　6. 体育舞蹈　　7. 韵律操　　8. 自行车　　9. 爬山运动　　10. 球类运动
整理运动：调整呼吸，肌肉放松，舞蹈练习
运动强度：心率 130~160 次/分
运动频率：3~5 次/周
运动持续时间：每次 30~40 分钟
注意事项：
　　1. 在 1~10 的运动项目中每次任选一项活动
　　2. 具体运动组数可根据强度与时间进行制定
　　3. 运动时调匀呼吸，不可忽快忽慢。用鼻吸气、用口鼻呼气
　　4. 运动幅度不宜过大，但要持续一段时间

三、发展身体素质的运动处方

(一) 发展肌肉力量

发展肌肉力量的运动处方如表 2-8 所示。

表 2-8 发展肌肉力量的运动处方

姓名	性别	年龄	专业

运动目的：发展上下肢肌肉力量
准备活动：活动各关节，全身伸展性运动，慢跑
主要运动：
 1. 哑铃提铃至胸练习 2. 哑铃背飞、侧飞 3. 哑铃上举练习
 4. 哑铃快速前推、卧推 5. 负重高抬腿   6. 负重跨步跳
 7. 立定三级跳（多级跳）
整理运动：全身肌肉放松
运动强度：小负荷，中强度，心率 110~130 次/分
运动频率：2~3 次/周
运动持续时间：每次 30~40 分钟
注意事项：
 1. 在 1~7 的运动项目中选择性组合
 2. 具体运动组数可根据强度与时间进行制定，负重小，组数可多一些
 3. 准备活动充分，整理运动彻底放松

(二) 发展耐力

发展耐力素质的运动处方如表 2-9 所示。

表 2-9 发展耐力素质的运动处方

姓名	性别	年龄	专业

运动目的：提高心肺功能、有氧耐力
准备活动：活动各关节，慢跑
主要运动：
 1. 慢跑 2. 快速走 3. 走跑交替 4. 游泳 5. 爬楼梯
 6. 体育舞蹈 7. 韵律操 8. 自行车 9. 球类运动
整理运动：调整呼吸，肌肉放松
运动强度：心率 130~160 次/分
运动频率：3~5 次/周
运动持续时间：每次 30~50 分钟
注意事项：
 1. 在 1~9 的运动项目中每次任选一项活动
 2. 运动中保证运动强度与运动时间
 3. 运动时调匀呼吸，不可忽快忽慢
 4. 运动幅度不宜过大

（三）发展速度

发展速度、提高无氧耐力的运动处方如表 2-10 所示。

表 2-10　发展速度的运动处方

姓名	性别	年龄	专业

运动目的：发展速度，提高无氧耐力

准备活动：慢跑，活动各关节，全身伸展性运动

主要运动：

　　1. 30 米跑　2. 60 米跑　3. 100 米跑　4. 120 米跑　5. 150 米跑　6. 200 米跑

整理运动：调整呼吸，肌肉按摩放松

运动强度：心率 130~160 次/分

运动频率：3~5 次/周

运动持续时间：每次 30~40 分钟

注意事项：

　　1. 在 1~6 的运动项目中每项进行各 5 组，每组间歇从 30 秒起依次递增 30 秒

　　2. 运动准备活动要充分，以免拉伤

　　3. 整理活动尽量放松，有助于乳酸代谢，体力恢复

（四）发展灵敏性

发展灵敏性的运动处方如表 2-11 所示。

表 2-11　发展灵敏性的运动处方

姓名	性别	年龄	专业

运动目的：发展身体灵敏性

准备活动：活动各关节，全身伸展性运动，慢跑

主要运动：

　　1. 一对一互相拍背游戏　2. 一对一攻防抢断球（篮球）　3. 听口令急起急停练习

　　4. 各种跳绳练习　　　　5. 各种灵活性游戏（喊数抱团游戏、攻城游戏等）

整理运动：慢跑

运动强度：心率 120~140 次/分

运动频率：3~5 次/周

运动持续时间：每次 30~40 分钟

注意事项：

　　1. 具体运动组数可根据强度与时间进行制定

　　2. 运动注意组间隔时间

　　3. 运动随机应变，反应迅速

（五）发展身体柔韧性

发展身体柔韧性的运动处方如表 2-12 所示。

表 2-12　发展身体柔韧性的运动处方

姓名		性别	年龄	专业

运动目的：提高身体柔韧性

准备活动：慢跑，活动各关节，全身伸展性运动

主要运动：

1. 面向肋木压肩练习　　2. 肋木上压腿：正压腿、侧压腿
3. 站位体前屈　　　　　4. 弓箭步压腿
5. 扑步侧压腿　　　　　6. 手扶肋木踢腿练习：正踢腿、侧踢腿、后踢腿
7. 劈叉练习：纵叉，横叉

整理运动：全身放松，舒缓舞蹈

运动强度：心率 110~130 次/分

运动频率：3~5 次/周

运动持续时间：每次 30~40 分钟

注意事项：

1. 准备活动时身体微微出汗
2. 具体运动组数可根据强度与时间进行制定
3. 运动幅度由小到大，不可用力过猛，要循序渐进
4. 运动后整理放松要充分

第三章 营养及运动性伤病防治

第一节 营养知识基础

1983年在日内瓦WHO（世界卫生组织）所召开的HFA（2000年人人享有卫生健康）的大会上，呼吁政府必须看到动员大学支持HFA的重要性，强调"初级健康"更有赖于政府和大学的支持与合作。WHO和专家们都认为，没有大学的支持和帮助，就难以实现HFA的目标。中共中央、国务院《关于深化教育体制改革，全面推进素质教育的决定》中指出："健康体魄是青少年为祖国和人民服务的基本前提，是中华民族旺盛生命力的体现。学校教育要树立健康第一的指导思想，切实加强体育工作，使学生掌握基本的运动技能，养成坚持锻炼身体的良好习惯……培养学生的良好卫生习惯，了解科学营养知识。"

健康中国，营养先行

营养是人类维持生命、生长发育和健康的重要物质基础。中国营养学会发布的《中国居民膳食指南（2022）》中提炼了"平衡膳食八准则"，为大众日常饮食提供了更科学、更营养、更健康的指导，其中包括食物多样，合理搭配；吃动平衡，健康体重；多吃蔬果、奶类、全谷、大豆；适量吃鱼、禽、蛋、瘦肉；少盐少油，控糖限酒；规律进餐，足量饮水；会烹会选，会看标签；公筷分餐，杜绝浪费。

扫一扫查看
膳食平衡八准则

一、人体消化系统及其功能

消化系统由消化管和消化腺两部分构成（图3-1）。消化管包括口腔、咽、食管、胃、小肠和大肠，能产生运动，对食物进行机械性消化；消化腺包括唾液腺、胆、胰及消化管壁的小腺体，能生成和分泌消化液，对食物进行化学性消化。消化系统的主要功能是消化食物、吸收营养物质及排出食物残渣。

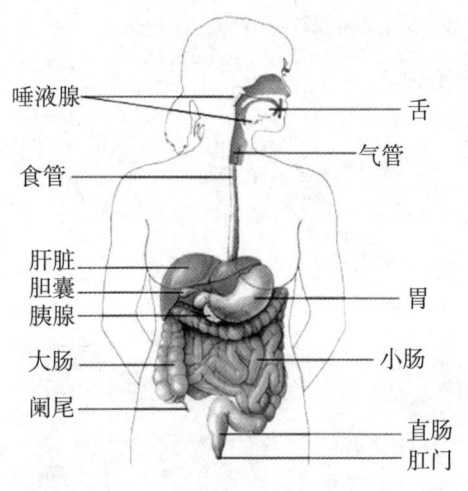

图3-1 消化系统构成

二、食物营养素和营养

食物是指能满足机体构建细胞或维持细胞功能所需要的材料和能量的物质。营养素是我们从食物中获得的有营养的成分。营养素一共分为六类：碳水化合物、脂肪、蛋白质、维生素、水和矿物质，其中能产生热量的营养素只有碳水化合物、脂肪和蛋白质。营养则是关于食物和食物中的营养素，在与健康和疾病的关系过程中的相互作用和平衡，以及在这个过程中消化器官咀嚼、消化、吸收、运输和排泄食物的科学。

（一）糖

糖又叫碳水化合物，因其成分主要由 C、H、O 三种元素组成而得名。糖是机体热能的主要来源，也是肌肉运动时主要热能的来源。糖因其化学结构的大小及在水中溶解度的不同，分为单糖、双糖及多糖 3 类，葡萄糖、果糖、半乳糖及核糖等都是单糖，蔗糖与麦芽糖是双糖，淀粉及纤维素属多糖。双糖与多糖在体内必须经过唾液淀粉酶、胰淀粉酶或肠内各种消化糖的酶作用转变成单糖后，才能被肠吸收，糖被吸收后进入血液循环成为血糖。血糖进入肝脏、肌肉或其他组织后，可转变为糖原或其他非糖物质，例如，可转变为甘油及脂肪酸，或合成真脂在体内储存，也可转变为氨基酸及其他的单糖（如核糖、脱氧核糖及半乳糖等），这些物质，都是体内许多重要物质的必需原料。

（二）脂肪

脂类分真脂和类脂两大类，食物中常用的动植物脂肪都是真脂。真脂是甘油及脂肪酸组成的甘油酯。类脂包括磷脂与固醇类，磷脂中有卵磷脂、脑磷脂及神经磷脂。磷脂和固醇都具有很高的生理价值。

（三）蛋白质

蛋白质是一切细胞的主要成分，它由碳、氢、氧、氮及硫等元素组成，有些还含有磷、铜、铁等。这些元素先组成结构较简单的氨基酸，再由各种不同的氨基酸组成不同种类和营养价值各异的蛋白质。目前已知的氨基酸约有 30 种，其中有 8 种为必需和 3 种半必需氨基酸。必需氨基酸在体内不能合成或其合成速度不能满足代谢的需要，必须由膳食供给，包括鞍氨酸、苯丙氨酸、亮氨酸、异亮氨酸、苏氨酸、蛋氨酸、缬氨酸、色氨酸。组氨酸、精氨酸和胱氨酸属半必需氨基酸，在某些情况下（如代谢障碍）内源性合成不足时，需要膳食提供。必需氨基酸的数量和比例必须适宜才能合成身体的蛋白质，缺乏任何一种必需氨基酸时，机体的氮平衡即不能维持，并出现食欲不振和疲劳等症状，且使其他的氨基酸不能被利用。不必需氨基酸虽可在体内合成，但因合成的速度较慢，缺乏时只能维持 75% 的生长。因此，在蛋白质的营养中，必须同时兼顾氨基酸的质与量。

(四) 维生素

维生素是近百年才被陆续发现的一组营养素,是维持人体正常功能的一类有机化合物。维生素在人体中不能合成,或合成量很少,所以必须从食物中摄取。

根据维生素的溶解性质,可将其分为水溶性和脂溶性两大类。

1. 水溶性维生素

水溶性维生素包括维生素 C（抗坏血酸）和 B 族维生素 [B_1（硫胺素）、B_2（核黄素）、B_6（磷酸吡哆醛）、烟酸（尼克酸）、B_{12}（钴氨素）、泛酸、叶酸、生物素等]。该类维生素有两个主要特点。一是不会在体内贮存;二是参与机体糖、蛋白质、脂肪等多种代谢。

2. 脂溶性维生素

脂溶性维生素包括 V_A（视黄醇）、V_D、V_E、V_K,该类维生素的特点是:体内排泄慢,可以在肝等器官蓄积,过量摄入时可引起中毒。当膳食中短期摄入不足或缺乏时,可通过动员贮存部位的维生素来维持正常功能。

(五) 矿物质和水

1. 矿物质

矿物质是存在于自然界,且为生命过程所必需的一组无机元素的总称。根据它们在人体的含量分为两类:一是常量元素,占全身体重的 1/10000 以上,包括镁、磷、钠、钾、氯等;二是微量元素,占全身体重的 1/10000 以下,目前已被确认的人体必需微量元素有铁、碘、铜、锌、锰、钴、钼、硒、铬、镍、锡、硅、氟、矾 14 种。存在人体内的这些必需微量元素有两个重要特征。①微量元素必须从体外摄取,并排出体外,不会消失于代谢本身。过多摄入时会中毒,摄入不足时,又会造成缺乏。因此,须保持其适宜的摄入水平。②相互间存在着作用。

2. 水

水是机体中含量最大的组成成分,是维持人体正常生理活动的重要物质。一旦机体丧失水分 20%,就无法维持生命。

成人体液总量约占体重的 60%,而体液是由水、电解质、低分子化合物和蛋白质组成的,广泛地分布在细胞内外,构成人体内环境。其中,细胞内液约占体重的 40%,细胞外液占 20%（血浆占 5%,组织内液占 15%）。细胞外液对营养物质的消化、吸收、运输和代谢、废物的排泄均有重要作用。水在机体内可调节体温,水的比热容大,水能吸收较多热量而本身温度升高不多。水的蒸发热大,故蒸发少量的汗就能散发大量的热。血液 90%是水,它的流动性大,因而随着血循环达到调节全身体温的目的。水在体内还有润滑作用,如泪液、唾液、消化液、关节滑液、胸膜和腹膜浆液、呼吸道和胃肠道黏液等都有良好的润滑作用。

正常人每天需水 1500~1700 毫升，其来源是饮水及饮料水、食物水、体内氧化水。一般从蛋白质、脂肪、碳水化合物体内氧化产生的水大约 300 毫升，每天从固态食物中摄取大约 1000 毫升的水。

三、科学膳食的基本要求

科学膳食是指膳食中所含的营养素种类齐全、数量充足、比例适当，膳食中所供给的营养与有机体的需要能保持平衡。大学生科学膳食的主要内容是对膳食结构合理性的要求，即平衡膳食。一日诸餐中各种食物间的组成关系称为膳食结构。目前世界上大致有 3 种膳食结构类型：一是欧美三高型（高蛋白、高脂肪、高热量），容易导致冠心病、糖尿病、肠癌等所谓"富贵性"疾病；二是以日本为代表的动植物食品混食及蛋白质和脂肪摄入较均衡的营养型；三是东方型膳食，特点是以植物性食物为主，动物食品不足，蛋白质及脂肪均缺少。中国的膳食结构也是长期以植物性食物为主，营养质量不高，需要调整完善。

四、平衡膳食宝塔

（一）平衡膳食宝塔

平衡膳食宝塔共分五层，包括我们每天应吃的主要食物种类。宝塔各层位置和面积不同，这在一定程度上反映出各类食物在膳食中的地位和应占的比重。水位于第一层，每人每天应喝 1500~1700 毫升。谷类和薯类食物位居第二层，每人每天应该吃 200~300 克和 50~100 克；蔬菜和水果占据第三层，每天应吃 300~500 克和 200~350 克；鱼、肉、蛋等动物性食物位于第四层，每天应该吃 120~200 克（每周至少吃两次水产品，每天一个鸡蛋）；奶及奶制品、大豆及坚果类食物合占第五层，每天应吃奶类及奶制品 300~500 克、大豆及坚果类 25~35 克；第六层塔尖是盐和油，盐少于 5 克，油 25~30 克（图 3-2）。

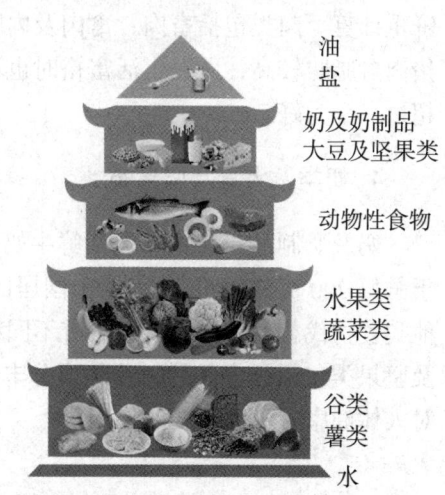

图 3-2 中国居民平衡膳食宝塔（2022）

宝塔没有建议食糖的摄入量，因为我国居民现在平均食糖的量还不多，少吃些或适当多吃些可能对健康的影响不大。

（二）平衡膳食宝塔各类食物摄入量

宝塔建议的各类食物的摄入量一般是指食物的生重。各类食物的组成是根据全国营养调查中居民膳食的实际情况计算的，所以每类食物的重量不是指某一种具体食物的重量。

1. 谷类和薯类

谷类是面粉、大米、玉米粉、小麦、高粱等的总和。它们是膳食中能量的主要来源，在农村中也往往是膳食中蛋白质的主要来源。多种谷类掺着吃比单吃一种好，特别是以玉米或高粱为主要食物时，应当更重视搭配一些其他的谷类或豆类食物。薯类主要包括马铃薯、山药、芋类等，富含膳食纤维，有多重营养价值。

2. 蔬菜类和水果类

蔬菜和水果经常放在一起，因为它们有许多共性。但蔬菜和水果终究是两类食物，各有优势，不能完全相互替代。尤其是儿童，不可只吃水果不吃蔬菜。蔬菜、水果的重量按市售鲜重计算。

一般说来，红、绿、黄色较深的蔬菜和深黄色的水果含营养素比较丰富，所以应多选用深色蔬菜和水果。

3. 动物性食物

鱼、肉、蛋归为一类，主要提供动物性蛋白质和一些重要的矿物质和维生素，但它们彼此间也有明显区别。

鱼、虾及其他水产品含脂肪很低，有条件可以多吃一些。这类食物的重量是按购买时的鲜重计算。肉类包括畜肉、禽肉及内脏，重量按屠宰清洗后的重量来计算。这类食物尤其是猪肉含脂肪较高，所以生活富裕时也不应该吃过多肉类。蛋类含胆固醇相当高，一般每天不超过一个为好。

4. 奶类、大豆及坚果类

奶及奶制品当前主要包括鲜牛奶和奶粉。100 克奶类按蛋白质和钙的含量来折合约相当于鲜奶 200 克或奶粉 28 克。中国居民膳食中普遍缺钙，奶类应是首选补钙食物，很难用其他类食物代替。有些人饮奶后有不同程度的肠胃道不适，可以试用酸奶或其他奶制品。大豆及坚果类包括许多品种，营养成分丰富，含有大量的蛋白质、不饱和脂肪酸、膳食纤维等，对人体健康有极为重要的作用。

第二节　运动性伤病的防治与急救

大学生运动锻炼中的医务监督包括运动性疲劳及其消除、常见运动性疾病的防治和常见运动创伤及其处理与康复。

一、运动性疲劳及其消除

（一）运动性疲劳

运动性疲劳是指，由于运动过度而引发身体工作能力下降的现象。运动性疲劳好发于运动员这一特殊人群。普通人群因体力活动过度所造成的所谓功能性疲劳也雷同于运动性疲劳，只是好发的人群范围更为广泛而已。

当人体连续运动达到一定程度，体内的能源性物质消耗过多（衰竭假说）、代谢性物质堆积过多（堆积假说）、缺氧和血液酸度增加时，则可导致运动质量受到影响，肌肉收缩与放松能力降低，并伴有精神紧张、困乏倦怠、抑郁烦闷、睡眠不安、头晕脑涨、周身酸痛、口淡厌食，甚至内分泌系统、代谢系统、免疫系统功能失调和低下。

（二）运动性疲劳的诊断

运动性疲劳通常可以通过主观感觉、生理指标、生化指标来判断。
(1) 主观感觉：指锻炼者在运动结束后的个体主观劳累体验。
(2) 生理指标：心率、呼吸频率、血压。
(3) 生化指标：血红蛋白。

二、常见运动性疾病的防治

运动性疾病，主要是指机体在运动过程中由于各种原因出现的病理变化过程。了解常见的运动性疾病能够在体育锻炼中起到积极的预防作用，并对常见的运动性疾病有初步的处理能力。

（一）过度紧张

过度紧张是指在体育锻炼或训练比赛时，体力负荷量超过了机体的潜力而发生的生理紊乱或病理现象。它在一次剧烈训练或比赛后立即出现，多发生在训练水平低、经验较少的新手身上，在校园田径运动会上多见，也可出现在体育课体质测试中。此外，也可发生在因伤病中断较长时间后恢复训练的运动员身上，或平时从不参加体育锻炼的学生在偶尔的一次强度较大的运动中。

1. 类型和症状

(1) 单纯虚脱型：多发生于短跑和长跑运动员。在剧烈运动时，尤其比赛后即刻，赛者出现头晕、面色苍白、恶心、呕吐、大汗淋漓等现象，患者卧位休息片刻后就会逐渐好转，重者被迫卧床休息一两天才能缓解。多数运动者神志清醒，能回答询问。对单纯虚脱型的处理主要是卧位休息、保暖，可饮用热水或咖啡。较重者可吸氧、静脉注射葡萄糖等，以加速恢复。这一类型多见于训练水平不高或已间歇训练一段时间突然参加比赛的运动员。预防的关键是要遵守循序渐进的科学锻炼原则。

(2) 昏厥型：其表现为在运动中或运动后突然出现短暂的神志丧失。清醒后感觉全身无力、头痛、头晕，有时伴有心、肺、脑功能降低的现象。如在进行卧推或深蹲练习时，由于胸腔及肺内压骤然剧增，造成回心血量减少，引起心脏排血量锐减，造成短暂的脑供血不足，可见到持续20~30秒的昏厥状态。重力性休克也可能造成昏厥。运动时四肢血管大量扩张，循环血量可比安静时增加很多倍，当运动者突然中止运动时，肌肉的收缩作用骤然停止，出现血液淤滞在下肢，造成循环血量明显减少，血压下降，心跳加快而心搏量减少，则会发生脑贫血造成的昏厥。一般来说，发生昏厥后让运动员平卧休息，头可稍低，注意保暖，迅速将其运送到附近医院做进一步处理。

2. 预防过度紧张的方法

（1）运动员应在集训或比赛前，进行全面的体格检查（心血管系统、消化系统等）。平时没有锻炼习惯的学生，应在剧烈运动或比赛前做好充分的准备活动。

（2）遵守循序渐进的训练原则。避免缺乏训练或训练不够者参加剧烈的比赛，避免患病时或患病初愈进行大强度训练和比赛。许久不锻炼的学生，恢复锻炼时要从小运动量开始，逐步增加运动强度。

（3）加强训练或锻炼时的自我监督，要注意自己在训练场上的反应，及时调整运动量。对大多数学生而言，应以健身为目的，不应过分追求比赛分数和成绩。

（二）运动性腹痛

1. 症状和疼痛的特点

腹痛的发生可能与运动者的个体特点和运动项目有关系。长距离耐力项目较技巧项目运动性腹痛的发生率明显要高。篮球、排球运动中腹痛的发生率也较高。

运动性腹痛的部位多数发生在右上腹部，呈钝痛或胀痛，有的还出现左上腹部或下腹部疼痛，往往具有以下特点。

（1）腹痛较久，从几个月到数年不等。多数人安静时不痛，运动时才痛，患腹痛时间最长者可持续6~7年。

（2）疼痛程度与负荷量大小和运动强度成正比。一般活动量小、慢速度运动时疼痛不明显，随着负荷量的加大，以及运动速度的加快和运动强度的增大，疼痛才逐渐加剧。

2. 常见病因

（1）腹内疾病：病毒性肝炎包括急性、慢性肝炎和肝炎后综合征。这类腹痛与肝被膜受炎症刺激或牵扯，以及静脉内压力增加或血流淤滞等原因有关。

（2）胆道疾病：包括胆石症、胆囊炎、胆管炎和胆道蛔虫等。这类疼痛与胆道平滑肌的痉挛性收缩、胆道过度膨胀，以及炎症或出血的刺激等因素有关。有肝胆疾病者在运动时，尤其在剧烈运动时由于内脏血管的收缩、缺氧状态和新陈代谢产物的刺激，更容易出现腹痛。

（3）腹外疾病：常见有右下肺炎、胸膜炎、肾结石及腹肌损伤。

（4）运动性腹痛中，约有1/3的人原因不明，但有某些诱因存在，如运动时呼吸节奏不好，或速度突然加得过快，或运动前食量过多，或饥饿状态下参加剧烈训练和比赛等。

3. 预防运动性腹痛的方法

（1）遵守训练的科学原则，包括运动量的增加要循序渐进；剧烈运动前既不要吃得过饱，也不要处于饥饿状态下，比赛前要做好充分的准备运动。冬天参加长跑或自行车运动时，未做好充分准备活动不要脱掉运动外套。

（2）运动时要调整好动作与呼吸的节奏，呼吸节奏配合不好时，则容易发生运动性腹痛。

（3）运动中出现腹痛时，可适当减慢速度，调整呼吸与动作的节奏；必要时用手按压疼痛的部位，以缓解疼痛；疼痛难忍时应停止运动。

（三）运动性月经不调

运动性月经不调是女运动员参加训练和体育锻炼的一个特殊的医学问题，发生率为1%~50%，而非运动员发生月经失调一般仅为2%~5%。普通女大学生参加校园体育活动和比赛越来越频繁，由于运动导致的月经不调的现象也时有发生。

1. **月经周期与运动能力**

月经时卵巢的周期顺序变化为卵泡发育—卵泡成熟—排卵—黄体形成—黄体退化。黄体衰退后月经来潮，卵巢内又开始新的周期变化。有学者认为，女子在月经后排卵前期运动能力最佳，而月经前或黄体退行期最大能力下降；也有学者认为，黄体期比排卵期能力更好；也有报道，月经周期对最大运动能力没有影响。至今难以对月经周期和最大运动能力之间的关系作出确切的结论。

2. **运动性闭经的发病因素**

（1）身体成分：月经初潮和月经周期的维持需要体内有一定水平的脂肪组织，一般体内脂肪成分达到17%以上才能发生月经初潮。当体内脂肪降到体重的12%以下就易发生继发性闭经。从事有氧运动项目如长跑、游泳、自行车等身体成分易变，即使不变，仅仅体重降低也可导致下丘脑功能紊乱和闭经。有学者发现，女性体重降至42.9公斤以下或自开始训练体重下降大于3.73公斤就可发生月经稀少或闭经。

（2）运动强度：长跑运动员闭经发生率与每周跑的距离成正相关。长跑运动员在开始训练时，体重低者则更易发生月经失调。

（3）运动与月经初潮：运动员比一般人青春发育迟、初潮晚，初潮前即开始进行剧烈运动的女子初潮延迟。初潮迟发的运动员，其平均体重和体脂百分比低于月经正常者。

（4）内分泌改变：剧烈运动可使血浆中多种内分泌激素水平增高，而闭经运动员血浆雌激素水平降低。

（5）饮食因素：闭经运动员饮食中蛋白质提供的热量低于月经正常者和非运动员，食物中一些氨基酸的缺乏会影响神经传导、介质合成，造成促生长激素分泌受阻。闭经者脂肪摄取量大幅低于月经正常者。

3. **并发症及其预防措施**

运动性月经不调对女子生殖功能会有一定的影响。由于黄体生成素不足，可引起两种主要的异常：月经周期缩短，甚至小于10天；黄体酮不足或紊乱，一部分运动员会出现不育症的可能。排卵停止是月经稀少或闭经的最重要的并发症。由于雌激素减少，运动性月经不调还对女子骨密度有重要影响，可导致脊柱和四肢骨密度的减少，骨质疏松和应激性骨折发生增加。

参加体育社团活动的女生如果发生运动性月经不调，建议改变生活方式。例如，改变运动种类，增加一些游泳活动，减少每周长跑量和强度，调整膳食，接受营养和生殖健康教育，关心膳食中的维生素、矿物质含量。

（四）延迟性肌肉酸痛症

1. 症状和体征

几乎每个参加过运动锻炼的人均有延迟性肌肉酸痛的体验。一般在运动锻炼后 24 小时内出现，24~72 小时内达顶点，5~7 天后疼痛基本消失。主要症状为肌肉僵硬，轻者仅肌肉轻度发僵，活动时减轻；重者疼痛剧烈，妨碍运动。触诊时肌肉有剧痛，重者肌肉肿胀。任何骨骼肌在过度运动后均可发生延迟性肌肉酸痛，在长距离下坡跑后更易出现，跑者髋部、大腿和小腿部的主要伸屈肌群均可出现疼痛。人在进行不习惯的极量运动后，尤其在热天，可出现肌肉肿胀、压痛、僵硬及血清酶增高，还可出现发热、呕吐、血红蛋白尿和肌红蛋白尿。

2. 病因和机理

肌肉的过度使用能造成延迟性肌肉酸痛。患者的酸痛程度与肌肉收缩的强度和运动的持续时间有关，而以强度因素最为重要。肌肉活动的增加可伴随以下改变：①收缩肌肉的张力和弹性的增加，引起结构成分的物理性损伤；②新陈代谢增加，代谢废物对组织的毒性增加；③肌肉温度升高，引起组织的结构性损伤；④肌肉的神经调节发生改变，使肌肉发生痉挛而致痛。以上每方面都可成为延迟性肌肉酸痛的病因。普遍认为，肌肉内张力的增加引起结构性损伤是延迟性肌肉疼痛的原发因素。

3. 预防和治疗

（1）保持运动的习惯。延迟性肌肉酸痛对没有运动习惯的人在偶尔一过性运动后更多见，所以养成有规律的锻炼习惯有助于防止该症的发生。
（2）准备活动和整理运动有助于防止或减轻该症。
（3）按摩和热敷能抑制疼痛的传导。

（五）运动性中暑

中暑可分为热射病、日射病和热痉挛 3 种。运动性中暑是近年来提出的运动性疾病之一，是指肌肉运动时产生的热超过身体能散发的热，而造成运动员体内过热的状态。

1. 运动性中暑的临床症状

运动性中暑多见于年轻锻炼者，尤其是战士、马拉松跑者和其他运动员。运动性中暑与经典中暑的不同处是骤然发生居多。

(1) 高热：直肠温度可大于41℃。
(2) 中枢神经系统障碍。
(3) 皮肤发热、干燥或呈粉红色。

2. 运动性中暑的主要预防措施及治疗

(1) 夏天炎热季节时要安排好运动、训练和比赛时间，避免在一天中最热时间进行。每训练50分钟后至少休息10分钟，饭后也要休息，保证充足的睡眠，并进行经常的医务监督。
(2) 安排好炎热天气运动、训练和比赛的营养和饮水。主要注意适当增加食物中蛋白质的供给量，提高食欲，增加维生素（B_1、B_2、C）的补充量等。运动中注意宜少量多次饮水，禁止一次暴饮。

3. 运动性中暑的治疗措施

(1) 场地急救要保持呼吸道畅通，测量血压、脉搏、直肠温度，点滴输液，可用酒精棉球涂抹全身皮肤。
(2) 住院治疗，包括降温、心脏监护、输液。

（六）运动、减肥与神经性厌食症

"神经性厌食症"主要发生于年轻女子，尤其十几岁的少女身上，她们降体重心切，是采取不当的饥饿手段或过分运动而引起的。

1. 神经性厌食症的常见症状

(1) 全身症状：表现出营养不良的种种症候，主要是体重明显减少，肌肉无力，皮肤干燥，毛发稀少，肢端青紫，怕冷，皮肤和直肠温度低，周围血管张力低，足踝部浮肿，失眠等。
(2) 心血管症状：心率慢、血压低是神经性厌食症病人的典型症状。当体重减少30%～40%后，则心律失常的危险性大幅增加。
(3) 肾功能异常：肾功能异常可造成部分神经性厌食症病人出现尿潴留。
(4) 心理和行为特征的改变：患神经性厌食症者的个性常常是忧郁、伤感、自私、沉默寡言和情绪不稳定。由于神经性厌食症常在青春期出现，许多研究者认为，神经性厌食症的心理和行为特征的改变受生物学、社会环境、文化因素的综合作用所致。在女大学生中，为了减肥、苗条、漂亮等目的，控制饮食成为社会较普遍现象，更增加了神经性厌食症的发生率。为了控制体重，神经性厌食症常具有一系列行为，如减少摄食、呕吐、催泻和过分运动，后者约占神经性厌食症的1/3。过分运动是神经性厌食症的主要行为特征之一。

2. 神经性厌食症的预防

(1) 建立正确的减肥观念。
合理减重应掌握以下三方面的措施。
① 适量限制摄入的热量。合理减体重不宜采用饥饿或半饥饿的进食措施，尤其对正在生长发育中的年轻人更为重要。否则易发生神经性厌食症，从而有害于健康。减体重膳食的

关键在于热能负平衡,即蛋白质、脂肪、糖的比例在饮食中应配合适当。一般认为,蛋白质宜占热量的10%~20%,脂肪占热量的20%~30%,其余为糖。含适量的纤维素可加速食物通过消化道,减少热能吸收量,可达到饱足感和通便。

② 适量的运动锻炼是减体重的重要措施。运动锻炼增加了热能的消耗量,使瘦体重增加,改善心血管、呼吸、消化等系统的功能,提高对胰岛素的敏感性,对心理和精神状况起积极的影响。

③ 行为改变。为了保持合适的体重和巩固降体重的效果,要养成新的生活方式或行为方式,包括改变饮食习惯,如避免或少吃含高脂肪和高糖的饮食;不吃零食,尤其高脂肪、高糖的零食;建立系统运动锻炼的习惯。

(2) 建立良好的心理和社会环境。

国外的大量资料说明,神经性厌食症多发生于离异的家庭子女中,多发生于性格沉默、缺少父母关心、朋友少的年轻少女中。所以,单亲家庭中的女大学生要注意这种倾向,有意识地克服这些弱点。

(3) 早发现及时治疗。

女大学生中出现原因不明的体重下降、呕吐、全身乏力,以及心理和性格等的变化时,要及早诊治,若无明显的疾病,则应考虑有无神经性厌食症的可能,及早治疗。

三、常见运动创伤的预防

(一) 运动创伤的防治

1. 运动创伤的直接原因

(1) 训练水平不够:训练必须包括一般身体训练、专项技术训练、战略战术训练及心理道德品质的培养四个内容。从生理学的角度讲,无论哪一种内容的训练都是条件反射的建立过程。在这个过程中,专项技术训练不够,动作要领掌握不好,条件反射的定型还不巩固,就容易发生外伤。而一般身体训练(包括力量、速度、耐力与灵敏)不够,也是发生运动创伤的重要原因。同时,心理品质也是预防创伤的重要条件,如勇敢顽强、坚毅果断等。

(2) 教学、比赛或训练课组织得不好:缺乏医务监督、不遵守训练原则、缺乏保护、竞赛组织安排不当、场地器材故障、保护服装的损坏或不符合卫生要求等。

(3) 个体生理状态不良:疲劳或过度疲劳态,患病或病后恢复期。

(4) 不良气候因素:在寒冷和潮湿的天气里,运动创伤的发生率明显增加,特别是肌肉韧带的损伤。其原因是寒冷使肌肉的活动能力、弹性和机械耐力下降。做好充分的准备活动是最好的预防方法。

2. 运动创伤的预防原则

(1) 加强训练工作:包括安全教育、身体训练、专项技术及战术训练。

(2) 加强运动中的保护和帮助:包括教师、教练员的保护,学生的自我保护,以及使用保护支持带。

(3) 加强医务监督工作：包括定期进行体格检查和加强自我监督。

(4) 建立保健员或队医制度：在体育教学中教师应随堂讲授普通的运动外伤和保健知识。对于体育社团和协会的业余训练，可建立队医制度。队医除处理普通的运动外伤和宣传保健知识外，还要负责协会成员在训练和比赛期间的医务监督问题。

(二) 各类运动项目中常见创伤与预防

图 3-3 简单表示了常见运动损伤的肌肉。下面将按运动项目简单介绍损伤特点。

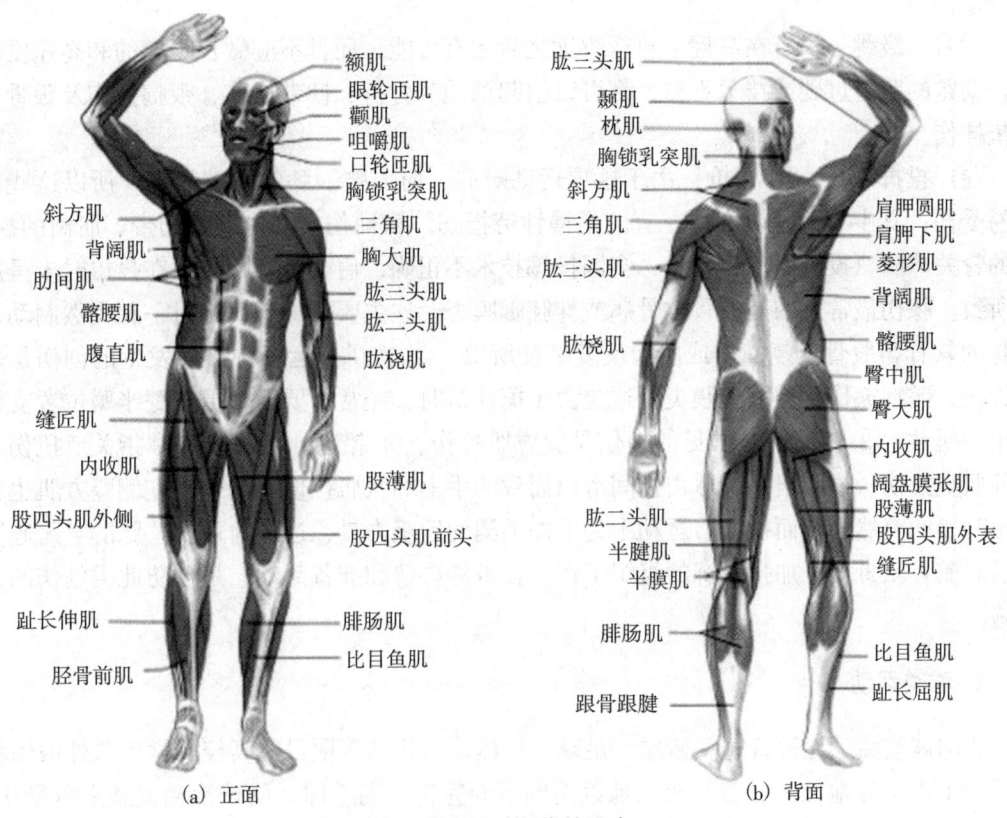

图 3-3　常见运动创伤的肌肉

1. 田径

大学体育课虽然逐渐从传统的田径教学为主的模式，向更为丰富的以满足学生兴趣爱好为主的教学模式转变，但在每年一届的校园运动会上，田径项目仍然是比赛的主要组成部分。因此，田径运动中常见的损伤还难以避免。

(1) 赛跑：创伤比较少见。在短跑时常遇到的外伤有大腿后部屈肌拉伤，足踝腱鞘炎、跟腱纤维撕裂、断裂或跟腱腱围炎。赛跑时由于急停可引起髂腰肌拉伤、踝关节与膝关节扭伤、趾骨骨折等。

中长跑外伤较少，但可出现过度紧张现象，由于下肢训练过多，有时可出现胫腓骨疲劳性骨膜炎或骨折。长跑过程中摔倒可发生擦伤，但有时也可因倒在跑道的边沿引起外伤，如踝关节韧带捩伤或骨折、足跟挫伤、膝关节的韧带与半月板损伤、前臂骨折及肩部挫伤。

（2）跳高、跳远：助跑时撞到别人身上（由于组织不好而冲撞）、跑道不平或太滑、沙坑太硬或有石块、坑沿太高、过杆或落地时姿势不正确等，均可能造成运动损伤。为了预防这些创伤的发生，跳高助跑的跑道应平而不滑，在练习前应检查横杆与架子的质量。为了减少制动时的冲击力量，应穿鞋底较软的鞋子，跳坑内的沙子应松散而干净。跳高无论是跨越式、背越式、俯卧式或剪式，初学时都应从低杆跳起，先学腾空及转身姿势。

急行跳远必须在准备部分进行包括各种专门跳法的辅助练习，如落地要有弹性及正确的腾空动作等。

学习三级跳，只有在掌握了急行跳远之后才有可能，而且不应做长距离的和高速度的助跑。助跑的跑道过硬或技术不良，都可以引起踝关节骨折、韧带损伤、跟腱损伤及跟骨下脂肪垫挫伤。

（3）投掷项目：① 标枪：由于这项运动对肩、肘、腰、膝的要求很高，所以这些部位最易受伤，其中有的是一次伤，有的是慢性劳损伤。肩袖伤，肘内侧副韧带、肌肉的捩伤，肘的骨关节病（投掷肘）最常见，多因投掷技术不正确，肩、肘、腰、腿在投出时未呈反弓形所致。膝伤最常见的是髌骨软骨病或伸膝腱膜炎，这主要是由于助跑时一腿突然制动，使髌骨的软骨与股骨反复撞击或肌肉反复牵扯所致。② 铁饼：运动中最易发生的创伤是髌骨软骨病、髌腱捩伤及伸膝腱膜炎，这是由于掷铁饼时，经常需要运动员在膝半蹲位置支撑扭转用力所致。③ 链球：最常见的损伤是斜方肌拉伤。④ 铅球：常见的有掌指关节扭伤、指屈伸肌腱拉伤，或因出手时球由指间滑出而致的手上蚓状肌拉伤。此外，左侧腰方肌也常因投出时腰的突然侧倾而拉伤。运动中为了加强腿的后蹬力量，过多地重复"膝的半蹲起"也可引起髌骨软骨病。加强训练的组织工作、技术的讲解和准备活动，是预防此类创伤的主要措施。

2. 球类运动

我国球类活动比较普遍，篮球、足球、排球、乒乓球等项目在高校的学生课外锻炼和社团活动中占主导地位。随着高校场地设施的不断完善，羽毛球、网球活动也越来越受欢迎。因此，球类活动引起的创伤也很常见。

（1）篮球运动：篮球运动中最常见的创伤是因跌倒、跳起抢球落地不正确，如踩在别人脚上或被踩，急停、急转、冲撞或因场地不平，或场地过滑而引起的急性创伤。外伤最轻的是擦伤，重的可以发生骨折或脱位。一般较常见的有踝关节韧带的捩伤或骨折，不及时处理会变成慢性疾患，经常疼痛妨碍运动。膝的韧带、半月板损伤，指挫伤及腕部舟状骨骨折也常有发生。另外，在篮球运动中也可发生慢性创伤，其中最常见的是髌骨软骨病，其发生主要是由于滑步防守、急停与上篮等局部训练过多所致。预防的必要措施是，练习时应避免单打一的训练方法，加强全面练习。此外，场地卫生条件要合理。

（2）足球运动：足球运动是创伤发生率较高的运动项目之一。外伤程度最轻的是擦伤，重的有骨折、脱位及内脏破裂。损伤中除一般常见的擦伤及挫伤外，踝关节的扭伤最常见。其次是大腿前、后肌肉拉伤、挫伤。膝关节损伤次之，其中半月板撕裂、膝十字韧带撕断、髌骨骨折、髌骨软骨病等虽比较少见，但一旦发生，治疗却较困难。守门员因为经常扑球倒地，所以很容易发生手腕及肘的创伤，因此，一般守门员都应带护肘和手套。

这些损伤的发生，总结起来有以下五方面原因。① 激烈比赛致伤。比赛时紧张地争夺、疾跑与铲球，易发生大腿与小腿的肌肉拉伤与断裂。突然改变体位，小腿的突然扭转、内收或外展，可以引起膝、踝关节的韧带及骨的损伤。② 因球的间接作用致伤。这种损伤多见于下肢。例如，用脚外侧踢球，就容易损伤距腓前韧带，这是最常见的踝关节损伤。用足内侧前脚踢球，由于膝关节屈曲，小腿突然因球的作用而外旋外展，就很容易损伤膝的内侧副韧带、半月板及前十字韧带。特别是与对方运动员"对脚"时更容易发生。此外，一次有力的"屈膝后摆腿正脚背"踢球，由于球的反作用，突然使股四头肌猛力收缩，常常发生股四头肌、股直肌腹或腱膜的撕裂。③ 球击伤。例如，面部的擦伤、挫伤，腹部挫伤（肝脾破裂、胃肠道挫伤），阴囊及睾丸挫伤等。但最典型而常见的损伤是守门员的手指损伤，如拇指、食指或其他手指的韧带牵扯与关节半脱位。④ 踢伤。比赛时大小腿部常常被对方球靴、膝及小腿冲撞，引起肌肉挫伤、皮下血肿、肌肉断裂（最常见的是股四头肌的损伤），以及骨的损伤（如胫骨骨折，或胫骨创伤性骨膜炎）等。⑤ 摔倒。在运动员争球、冲撞或疾跑时很易摔倒，因此，发生创伤机会多，场地不平时尤易发生，常见的如擦伤、创伤性滑囊炎（膝及肘）、髌骨骨折、脊柱骨折、脑出血、脑震荡等。在人造草坪上摔倒还会产生热烧伤。除上述情况外，足球运动常因劳损发生慢性创伤，如踝关节创伤性骨关节病、趾骨炎及髌骨软骨病。创伤性骨关节的病因是局部劳损，X线拍片表现为踝关节前后骨质增生，又名"足球踝"。

发生这些外伤的主要原因有：技术不正确占外伤发生率的百分比很大；其次是不遵守足球运动的训练原则，技术不过硬，场地不好，忽视使用保护装备（如护腿），裁判不严及比赛参与者过度疲劳等。因此，创伤的预防要针对这些方面来解决。

(3) 排球运动：损伤部位以肩、膝和腰为主，肩以肩袖损伤、肱二头肌腱鞘炎最多，多因肩部无力、扣空球或扣球技术错误（如肩外展90°屈肘扣球就很易伤肩），一次或多次逐渐引起。在肩部，由于扣球姿势不正确，还会引起肩部神经和肌肉的麻痹。膝伤以髌骨软骨病、股四头肌外侧头末端病（尤以单足起跳者常见）、半月板损伤（起跳或救球扭伤）最多见。腰伤以肌肉劳损椎板骨折与棘突骨膜炎较多。此外，"封网"也可以发生背部、臀部的挫伤及上下"扣球""救球倒地"其他关节韧带的掮伤或扭伤，其中指扭伤、骨折和脱位最常见。因此，预防办法应注意改进错误的技术，遵循训练原则，改善场地卫生条件，使用厚护膝及护腰。在准备活动时，应特别注意肩、膝、腰、指及腕关节的活动。

(4) 乒乓球、羽毛球、网球：这三种小球运动在技术结构上有相似的地方，因此在运动损伤上有共性。由于是隔着网的运动，因此发生的损伤相对较少，多为逐渐劳损引起的慢性伤。常见的有肩袖损伤、扣杀过猛过多所致的肱二头肌长头肌腱腱鞘炎、反拍削球练习过多所致网球肘、肩外展大板扣杀或网球发球练习过多所致的肩过度外展综合征，表现为臂丛神经部分麻痹，以及髌骨软骨病。上述创伤的主要预防原则，是因人而异地合理调整运动量，避免"单打一"的训练方法。

(5) 棒球：其损伤最常见的是肩关节周围的软组织损伤、肘骨关节病（投掷肘）、肱骨的内髁部和肌腱的损伤，以及指挫伤（棒球指）。

3. 冰上、雪上运动

滑冰运动是北方高校较普及的运动,组织方法不当,场地、冰鞋等不符合要求,如冰面不平、有裂隙,冰鞋冰刀不好,缺乏冰场管理,冰场放置着不必要的设备等,都可能引起创伤,其中冲撞致伤者最多。滑冰的损伤以骨折、脱位及膝关节的损伤最多,骨折中最常见的是滑冰时因身体的扭转而发生的小腿及踝关节骨折,以及因摔倒双手扑地而产生的前臂骨折,以桡骨远端骨折较多见。预防滑冰创伤最主要的是冰场要有严格的管理。例如,必须按逆时针方向滑行,进入冰场要经过天桥,严格划分一般练习区和训练比赛区。此外,如果冰场建立在河上,还必须注意冰的厚度(冰厚达到25厘米才可使用),以免陷入河中发生危险。

在严寒季节,还应注意保温,防止冻伤,如着长的厚绒袜子、护耳套、绒帽、绒衣及手套等。男运动员还应注意防止生殖冻伤,在寒冷有风的天气,裤内应带保温兜裆。

为了防止腕关节损伤(捩伤或扭伤),除应加强腕部力量外,练习时腕部应以缎带或皮制的护腕保护。在练习或比赛前应做好准备活动。

4. 自行车运动

(1) 自行车运动创伤的原因:撞车摔倒是最常见的外伤原因。场地不平或公路车辆、行人太多易发生冲撞,与牲畜冲撞也是重要的致伤原因。此外,车辆设计不符合要求,如脱胎、掉链、断把等,也易致伤。运动量过大,车座的大小、高低、前后间距调理不当等,也会引起一些慢性损伤或劳损,如腰肌劳损、尺神经麻痹(手腕部与车把压迫时间过久)、腓神经麻痹、女生外阴部水肿(被较窄的车座磨损)、髌骨软骨病等。

(2) 自行车运动创伤的预防:①检查车辆性能,包括是否有蛇形橡皮把套,车座大小、高低是否合适,刹车是否有效等;②骑行时注意力集中,注意路况的变化;③外出长途旅行做好防护,如防晒、防风、防雨,还要准备常用外科药品;④合理安排行车路线和距离,避免过度疲劳;⑤遵守交通规则。

四、常见创伤的初步急救处理

软组织损伤的种类很多,总的来说可以分成两类,即开放伤与闭合伤。开放伤损伤了皮肤和黏膜,如擦伤、撕裂伤、切伤、刺伤;闭合伤较深,皮肤及黏膜无裂口,如肌肉挫伤,肌肉、韧带、关节损伤。这两种损伤的治疗有原则上的不同,开放性伤口由于易受污染,常常继发化脓性感染;闭合性伤口则不易发生感染。

(一) 擦伤

擦伤是皮肤受摩擦所致,是外伤中最轻也最常见的一种。伤后最好能用生理盐水冲洗消毒,然后敷以凡士林油纱布,或用创可贴包扎。较小的擦伤,可以用红药水或紫药水涂抹,无须包扎。擦伤中最重要的一种是刺花,系摔倒时,石、煤、沙屑等嵌入皮肤之中形成,救治时必须用小刷子仔细地将这些小颗粒刷出，然后敷以凡士林油纱布，或用创可贴包扎。

（二）撕裂伤、刺伤与切伤

这三种创伤，皮肤都有不同程度规则或不规则的裂口，如冰刀、钉鞋、标枪、击剑等器械所致，或如足球争顶时头部互撞发生及拳击、散打导致的眉际撕裂伤等。现场急救时可用生理盐水和肥皂水冲洗，用棉球压迫止血，送到医院进行进一步治疗。

（三）挫伤

挫伤时组织的连续性受到损害，但从解剖上来看，并未完全中断。运动中挫伤常见，如大腿与小腿前部的挫伤。此外，头、脑、腹及睾丸的挫伤在体育锻炼中也常见。

（1）挫伤的症状：轻者局部仅有疼痛、压痛、肿胀、功能障碍；重者可因皮下出血形成血肿或瘀斑疼痛和功能障碍都较明显。

复杂性挫伤是一种较为严重的损伤，如头部挫伤，轻者可发生脑震荡，严重者可有颅骨骨折或合并脑挫伤而危及运动员的生命；胸、背部挫伤可合并肋骨骨折或肺脏损伤，形成气胸或血胸；腰、腹部挫伤可合并肾挫伤和肝、脾破裂而引起内出血和休克；睾丸挫伤可因剧烈疼痛而引起休克；股四头肌、腓肠肌的严重挫伤，可引起肌肉或肌腱断裂，故应根据暴力大小和受伤部位判断伤势的轻重。

（2）处理：单纯性挫伤在局部冷敷后外敷新伤药，加压包扎、抬高患肢；头部、躯干部和睾丸挫伤有休克症状出现者应首先进行抗休克处理，保温、止痛、止血、纠正休克后，立即送医院治疗；有肌肉、肌腱断裂者，应将肢体包扎固定后，送医院治疗。

（四）肌肉拉伤

肌肉主动强烈地收缩或被动过度地拉长所造成的肌肉微细损伤、肌内部分撕裂或完全断裂，称为肌肉拉伤。

（1）征象：局部疼痛、压痛、肿胀、肌肉紧张、发硬、痉挛，功能障碍。当受伤肌肉主动收缩或被动拉长时疼痛加重。肌肉收缩抗阻力试验阳性，即疼痛加剧或有断裂的凹陷出现。有些伤员伤时有闪痛、撕裂样感，肿胀明显及皮下淤血严重，触摸局部有凹陷及一端异常隆起时，可能为肌肉断裂。

（2）处理：肌纤维轻度拉伤及肌痉挛者，用针刺疗法会取得显著疗效；肌纤维部分断裂者，早期用冷敷、加压包扎；肌腱完全断裂者，应在局部加压包扎，固定患肢，立即送医院确诊，必要时还要接受手术治疗。肌肉、肌腱完全断裂或撕脱骨折者，应立即停止锻炼，完全休息，积极治疗。

同时，可采用局部热敷或中药熏洗，并配合按摩和关节的屈伸活动，每日1~2次，效果较好。阿是穴做针刺或艾灸，也有一定疗效。慢性期痛点局限，用泼尼松龙鞘内注射，效果显著。

五、出血急救

止血是防止休克、挽救病人生命的重要措施。有效地止血能赢得将伤员转送到医院进行抢救的宝贵时间。

(一) 止血方法

1. 伤口压迫止血

多数伤口通过纱布或其他可利用的物品（如毛巾、手绢、洁净衣物等）压迫伤口可以起到止血目的（图3-4）。

操作要点：纱布厚度要够；覆盖面积要超过伤口；加压包扎。

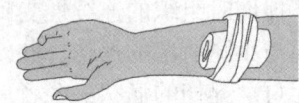

图3-4 压迫止血

2. 指压止血

用手指压在动脉上阻断动脉血流动能有效达到止血目的。指压止血法用于出血量大、有血管损伤的伤员。

操作要领：准确掌握动脉压迫点；压迫力度要适中；压迫10~15分钟。

常用指压止血部位如下。

（1）锁骨下动脉压迫点。在锁骨上缘中点，用拇指将动脉向下压迫，用于上肢大出血伤口止血（图3-5）。

图3-5 锁骨下动脉止血

（2）肱动脉压迫点。

肱动脉位于上臂中段内侧，位置较深，在肘窝位置表浅。伤口在肘部，压迫上臂中段肱动脉；前臂及手出血时，在肘窝处摸到肱动脉搏动后用拇指按压可达到良好的止血目的（图3-6）。

（3）桡尺动脉压迫点。

桡尺动脉在腕部掌面两侧。腕及手出血时，要同时按桡、尺两条动脉方可止血（图3-7）。

（4）手指动脉压迫点。

指端出血时，用拇指和食指压迫手指两侧的血管即可止血（图3-8）。

图3-6 肱动脉止血

图3-7 桡尺动脉止血

图3-8 手指动脉止血

(5)股动脉压迫点。

在腹股沟韧带中点偏内能摸到股动脉强大搏动。用双拇指向外上压迫，用于下肢大出血（图3-9）。

(6)腘动脉压迫点。

在腘窝中部摸到腘动脉搏动后，用拇指向腘窝深部压迫，用于小腿以下严重出血（图3-10）。

(7)胫后动脉及足背动脉压迫点。

在内踝后内侧（胫后动脉）及足背第1、2趾间同时压迫，用于足部出血（图3-11）。

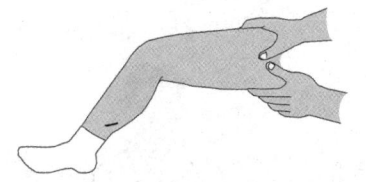

图3-9 股动脉止血

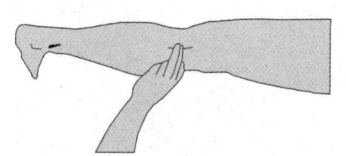

图3-10 腘动脉止血

图3-11 胫后动脉、足背动脉止血

3. 止血带止血

有大血管损伤、出血量多时，要用止血带止血。止血带包括气囊止血带、橡皮止血带和布料止血带。

橡皮带止血法：止血带安放部位垫好衬垫，左手拇指、食指、中指拿止血带一头，右手拉紧止血带缠绕肢体两圈，然后将末端交左手食、中指之间拉回压紧（图3-12）。记录止血带安放时间，每隔1小时放松5分钟。

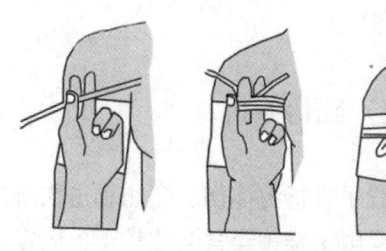

图3-12 橡皮带止血法

（二）包扎

快速、准确地将伤口用纱布、绷带、三角巾等包扎起来是外伤救护的重要环节。它可以起到快速止血、保护伤口、防止污染的作用，有利于转送和进一步治疗。

1. 一般伤口包扎

伤口用无菌敷料覆盖后，将绷带加压绕肢体环形缠绕。操作时先将绷带打开一头，用左手将绷带固定在敷料上，左手将绷带卷绕肢体紧密缠绕。从敷料中间开始依次缠绕4~5层，绷带缠绕范围要超出敷料边缘。最后用胶布粘贴固定，或将绷带尾从中央纵向剪开形成两个带条，两带条先打一结，然后两者绕肢体打结，第二结打成活结（图3-13）。

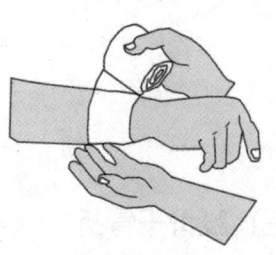

图3-13 绷带包扎

2. "8"字绷带包扎

手和关节处伤口用"8"字绷带包扎。包扎手时从腕部开始,先缠绕两圈,然后经手和腕"8"字形缠绕。最后绷带尾在腕部固定。关节处包扎从伤口敷料处开始,然后绕关节上下"8"字形缠绕(图3-14)。

图3-14 "8"字包扎法

六、骨折急救

(一)锁骨骨折

锁骨骨折由摔伤或车祸引起。锁骨变形,有血肿,肩部活动时疼痛加重。锁骨骨折现场可不做"8"字固定,因不了解骨折类型,尽量减少对骨折的刺激,以免损伤锁骨下血管,只用三角巾悬吊上肢即可,如无三角巾可用围巾代替(图3-15)。

图3-15 锁骨骨折固定

(二)肱骨骨折

肱骨干骨折由摔伤、撞伤和击伤所致。上臂肿胀、淤血、疼痛,有移位时出现畸形,上肢活动受限。桡神经紧贴肱骨干,固定时,骨折处要加厚垫保护以防桡神经损伤。

小夹板固定:小夹板用4块,先放后侧,再放前侧,最后放内、外侧夹板(图3-16)。用4条绷带或2~3条三角巾固定。肘部屈曲悬吊。

前臂骨折参考上臂骨折处理。

图3-16 小夹板固定

(三)股骨干骨折

股骨干粗大,骨折常由巨大暴力,如车祸、高空坠落及重物砸伤所致,损伤大,出血多，易出现休克。骨折后大腿肿胀、疼痛、变形或缩短。

夹板固定：两块夹板，一块长夹板从伤侧腋窝下到足跟，一块短夹板从大腿根内侧到足跟（图3-17）。在膝关节、踝关节骨突部放棉花护垫，空隙处用柔软物填实。然后将健侧下肢与伤侧下肢并拢，用7条宽带固定（图3-18）。先固定骨折上下两端，然后固定膝、踝、腋下和腰部。足尖保持垂直位置"8"字固定。

小腿骨折参考大腿骨折处理。

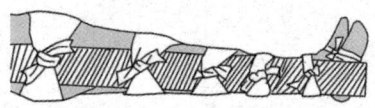

图3-17　大腿骨折夹板固定

图3-18　大腿骨折健侧固定

（四）脊柱骨折

脊柱骨折可发生在颈椎和腰椎。骨折块移位压迫脊髓能造成瘫痪。

颈椎骨折：围领固定，将围领套于颈部，防止颈椎活动。现场若无围领，要先用报纸、毛巾、衣物等卷制成颈套，从颈后向前围于颈部固定（图3-19）。颈套粗细以围于颈部后能限制双侧下颌活动为宜。

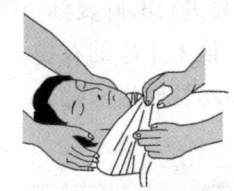

图3-19　颈椎骨折固定

胸腰椎骨折：木板固定，并作为搬运工具。木板长、宽与伤员身高、肩宽相仿。先将病人侧卧，动作要轻柔，在伤员背后铺毛毡或被褥。伤员平卧后保持身体平直卧于木板上。头颈部、足踝部及腰后空虚处垫实。双肩、骨盆、双下肢及足部用宽带固定，以免运输途中颠簸晃动（图3-20）。

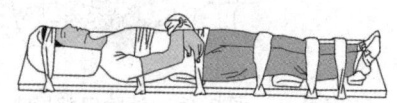

图3-20　胸腰椎骨折固定

七、休克急救

休克是指人体受到剧烈的有害因素作用而发生的一种急性循环功能不全综合征。

（1）休克的种类：外伤性休克、出血性休克、过敏性休克、中毒性休克。

（2）征象：病人表现为虚弱、表情淡漠、反应迟钝、面色苍白、发绀、四肢冰凉、脉搏细速、尿量减少、血压下降等。休克严重时可昏迷，甚至死亡。

（3）急救：使患者安静平卧或头低脚高位（呼吸困难者不宜采用），保暖，但不要过热，以免皮肤血管扩张，影响组织器官的血液灌注量和增加氧的消耗量。保持呼吸道通畅，昏迷者头应侧偏，并将舌牵出口外，必要时可给氧气或进行人工呼吸。可针刺或按摩强刺激人中、百会、合谷、内关、涌泉、十宣等穴。对骨折者进行必要的临时固定，如有出血者应采用适当的止血方法,如怀疑有内脏出血应迅速送医院抢救。疼痛剧烈者可给镇痛、镇静剂,在急救同时,迅速送医院或请医生诊治。

八、溺水急救

溺水是游泳或摔入水坑、水井等常见的意外事故。水进入呼吸道及肺引起窒息。另外,泥沙等异物堵塞鼻腔和口腔也是窒息的原因之一。溺水现场急救至关重要,应争分夺秒。

现场急救措施具体如下。

(1) 迅速将溺水者拖离溺水现场。

(2) 清除口鼻内异物,保持呼吸道畅通(图3-21)。

(3) 令溺水者头低位拍打背部,使进入呼吸道和肺中的水流出来(注意时间不要长)(图3-22)。

(4) 观察有无呼吸停止,如有呼吸抑制,迅速进行人工呼吸(图3-23)。

(5) 观察有无脉搏,可检查颈动脉,如有心跳停止,立即进行胸外心脏按压(图3-24),反复进行心肺复苏(CPR)(图3-25)。

(6) 换上干净的衣物,注意保暖。

(7) 尽快转送医院。

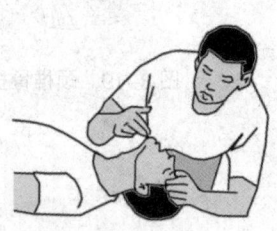

图 3-21 清除口腔异物

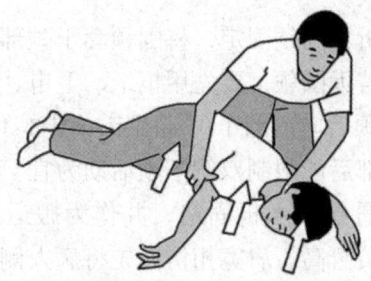

图 3-22 控水

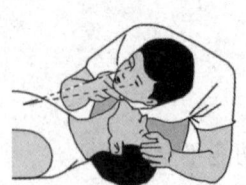

图 3-23 观察呼吸

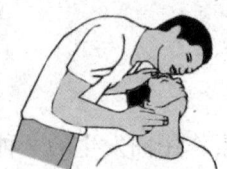

图 3-24 检查颈动脉

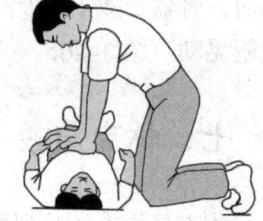

图 3-25 反复进行 CPR,按压 15 次,吹气 2 次

九、突发伤害事件应急处理流程

为加强对大学体育教学工作的安全管理,教学单位应该根据教育主管部门的相关规定,制定相应的意外伤害事故预防及应急处理措施,来指导正常体育教学和群体工作中出现的意

外伤害事故的处理，并将伤害事故发生后的损失减少到最小程度。

体育课教学突发伤害事件应急处理流程。

第一现场教学负责人对伤害等级预判，启动相应处理措施。

伤病级别：一级——伤（病）者有生命危险。

伤（病）情描述：头部受伤、内脏受伤、脊椎或其他重要部位骨折、溺水、触电。

处置程序：
① 现场急救；
② 拨打120；
③ 通报上级；
④ 上级上报学校；
⑤ 通知保险公司。

伤病级别：二级——伤（病）者痛苦不堪。

伤（病）情描述：一般骨折，关节脱臼或严重扭伤，肌腱韧带断裂、出血，中暑导致的昏迷休克。

处置程序：
① 简单急救；
② 上报上级，通知保险公司；
③ 上级主管派车送医疗部门。

伤病级别：三级——伤（病）者有明显不适。

伤（病）情描述：一般的摔、撞、挫、刺伤等致的轻微出血、扭伤、肿胀，以及腹泻、重感冒、高烧、低血糖眩晕等。

处置程序：
① 一般处理；
② 校医院治疗。

伤病级别：四级——轻微的皮肤破损、轻微感冒、例假等

处置程序：
① 简单处理；
② 观察留意。

技术篇

第四章 田径项目

第一节 田径运动概述

田径运动就其本质特征而言,是由走、跑、跳、投的基本运动形式,以时间、高度和远度衡量运动效果所构成的体育项目。田径运动历史悠久,群众基础广泛,俗称"运动之母"。在古代及近代世界重大运动会中,田径项目一直处于主要地位,在主运动场上举行,是设奖牌最多的竞赛项目。

田径运动分为田赛和径赛两大项,以及由田赛和径赛的部分项目所组成的全能运动,共计40多个项目。

田赛包括跳跃和投掷两大部分。跳跃项目包括跳高、跳远、三级跳远、撑竿跳高,投掷项目包括投标枪、掷铁饼、推铅球、掷链球等。田赛项目一般是以远度或高度计算成绩的项目。

>
>
> **郑凤荣:中国跳高第一人**
>
> 她是我国第一位打破世界纪录的女运动员,也是我国第一位打破田径世界纪录的运动员,就像她越过横杆的动作一样,媒体称她为"昭示中国体育运动春天来临的一只燕子",她就是郑凤荣。凭借娴熟的剪式跳高技术不断地在失败与挫折中突破自己,超越自己。她的精神激励我们面对失败、挫折和挑战时,要不畏惧,不气馁,坚定自己心中的目标并为之努力、为之奋斗,终将超越自我,走向成功。
>
>
> 扫一扫
> 查看完整故事

径赛包括竞走和赛跑两大部分。赛跑有短跑、中跑、长跑、跨栏跑、接力跑、障碍跑、越野跑和马拉松等项目。径赛项目是以时间计算成绩的项目。

第二节 短跑

短跑也称快速跑,它是发展人类速度素质的典型项目。其特点是强度大、速度快,要求人体运动器官和内脏器官在大量缺氧的条件下,用最短的时间跑完所规定的距离。短跑速度的获得,主要决定于步频和步幅。

一、短跑技术

短跑属于极限强度运动,短跑比赛包括60米、100米、200米、400米,是发展速度素质最有效的手段,也是许多田径项目及其他一些运动项目的基础。

短跑技术分为起跑、起跑后的加速跑、途中跑和终点跑四个部分。

(一)起跑

起跑的任务是使人体迅速摆脱静止状态,获得最大的向前冲力,为起跑后的加速跑创造有利条件。

按规则规定,短跑必须用蹲踞式起跑,并且使用起跑器,这样能使两脚有牢固的支撑,形成良好的预备姿势。

安装起跑器的方法:前一起跑器一般装在起跑线后一脚半的地方,抵足板的斜度为45°~50°;后一起跑器抵足板离前一起跑器抵足板为一脚半长,抵足板的斜度为75°~80°,两起跑器间的左右距离为10~20厘米或一个拳头宽(图4-1)。

弯道起跑时,起跑器安装在靠近跑道的外缘,直对弯道切线方向(图4-2)。方法与直道相同,但应根据个人特点安装起跑器,并通过不断实践,选择自己适宜的方法。

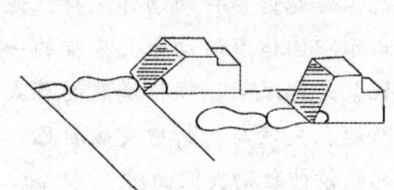

图4-1 起跑器的安装

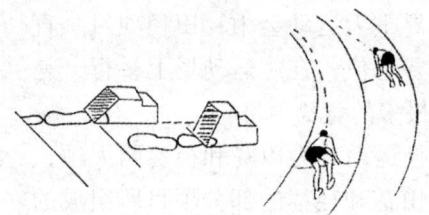

图4-2 弯道起跑

起跑过程包括"各就位""预备"和鸣枪或口令跑三个阶段(图4-3)。

听到"各就位"口令后,运动员做几次深呼吸,轻松地走到起跑器前,两手撑地,两脚依次蹬在起跑器的抵足板上,两脚尖触及地面,后腿膝关节跪地,通常将有力腿放在前起跑器上。接着两臂收回到起跑线后支

图4-3 起跑过程

撑地面,两臂伸直,两臂间距离与肩同宽或比肩稍宽,四指并拢或稍分开,与拇指成有弹性的"八"字形支撑,颈部自然放松,身体重量均匀地落在两手、前腿和后膝之间,注意听"预备"口令。

听到"预备"口令后,平稳地抬起臀部,使其稍高于肩,重心适当前移,肩部超出起跑线,身体重量主要落在前脚和两臂上。两脚紧贴起跑器,注意力集中在听觉中枢,等待"鸣枪"的信号。

听到枪声后,两手迅速推离地面,并用力前后摆臂。两腿迅速蹬离起跑器,使身体向前上方运动。第一步脚落地要积极有力,并需落在起跑器前一脚到一脚半的地方,再配合两臂的有力摆动,由起跑进入加速跑。

（二）起跑后的加速跑（疾跑）

加速跑是起跑与途中跑之间的一段疾跑技术（图4-4）。要求在较短距离内尽快地获得最高速度进入途中跑。这段距离一般为20~25米。

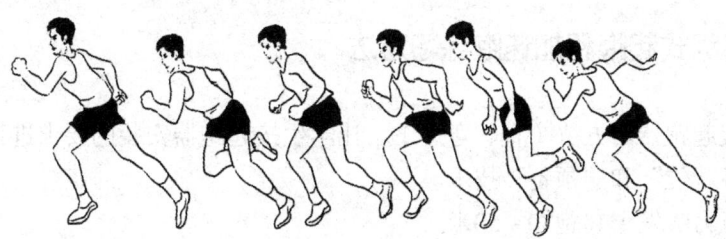

图4-4 短跑中的疾跑技术

起跑后的第一步不宜过大，一般为三脚半至四脚长，第二步为四脚至四脚半长，以后逐渐加大接近途中跑步长。由起跑转入加速跑，不要有任何停顿和跳跃现象，腿要充分后蹬，髋前送，身体与地面的夹角逐渐加大，步频逐渐加快，两臂摆动有力，以后自然转入途中跑。

（三）途中跑

途中跑是短跑全程中距离最长、速度最快的一段跑程，途中跑的速度取决于合理的动作结构和协调的跑进技术，它是短跑成绩好坏的关键。

途中跑技术动作的基本要求是：头和上体稍有前倾；两臂以肩关节为轴前后轻快、有力地摆动，前摆时肘关节成60°～70°角，臂前摆时手稍超过下颌，并伴随着同侧肩前送和异侧肩后引的动作；臂后摆时肘关节稍朝外，上臂与前臂夹角约为90°，摆动经过身体时，角度约为130°。总之，途中跑的过程中，动作要轻松有力，协调自然，步幅大，步频快，重心平稳，直线性好。

（四）终点跑

终点跑是全程跑的最后一段，任务是保持途中跑的跑速并完成撞线动作。

终点跑技术与途中跑技术基本相似，要求在离终点线15~20米处，尽力保持上体前倾角度，加快两臂摆动的速度和力量，在跑到离终点线前一两步时上体急速前倾，用胸部或肩部触及终点线。跑过终点后逐渐减速。

另外，在200米和400米比赛中有一半以上的距离是在弯道上进行的，为了克服弯道跑产生的离心力，必须改变身体姿势及后蹬和摆的方向产生向心力。在弯道跑后蹬时右脚用前脚掌的内侧用力，左脚用前脚掌的外侧用力。腿前摆时，右腿的膝关节稍向内，前摆幅度要比左脚大些，左腿前摆时，稍向外。右臂摆动的力量和幅度都应大于左臂，右臂前摆稍向左前方，后摆时肘关节稍朝外，左臂摆动稍离开躯干。总之弯道跑的蹬地与摆动都应与身体向圆心倾斜方向趋于一致。从弯道跑进直道，应在弯道的最后几米，身体逐渐减小内倾程度，顺着惯性跑2~3步。

二、短跑练习方法

（一）蹲踞式起跑和加速跑练习方法

①学习安装起跑器的方法（直、弯道）。让学生按起跑器安装的要求进行练习。
②学习"各就位"和"预备"技术。
③集中注意力听发令起跑30~50米。
④练习弯道起跑30~50米。

（二）途中跑练习方法

①学习摆臂技术。原地成弓箭步前后摆臂练习。
②学习中等速度的反复跑60~100米。要求跑的动作放松、协调。
③两人并列中速反复跑80~100米。体会摆臂和着地技术的动作要领。
④快速跑80~100米。要求：加速—最大速度—放松—加速—放松。
⑤沿弯道放松跑体会弯道跑技术。
⑥从直道进入弯道跑60~80米。
⑦从弯道进入直道跑80~100米。

（三）终点冲刺跑练习方法

①加速跑30~40米冲过终点线。
②在60~100米距离上每隔30~40米画一条终点线，连续做撞线练习。
③在终点拉上终点带，做冲刺撞线练习。
④蹲踞式起跑30~40米做撞线练习。

（四）全程跑练习方法

①蹲踞式起跑60~120米。
②计时跑50米、100米。

（五）跑的专门性练习

跑的专门性练习的目的是体会跑的技术动作要领，纠正动作错误，发展腿部力量和加快动作频率，是提高跑的能力的一种手段。

①小步跑，体会扒地动作，发展跑的频率。
②高抬腿跑，增强抬腿肌肉力量，发展频率。
③后蹬跑，体会用力顺序，发展后蹬力量。

第三节　接力跑

接力跑是由短跑和传、接棒组成的集体竞赛项目，可以培养运动员的集体主义精神。正式竞赛项目有男、女4×100米和4×400米接力跑。接力跑成绩不仅取决于运动员速度，还取决于队员之间的协调配合。

一、接力跑技术

（一）4×100米接力跑技术

1. 起跑

持棒起跑：第一棒运动员采用蹲踞式起跑，通常右手持棒，其基本技术类同短跑起跑，但接力棒不得触及起跑线及起跑线前面的地面。持棒的方法一般用中指、无名指和小指握住棒的末端，用拇指和食指分开撑地（图4-5）。

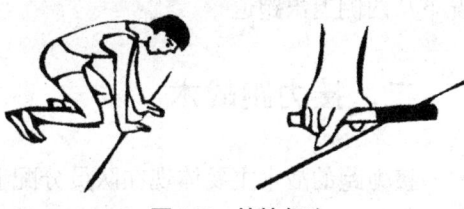

图4-5　持棒起跑

接棒人起跑：第二、三、四棒运动员多采用半蹲式或站立式起跑。第二、四棒选手站在跑道外侧，第三棒选手站在跑道内侧。接棒运动员起跑姿势的选择，主要取决于能否快速起跑和进入加速跑，并能清晰地看到传棒选手及设定的起动标志。

2. 传接棒的方法

传接棒的方法，目前采用较多的有下压式、上挑式和混合式三种。

（1）下压式

接棒人将接棒手臂向后伸直。四指并拢，虎口张开，掌心向上。传棒人将棒的前端由上向前下方将棒送入接棒人手中（图4-6）。此法的优点是接棒后，便于传接，不需换手。缺点是在接棒时手腕动作比较紧张。

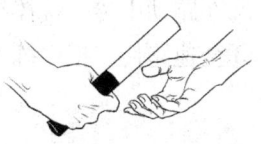

图4-6　下压式

（2）上挑式

接棒人的手臂自然向后伸出，掌心向后，虎口张开朝下，传棒人将棒从下向前方送入接棒人手中（图4-7）。此法的优点是接棒人向后伸手的动作较自然，容易掌握。缺点是接棒人握

图4-7　上挑式

棒的部位越来越短，不利于再次传、接棒，而且容易掉棒。

（3）混合式

混合式是综合上述两种方法的优点而形成的。第一棒队员以右手持棒起跑，用上挑式将棒传给第二棒队员的左手；第二棒队员，用下压式将棒传给第三棒队员的右手；第三棒队员再用上挑式传给第四棒队员的左手；由第四棒队员持棒跑到终点。

（二）4×400米接力跑技术

4×400米接力跑的传、接棒技术相对简单，但由于传棒人最后跑速已不快，所以接棒人应慢速跑进，目视传棒人，顺其速接棒，然后再快速跑出。

第一棒采用蹲踞式起跑，持棒方法同4×100米接力的第一棒。第二棒采用站立式起跑，通常站在接力区后沿的前面，头部转向后方，看好同队的传棒队员，如果传棒人最后仍有一定的速度，那么接棒人可以早些起跑；如果传棒人跑速已比较缓慢，则接棒人应晚些起跑；如传棒人已筋疲力尽，则接棒人要主动接棒，并力争早些完成传、接棒动作。第三、四棒的接棒方法基本同第二棒，只是要注意服从裁判员安排，并注意在不影响其他接力队跑进的情况下从两侧退出跑道。

二、接力跑战术

接力跑的战术主要体现在队员分配上。接力赛全程是由四名队员完成，因此，在比赛中应发挥每名队员的特长，并根据队员的特长分配位置。一般来说，起跑好、善于跑弯道的队员跑第一棒；灵敏性、协调性好，善于跑直道，善于传接棒的队员跑第二棒；速度耐力好，善于跑弯道的队员跑第三棒；绝对速度好，意志顽强，冲刺好的队员跑第四棒。

三、接力跑练习方法

①原地摆臂传、接棒练习。
②在跑动中传、接棒练习。
③全速跑传、接棒练习。

第四节　中长跑

中长跑是中、长距离跑的统称，是一项身体负荷大、锻炼价值高的运动，尤其对增强心血管系统和呼吸系统的机能有良好的功效，并且能培养吃苦耐劳精神。

现代奥运会设立的男女中长跑项目，中跑有800米、1500米，长跑有5000米、10000米。

一、中长跑技术

（一）起跑

中长跑一般采用站立式起跑，其动作过程按"各就位"和鸣枪（跑的信号）的顺序进行（图4-8）。

图4-8 中长跑起跑

（二）途中跑技术和呼吸节奏

途中跑技术与快速跑基本相同，但由于跑的距离较长，所以上体前倾角度、摆臂、摆动腿的动作幅度和后蹬的力量都较小。跑动过程中既要注意动作的实效，又要注意节省体力。此外，途中跑的呼吸对加强跑的工作能力、改善气体交换和血液循环条件起着重要的作用。一般是口和鼻同时呼吸，口微张，并以鼻呼吸为主，呼吸的节奏要和跑的节奏相配合。

（三）终点跑

终点跑是中长跑临近终点的加速跑，它的跑距应根据训练水平、战术要求和个人体力而决定。在比赛中还需要根据对手的情况和自身实力来决定加速时机。

二、中长跑基本战术

在比赛中，根据对手的情况和自己的特长，事先制定战术，合理分配体力是取得理想成绩的主要战术。

中长跑比赛主要有两种战术：一种是平均分配体力的战术，起跑后跑速较快，途中匀速跑，最后冲刺跑；另一种是领先跑的技术，耐力好、速度差的运动员一般采用此战术，全程一直跟随领先者，最后阶段以快速的加速跑冲刺过终点。

三、中长跑练习方法

（一）途中跑练习方法

①300~400米定时跑，每次练习6~8组。
②变速跑300米，加速—全速—放松—加速。
③越野跑或自然地形跑3000~5000米。

（二）终点跑练习方法

①中速跑800~1000米，最后100~200米冲刺。

②计时全程跑，最后适当距离冲刺与呼吸练习相结合。

（三）中长跑的专门性练习

① 负重跑，加强肌肉的耐久力。
② 跨步后蹬跑，体会后蹬时关节伸直，纠正错误动作。
③ 蹲杠铃等加强肌肉力量的练习。

第五节　跳高

跳高是田径运动中克服垂直障碍的跳跃项目。完整的跳高技术由助跑、起跳、过杆和落地等环节组成。跳高技术由最初的双腿屈膝过横杆演变到跨越式、剪式、滚式、俯卧式和背越式。目前公认后两种姿势较为科学合理。如果说20世纪70年代是俯卧式与背越式互相竞争、难分伯仲的话，那么20世纪80年代至今已是背越式一统天下的局面了。

一、背越式跳高技术

背越式跳高技术是人体在空中以背向姿势越过横杆的一种跳高技术。它由助跑、起跳、过杆、落垫等环节组成。

（一）助跑与起跳

助跑的任务是通过快速有节奏的助跑获得较高的水平速度，为快速、积极有力的起跳创造良好的条件。背越式跳高的助跑不同于其他跳高的直线助跑，而采用一条由直线转入弧线的助跑路线。助跑的距离一般为7~12步，全程可分为两段。第一段为直线助跑，第二段为弧线助跑（图4-9）。

起跳的任务是充分利用助跑的水平速度，使人体获得最大的腾起高度，为过杆创造有利的条件。背越式跳高以远离横杆的脚起跳，起跳时起跳脚沿弧线方向踏上起跳点，并以脚跟和脚掌外侧先着地，为了加快起跳速度，应尽量减小起跳屈膝的幅度（图4-10）。

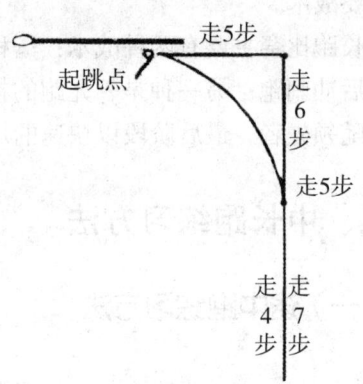

图4-9　背越式跳高的助跑

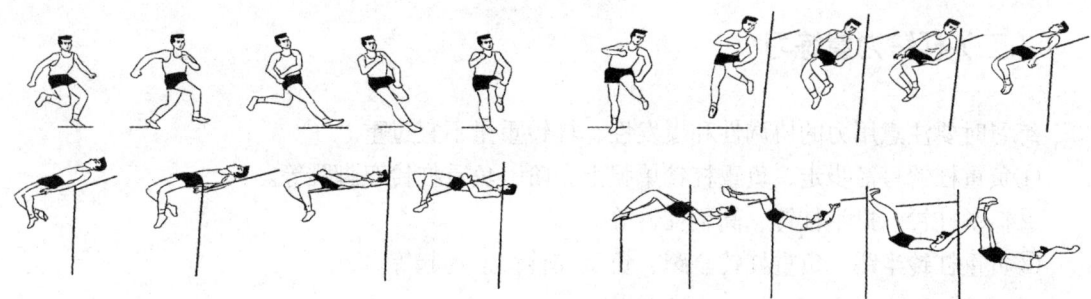

图4-10　背越式跳高技术

（二）过杆与落地

跳高起跳离地的瞬间，由前期获得的水平速度和垂直速度的合成速度，使身体各部位尽量保持在身体重心运动的抛物线轨迹上，并且沿着抛物线轨迹顺势依次越过横杆。

1. 过杆

起跳腾空后，头和臂应积极向杆上运动，随着背部转向横杆，头和双肩开始过杆，同时摆动腿下放、双腿屈膝、小腿下垂。头、肩部过杆后开始抬头下降，同时挺胸展腹、挺髋，使人体在杆上形成背弓（图4-10）。

背弓的目的是最大限度地合理利用身体重心腾起的高度。此时身体已过杆和尚未过杆的部分，应尽可能地下垂，以使身体形成满弓。头和双肩过杆后接着是躯干、臀部、大腿和小腿等依次协调地过杆。

杆上背弓时间可稍长些，不要过急地举腿过杆，而是等盆骨移过横杆后再顺势收腹，当腋窝靠近横杆时两小腿积极向上甩起，两腿伸直，呈所谓的"L"状（图4-10）。

2. 落垫

落垫要求平稳和安全，通过缓冲，使身体免受损伤。落垫时先以背部着垫，然后可做后滚翻等自我保护动作，落垫时先低头，下颌内收近胸（图4-10）。

二、跳高练习方法

（一）弹跳力练习

进行多种跳跃练习，提高腿部肌肉的弹性。
①徒手跳跃：单足跳、跨步跳、纵跳、跳台阶、五级跳、十级跳等。
②器械跳跃：跳栏架、跳深、双摇跳绳、沙坑赤脚跳、负重沙衣跳等。
③专项跳跃：助跑摸高跳、助跑起跳双手抓高杠、助跑起跳站上高台等。

（二）杠铃力量练习

练习时要注意用力的协调性和爆发性，杠铃重量不宜过重。
① 负重杠铃弓箭步走、负重杠铃单腿上台阶、负重杠铃双脚跳等。
② 抓举杠铃、挺举杠铃、高翻杠铃等。
③ 负重杠铃半蹲、负重杠铃全蹲、负重杠铃快速蹲起等。

（三）速度练习

要不断地变换要求，快慢结合，体现出灵活性和节奏感。
① 30米、60米、100米加速跑，反复跑，计时跑等。
② 弯道快跑＋直道慢跑的变速跑。
③ 全程弧线助跑计时等。
④ 快速摆腿计次数、计时间。

（四）柔韧协调灵巧性练习

① 各种体操、技巧技术动作练习。
② 各种球类活动练习。

第六节　跳远

跳远是合理运用速度、弹跳力使人体腾越尽可能远的跳跃运动项目之一。完整的跳远技术由助跑、起跳、腾空和落地四个部分组成。按空中姿势可分为蹲踞式、挺身式和走步式三种。蹲踞式技术比较简单，一般在中学都已学过；走步式技术对身体素质要求较高，难度较大，优秀男子运动员大都采用走步式；挺身式技术难度适宜，女子运动员和大学生通过学习能够较好地掌握此技术，因此本教材主要介绍挺身式。

一、挺身式跳远技术

（一）助跑

助跑的任务是获得更快的水平速度，并为准确踏板和快而有力的起跳做准备。助跑距离一般男子为37~45米，女子为27~35米。短跑速度快的人，距离可稍短些，反之要稍长些，一般学生因训练水平关系可采用20~30米的距离，跑14~16步。

助跑距离有两种丈量方法。一种是从踏跳板前沿开始，以站立式起跑姿势，向助跑起点按助跑的节奏和速度跑进所需要的步数,最后一步(起跳脚落地点)即为起点。然后从此标记,以同样节奏、速度、步数进行反复练习调整,确定助跑距离。

另一种是练习者先根据自身的速度水平,在跑道上或助跑道上试跑,确定适合的步数,然后丈量出助跑距离,并以此距离在助跑道上反复练习、调整并作最后确定。

(二)起跳

准确、快速、有力地起跳,要求在最大限度地保持水平速度的同时,能使身体获得最大的垂直速度,从而获得理想的腾起初速度和腾起角度。

起跳动作是从助跑最后一步开始的。起跳时大腿积极下压,小腿迅速前伸,用全脚掌立即移至前脚掌着地,当身体重心接近起跳腿的支撑点时,起跳腿迅速用力蹬伸,同时摆动腿以膝领先,积极向前下方摆起,两臂配合腿部动作用力上摆,起跳腿的髋、膝、踝关节充分伸直,上体正直,两眼正视前方(图4-11)。

图4-11 跳远的起跳

(三)腾空与落地

起跳后身体进入腾空阶段(图4-12)。正确的腾空动作,主要是保持身体平衡,为落地做好准备。腾空步后,向下方摆腿,起跳腿放松留在体后,同时两臂由下向后上方振摆,在空中呈"挺身"姿势,落地前迅速收腹举腿,上体前倾,两臂向前、下、后摆动。

完成腾空动作后,两大腿向前上方抬,小腿向前伸,同时臂部也要向前移动,上体前倾,两脚着地后迅速屈膝缓冲,借助向前的惯性作用,使身体尽快移过支撑点,以免后坐或后倒。总之,正确的落地动作,不仅可以提高运动成绩,而且可以防止伤害事故。

挺身式跳远踏跳腾空后至缓冲落地的技术动作如图4-13所示。

图4-12 跳远的腾空阶段

图4-13 腾空后至缓冲落地技术

二、挺身式跳远练习方法

①发展速度素质，提高跑的技术和奔跑能力。
· 行进间跑30~50米计时练习。
· 100米反复跑练习。
· 跳远跑道上助跑距离的计时跑练习。
②各种弹跳力练习。单足跳、跨步跳、纵跳、直膝兔跳等多种跳跃练习。
③各种杠铃力量练习。各种抓举、挺举练习（注意轻重量的快速举和次数少重量较大的力量练习交替进行）。
④各种体操技巧练习、腰背腹肌力量练习。
⑤跳深练习（连续跳跃几个高40~60厘米的跳箱）。
⑥专项跳深跳远练习。在6~8米长、30~40厘米高的专用跳箱上助跑2~3步，从跳箱上冲下来，用起跳脚落地并迅速跳远起跳。

第七节　推铅球

推铅球是田径运动的投掷项目之一。
决定推铅球远度的因素主要有三个：铅球出手的初速度；铅球出手的角度；铅球飞进与空气阻力的关系。
现代推铅球的技术有侧向滑步、背向滑步和旋转推铅球。推铅球技术环节可分为握、持球，预备姿势，滑步，最后用力，维持身体平衡等部分。图4-14为背向滑步推铅球图示。

图4-14　背向滑步推铅球

一、推铅球技术

(一) 握、持球

握球时五指自然分开,将球放在食指、中指、无名指的指根上,大拇指和小指自然扶住球的两侧(图4-15)。

握好球后,手臂放松弯曲,把球放在一侧锁骨窝处,并贴着颈部和下颌,掌心向前,指根顶紧球,持球臂肘关节自然下垂(图4-16)。

图4-15 握球　　　　　　　　　　图4-16 持球

(二) 预备姿势

1. 侧向滑步

握球后身体左侧对投掷方向,两脚左右开立与肩同宽。上体稍向右侧倾斜,重心落在右脚上,右脚外侧靠近投掷圈后内沿,左脚靠近圆心附近用脚掌内侧着地。右臂抬起与肩平,掌心向前,左臂自然微屈上举(图4-17)。

2. 背向滑步

背向预备姿势有高姿势和低姿势两种。高姿势是持球后,背对投掷方向,站在圈内靠近后沿处,两脚前后站立,右脚尖靠近圈内沿,左脚稍后,前脚掌或脚尖着地,上体正直,看前下方(图4-18)。

图4-17 侧向滑步推铅球的预备姿势　　图4-18 背向滑步推铅球的预备姿势

（三）滑步

1. 侧向滑步

预备姿势做好后，左腿向投掷方向预摆1~2次，待身体平衡后，左腿迅速有力地向投掷方向摆，带动身体，同时右腿用力蹬地，迅速向前滑步，使身体重心向投掷方向移动。当滑到投掷圈中心附近时，左脚迅速落地，完成滑步动作，为最后用力创造条件（图4-19）。

图4-19 侧向滑步

2. 背向滑步

预备姿势做好后，左腿向投掷方向预摆1~2次，待身体平稳后，左腿向后上方摆起，同时弯曲的右腿也向上伸展，左腿回摆靠近右腿时，右腿下蹲，上体前屈团身，接着左臂向投掷方向有力摆出并带动身体，同时右腿积极蹬地，并迅速收拉小腿，以前脚掌向投掷方向滑动。在滑动过程中，右侧脚、膝、髋逐渐向左转动，前脚掌着地于圆圈中心附近，左脚积极用前脚掌内侧迅速落地，为最后用力创造良好条件（图4-20）。

图4-20 背向滑步

（四）最后用力

最后用力是推铅球技术的重要环节。最后用力动作是否正确直接影响出手角度、投掷的角度和出手点的高度。

当滑步结束，左脚一着地，就开始进入最后用力阶段。推球时，右脚迅速用力蹬地，脚跟提起，膝关节内转，同时髋部也边转边向前送出，上体逐渐抬起并向投掷方向转动，右髋先于右肩，在身体左侧接近与地面垂直的瞬间，以左肩为轴，右腿迅速伸直，身体转向投掷方向；此时挺胸、抬头，左脚支撑，右肩前送，右臂迅速用力向前上方推球，同时伸直左腿。推球时，手用力并用手指积极拨球，球出手后两腿立即换步，并降低重心维持身体平衡。

（五）维持身体平衡

由于推铅球时向前上方用力，铅球出手后身体仍有向前的惯性冲力，可能使身体触圈外而造成犯规。因此，当球推出后应迅速做右、左脚交换动作，使右脚在前，左脚在后并下压，左臂带动左肩（左侧）往后摆，右腿屈膝降低重心，减缓前冲以维持身体平衡（图4-21）。

图4-21　维持身体平衡

二、推铅球练习方法

（一）侧向滑步推铅球

1. 原地推铅球练习

①徒手或用实心球等轻器械做推球模仿练习。
②原地正面、侧面推球练习。

2. 滑步推铅球练习

①徒手侧滑步或连续侧滑步练习。
②徒手侧滑步推球练习。
③轻球侧向滑步投掷练习。
④完整技术动作练习。

（二）背向滑步推铅球

①徒手做背向滑步练习。
②徒手做背向滑步推铅球完整技术练习。
③持轻器械完整技术练习。
④完整技术动作练习。

田径比赛
基本规则

第五章　球类项目

第一节　篮球

篮球运动起源于美国。1891 年一位马萨诸塞州的体育教师——詹姆斯·奈史密斯博士借鉴其他球类项目，把一个桃筐固定在健身房看台的栏杆上，让练习者们向桃筐里扔球而发明了篮球。

世界篮球发展的趋势是高速度、高对抗、攻守节奏快、争夺高空优势，不仅球员的身材越来越高，而且他们的技术水平也达到了出神入化的程度。职业队球员的平均身高接近或超过了两米，优秀后卫的身高也在 1.90 米以上。这些球员不仅身材高大，而且动作非常灵活，技术相当全面，不仅参与快攻快守，活动范围也日趋扩大。一些中锋球员能拉到三分线外投篮得分，这种技术全面的特点使他们在对抗中的"杀伤性"更大。在篮球比赛中，队员不仅技术全面，还兼有特长，在比赛中既能用智慧去打球，又能积极地奋力拼搏；既能随机应变，又能果断地作出正确的判断，顺利完成任务。

>
>
> 张长禄：改革、吸纳、创新，让中国篮球放光彩
>
> 中国篮球 120 余年波澜壮阔的历史发展过程中，诸多传奇前辈为中国篮球的发展作出了巨大的贡献，推动中国篮球运动不断前行。首届中国篮球名人堂"特别致谢"传奇名宿中就有不断推动篮球界创新改革的张长禄先生。张长禄曾担任中国男篮队长，是新中国首位援外的篮球教练，根据世界篮球的发展状况和我国的现实情况，提出过很多改革性措施，推动了如全国篮球青年比赛不打联防；全队至少 10 人登场比赛；每次进攻时间不超过 25 秒；把三分球引入国内正式比赛中等规则的应用。
>
>
> 扫一扫
> 查看完整故事

目前世界最高水平的篮球职业联赛是美国的 NBA，联赛的球员主要来自美国的大学生。自从 1992 年国际篮联允许职业球员参加奥运会等国际比赛后，美国男篮一直雄居世界篮球的霸主地位，但其他国家与他们的水平差距正在逐渐缩小。而女篮则呈现群雄争霸的局势，美国、俄罗斯、中国、巴西和澳大利亚等国家处于第一集团的位置。

一、篮球基本技术

（一）篮球的技术

1. 站立姿势

两脚左右或前后开立，两脚之间距离与肩同宽，全脚掌着地，两膝屈曲，大小腿之间的

角度约为135°，身体重心落在两脚之间，上体略微前倾，两臂屈肘自然下垂置于体侧，两眼平视注视场上情况（图5-1）。防守时的站立姿势两脚间距离略比肩宽，两臂屈肘左右或前后张开（图5-2）。

图5-1　基本站立姿势　　　　图5-2　防守基本站立姿势

2. 熟悉球性

打篮球离不开手的控制，所以首先要以"玩球"的方法熟悉球性。并且左右手接触球的时间要均衡，绝不能有所偏重，这对于初学者来说是很重要的。只有这样，才能在控球时随心所欲。

3. 移动

移动的脚步动作结构是以踝、膝、髋关节为轴，上肢予以配合，包含多个运动轴所组成的。脚、腿、腰的协调用力对控制和转移身体重心，保持身体平衡，起着主动的支配作用。移动的所有动作都是通过前脚掌蹬地或脚跟着地的制动来实现的，因此，必须充分发挥腿部蹬地伸展的力和腰的协调用力，使人体内力和外力很好地配合，从而加大脚对地面的作用力，利用地面的反作用力克服人体重力和惯性等，这样才能很好地控制身体平衡协调和转动，使身体快速地起动、起跳、旋转，以摆脱对手的防守。

（二）篮球进攻技术

1. 传接球

（1）持球方法。

• 双手持球。两手手指自然分开，握球的后侧方；两拇指成"八"字形，掌心空出，手腕放松，两肘屈曲，自然下垂。

• 单手持球。手指自然分开，掌心空出，托球的后下部；手腕后屈，前臂向上，用手指和指根把球控制住。

（2）传球动作。传球由下肢蹬地，全身协调用力，最后通过伸臂、屈腕和手指拨球的力量将球传出。中近距离传球主要靠前臂的伸展和手指手腕的用力进行。腕、指力量作用于球的不同方向和部位（正后方、后下方、后上方）可传出不同飞行路线（平直、弧线、反弹）的球。在球即将离手一刹那，用力越大，发力越快，球飞行的速度就越快。前臂的动作与球的速率也有很大关系，它的伸、摆、甩、绕等不同的用力方法可增加传球点的数量，扩大出球面积，提高传球的隐蔽性。

(3) 接球动作。

● 双手接球。伸臂迎球，两拇指成"八"字形，手指向上自然张开，掌心斜向前似球状，手指触球时随球收臂后引，持球于腰腹间。

● 单手接球。以右手为例，右脚朝来球方向迈出，两眼注视来球，手指成勺形自然分开，迎来球方向伸出，当手指触球时顺势将手臂收向后下方，左手立即协助握球，双手持球于腰腹之间。

2. 投篮

在这里介绍三种比较普遍的投篮动作：原地单手肩上投篮、跳投和行进间单手低手上篮。

(1) 原地单手肩上投篮。以右手为例，右手持球于肩上，左手扶球的左侧，右臂屈肘，前臂与地面接近垂直。两脚前后开立，两膝微屈。投篮时下肢蹬地发力，右臂向前上方伸直，手腕前屈，用中指和食指用力拨球，全身协调用力将球投出。

(2) 跳投。就是跳起后将球投出的投篮方法，这种投篮的出手点较高，防守队员较难防守。准备动作与原地单手肩上投篮相同，不同之处是两膝屈曲程度更大，以便发力起跳，当身体接近最高点时将球投出（图5-3）。

图 5-3　跳投

(3) 行进间单手低手上篮。通常称为"三步上篮"，以右手为例，运球或接球时右脚跨出一大步，同时双手持球于体前，左脚再跨出一小步用力起跳，右腿屈膝上提，双手向前上方举球，当身体接近最高点时，右手伸臂屈腕，用手指拨球投篮。整个动作要协调连贯，一气呵成，不能出现明显的停顿动作（图5-4）。

图 5-4　行进间单手低手上篮

3. 运球

运球的基本动作是两脚前后或左右自然开立，两膝微屈，上体前倾，抬头平视前方。运球时手臂自然屈曲，以肘关节为轴，用前臂和手指的力量控制球的运动，另一只手臂自然张开，以保护球。

运球的技术动作很多，总的来说分为以下几种。

(1) 高运球。在没有对方紧逼的情况下，通常用这种运球方法。运球时，两腿微屈，目平视，运球手在腰腹间触球，手脚协调配合，有节奏地拍球向前运行。

(2) 低运球。在对手紧逼防守时，为了更好地保护球，通常用低运球。两腿屈曲，上体前倾，用身体保护球的同时短促地拍球，使球的反弹高度在膝部以下（图5-5）。

(3) 急停疾起运球。就是利用速度的变化来摆脱对手的运球方法（图5-6）。

图5-5 低运球

图5-6 急停疾起运球

(4) 体前变向。当对手堵截在运球前进路线上时，突然向左或向右改变运球方向，并且交换控球手来摆脱对手的运球方式。以右手为例，右手拍球的右后上方，把球从右侧拍按到左侧前方，同时向左转体以保护球，然后换手运球，加速前进。

(5) 背后运球。当对手离身体较近时，无法在体前改变运球方向，可以用背后运球。以右手为例，变向时右脚在前，右手将球拉至身体右侧后方，迅速拍球的右后方，将球从身后拍至左侧前方，然后换左手加速运球。

(6) 胯下运球。当防守队员迎面堵截时，可以用胯下运球摆脱对手。右手为例，变向时左脚在前，右手拍球的右上部，将球从两腿之间运至身体左侧，然后上右脚并换手运球，加速前进。

(7) 转身运球。当对手离身体较近，不能用体前变向时，可用转身运球过人。右手为例，变向时，左脚在前为轴做后转身，右手将球拉至身体左侧前方，然后换手运球，加速前进。运球时要尽量降低身体重心，不要上下起伏。

4. 持球突破

(1) 交叉步突破。以右脚做中枢脚为例，两脚左右开立，两膝微屈，持球于胸腹间。突破时，左脚前脚掌内侧迅速蹬地，上体稍右转，重心向右前方移动，左脚向右侧前方跨出，将球引于右侧运球，然后中枢脚向前迅速跨出超越防守队员。注意先放球，然后再抬起中枢脚，练习时注意防止带球跑违例。

(2) 顺步突破。准备姿势和突破前的动作要求与交叉步相同。以左脚为中枢脚为例，突破时，右脚向右前方跨出一步，向右转体探肩，重心前移，右手运球，左脚前脚掌迅速蹬地，向右前方跨出，突破防守队员。

(3) 后转身突破。以左脚作中枢脚为例，突破时，背向球篮站立，降低重心，双手持球于腹前。突破时以左脚为轴转身，右脚向右侧后方跨步，上体右转，右手向右脚前方放球，左脚前脚掌内侧迅速蹬地，向球篮方向跨出，运球突破防守队员。

（4）前转身突破。以左脚为中枢脚为例，突破时重心移至左脚上，右脚前脚掌内侧蹬地，左脚为轴，右脚随着前转身向球篮方向跨出，左肩向球篮方向压低，右手运球后左脚蹬地，向前跨出，突破对手。

（三）篮球防守技术

1. 防守

（1）防守持球队员。应选择在持球队员与球篮之间站位，抢占有利的防守位置，降低重心，两臂屈肘外张以扩大防守面积，并且在身体接触瞬间前用力，做到主动对抗。

（2）防守无球队员。防守无球队员时更要集中精力，要做到人球兼顾，不仅要看到自己防守的队员，还要观察持球者的传球意图，以便及早判断，提前抢占有利的防守位置。防守位置的选择要在对手与球篮之间，但稍偏向持球队员一侧。

2. 抢、打、断球

要求判断准确、起动突然、抢打狠准，回位快速。

（1）抢球。看准对手的持球空隙部位，迅速用双手抓住球后，将球从对方手中抢夺过来。

（2）打球。手臂出击动作要快，判断要准确，选择好时机，跟随移动快，迅速出手，手臂撤离要快。

（3）断球。事先判断对方的传球路线，提前起动，在传球路线上抄截来球。

（四）抢篮板球技术

比赛中双方队员在空间争抢投篮未中的球称为抢篮板球。进攻队投篮未投中，自己或本方队员争抢在空间的球，称为抢进攻篮板球或前场篮板球。对方投篮未中，防守队员争抢空间的球，称为防守篮板球或后场篮板球。

二、篮球基本战术

（一）战术配合

基础战术配合是两三个人之间有目的、有组织、合作行动的方法。它包括进攻和防守战术配合两部分，是全队攻守战术的基础，也是培养运动员篮球意识的手段。

1. 进攻基础配合

进攻基础配合有传切配合、突分配合、掩护配合和策应配合，所有进攻战术配合及全队的进攻战术都是以这四种配合为基础进行的。

(1) 传切配合（图 5-7a）。
(2) 突分配合（图 5-7b）。
(3) 掩护配合（图 5-7c）。
(4) 策应配合（图 5-7d）。

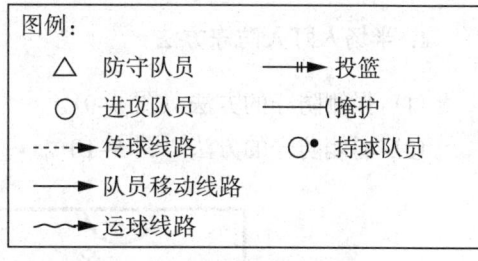

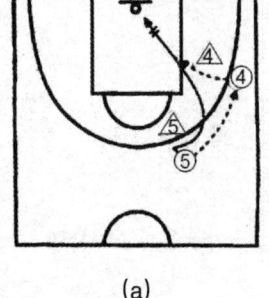 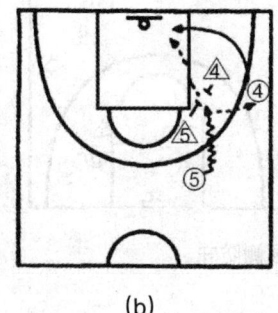 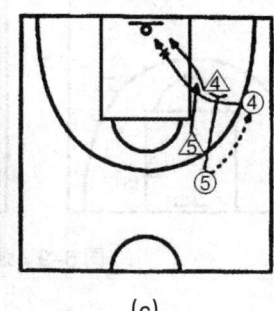 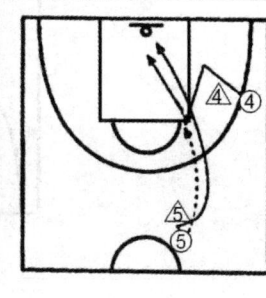

(a)　　　　　　　　(b)　　　　　　　　(c)　　　　　　　　(d)

图 5-7　进攻基础配合

2. 防守基础配合

(1) 关门配合（图 5-8a）。
(2) 挤过配合（图 5-8b）。
(3) 穿过配合（图 5-8c）。
(4) 交换配合（图 5-8d）。

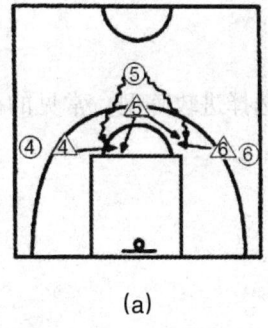 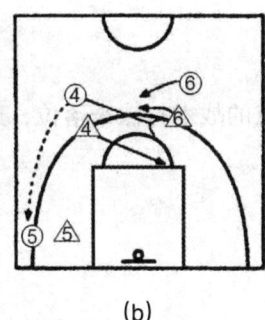 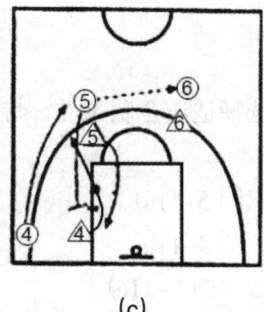 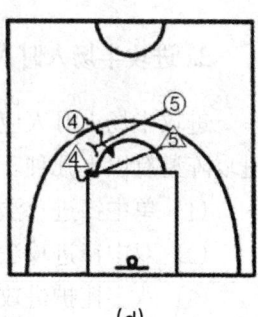

(a)　　　　　　　　(b)　　　　　　　　(c)　　　　　　　　(d)

图 5-8　防守基础配合

（二）半场人盯人

半场人盯人是指在半场内，每名防守队员固定自己的盯防对象，进行集体防守的防守战术。它的防守原则是"以人为主，人球兼顾"和"有球紧，无球松，近球紧，远球松"。防守时要积极移动，抢占有利的防守位置，破坏对方的进攻配合，加强集体防守。

在人盯人的防守中，一般是根据身材、位置和防守能力来选择盯防对象的。如高防高，矮防矮，强防强，弱防弱，后卫防后卫的原则。但在特殊情况下可以调整。

1. 半场人盯人防守方法

(1) 强侧防守的方法（图 5-9）。

(2) 弱侧防守的方法（图 5-10）。

图 5-9 强侧防守

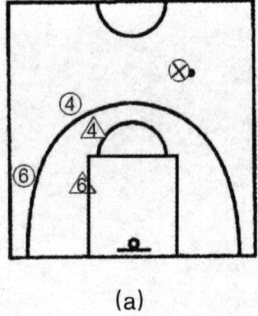 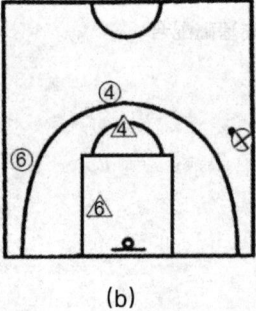 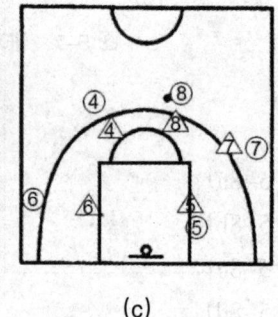 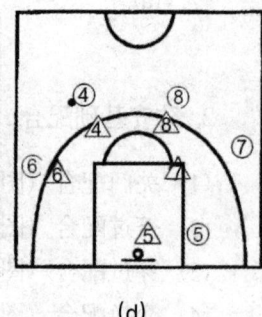

(a)　　　　　　　　(b)　　　　　　　　(c)　　　　　　　　(d)

图 5-10 弱侧防守

2. 进攻半场人盯人

进攻半场人盯人应选择适应全队条件、特点的战术打法来落位，选择进攻阵型。常见的进攻阵型有以下几种。

(1) 单中锋进攻法（图 5-11a）。

(2) 双中锋进攻法（图 5-11b）。

(3) 八字掩护进攻法（图 5-11c）。

(4) 中锋策应进攻法（图 5-11d）。

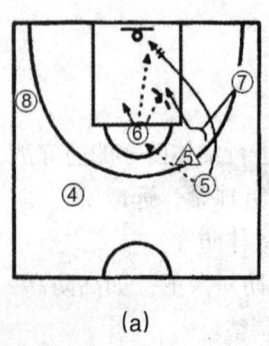 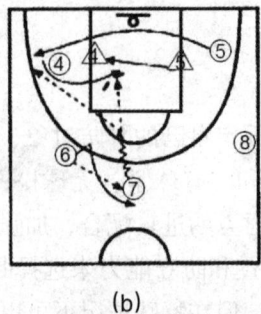 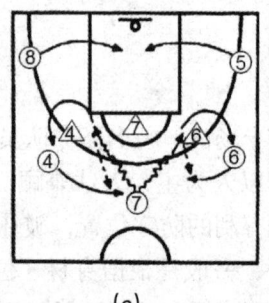 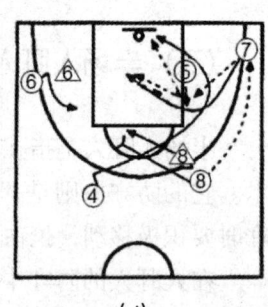

(a)　　　　　　　　(b)　　　　　　　　(c)　　　　　　　　(d)

图 5-11 进攻半场人盯人

由守转攻进入前场后,要迅速落位。无论哪种进攻法都要注重配合的质量,注意配合的位置、距离、路线和时机,尤其是配合时机。还要注意组织抢篮板球和保持攻守平衡。

(三) 区域联防

区域联防是一种半场的全队防守战术。防守队员在由攻转守后,快速退回自己的半场,每个队员分工负责防守一定的区域,并且把每个区域有机地结合起来,严密防守进攻该区的球和队员,并与同伴协同防守。

区域联防的原则是"以球为主,人球兼顾"。因此,要求每名防守队员对持球者的防守要紧,加强对有球一侧的防守,相互补位。区域联防的阵型有"2-3""1-3-1""2-1-2""3-2"等,在这里介绍"2-1-2"区域联防。

1. 2-1-2区域联防 (图5-12)

(1) 球在外围弧顶时的防守配合 (图5-12a)。
(2) 球在两侧时的防守配合 (图5-12b)。
(3) 球在底角时的防守配合 (图5-12c)。
(4) 防守溜底线的防守配合 (图5-12d)。
(5) 防守底线中锋的防守配合 (图5-12e)。
(6) 防守策应的防守配合 (图5-12f)。

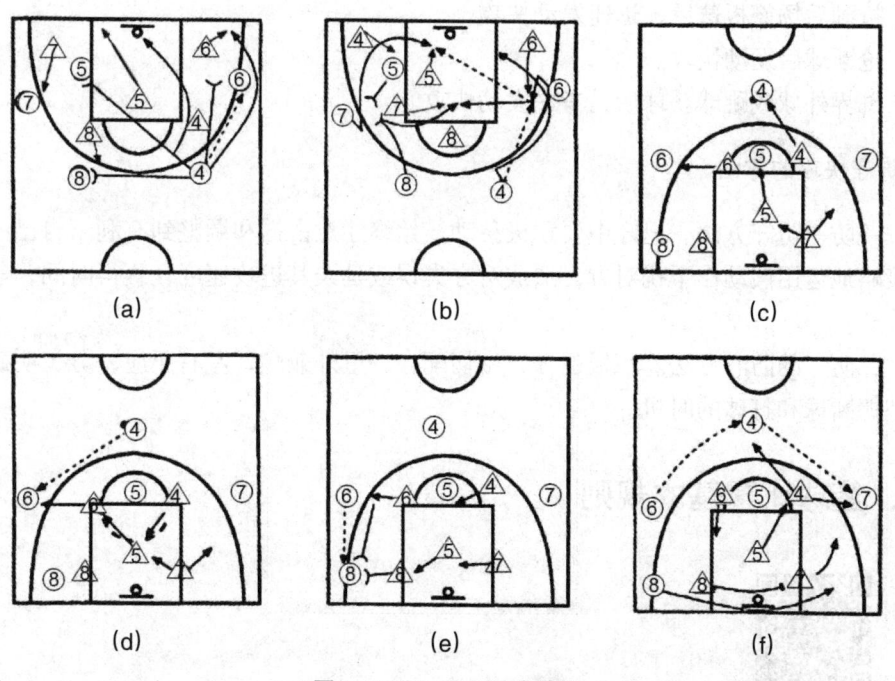

图5-12 2-1-2区域联防

每个队员必须认真负责自己的防区,并以防球为重点,做到人球兼顾;要严防罚球区附近和罚球区内的进攻队员,要相互呼应,随时准备协防、越区、换位、"护送"等防守配合。

2. 进攻 2-1-2 区域联防

进攻区域联防是针对区域联防队形和变化的特点，采用的相应进攻战术。由于区域联防是一种半场分工负责的防守方法，需要布防一定的队形，因此进攻区域联防可以针对其薄弱环节进行打击，破坏其防守阵型，达到最后得分目的。

（1）进攻 2-1-2 区域联防站位方法（图 5-13a）。

（2）进攻方法（图 5-13）。

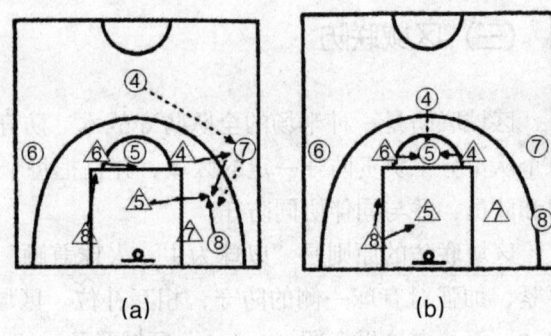

图 5-13　进攻 2-1-3 区域联防

（四）快攻与防守快攻

快攻是由守转攻时，以最快的速度和最短的时间，从后场推进到前场，制造以多打少的机会，或是进攻对方立足未稳时的一种进攻战术。

1. 快攻发动的时机

（1）抢到后场篮板球后，迅速发动快攻。

（2）抢断球后发动快攻。

（3）掷界外球或跳球获球后，考虑发动快攻。

2. 防守快攻的方法

（1）一防一防守方法。退守中要积极移动，始终注意占据和调整到有利于自己的防守位置，有策略地运用假动作干扰对方，造成对方失误或延误其进攻速度，赢得时间，争取同伴回防。

（2）二防三的防守方法。积极退守，密切配合，里外兼顾，左右照应，分工明确，准确判断、把握断球和打球的时机。

三、篮球比赛基本规则

篮球比赛
基本规则

测试与自我评价

一、测试内容与分值

（一）专项素质　　　　　　20分（任选一项）
1. 助跑摸高　　　　　　　20分
2. 五线折返跑　　　　　　20分
（二）专项基本技术　　　　50分
1. 往返运球投篮　　　　　25分
2. 一分钟自投自抢投篮　　25分
（三）实战比赛与综合能力　30分

二、测试方法与评分标准

（一）专项素质

1. 助跑摸高（20分）

（1）测试方法。

助跑中单脚起跳摸高，以摸高的最高高度计分，每人跳两次，取其中最好成绩（采用电子摸高器）。

（2）评分标准。

满分20分，男子3.20米为满分，每下降1厘米，扣1分，以此类推；女2.85米为满分，每下降1厘米，扣1分，以此类推。评分标准如表5-1。

表5-1　专项素质和基本技术评分标准

助跑摸高			五线折返跑			往返运球单手低手投篮			1分钟自投自抢投篮(次)		
成绩(男)	分值	成绩(女)	成绩(男)	分值	成绩(女)	成绩(男)	分值	成绩(女)	成绩(男)	分值	成绩(女)
3.20m	20.00	2.85m	28.0	20.00	32.0	30.0	25.00	35.0	8	25.00	6
3.19m	19.00	2.84m	28.5	19.00	32.5	30.5	24.00	35.5	7	20.00	5
3.18m	18.00	2.83m	29.0	18.00	33.0	31.0	23.00	36.0	6	16.00	4
3.17m	17.00	2.82m	29.5	17.00	33.5	31.5	22.00	36.5	5	12.00	3
3.16m	16.00	2.81m	30.0	16.00	34.0	32.0	21.00	37.0	4	9.00	
3.15m	15.00	2.80m	30.5	15.00	34.5	32.5	20.00	37.53	3	6.00	2
3.14m	14.00	2.79m	31.0	14.00	35.0	32.0	19.00	38.0	2	3.00	
3.13m	13.00	2.78m	31.5	13.00	35.5	33.5	18.00	38.5			
.12m	12.00	2.77m	32.0	12.00	36.0	34.0	17.00	39.0	1	1.00	1
3.11m	11.00	2.76m	32.5	11.00	36.5	34.5	16.00	39.5			
3.10m	10.00	2.75m	33.0	10.00	37.0	35.0	15.00	40.0			
3.09m	9.00	2.74m	33.5	9.00	37.5	35.5	14.00	40.5			

(续表)

助跑摸高			五线折返跑			往返运球单手低手投篮			1分钟自投自抢投篮(次)		
成绩(男)	分值	成绩(女)	成绩(男)	分值	成绩(女)	成绩(男)	分值	成绩(女)	成绩(男)	分值	成绩(女)
3.08m	8.00	2.73m	34.0	8.00	38.0	36.0	13.00	41.0			
3.07m	7.00	2.72m	34.5	7.00	38.5	36.5	12.00	41.5			
3.06m	6.00	2.71m	35.0	6.00	39.0	37.0	11.00	42.0			
3.05m	5.00	2.70m	35.5	5.00	39.5	37.5	10.00	42.5			
3.04m	4.00	2.69m	36.0	4.00	40.0	38.0	9.00	43.0			
3.03m	3.00	2.68m	36.5	3.00	40.5	38.5	8.00	43.5			
3.02m	2.00	2.67m	37.0	2.00	41.0	39.0	7.00	44.0			
3.01m	1.00	2.66m	37.5	1.00	41.5	40.0	6.00	45.0			

2. 五线折返跑（20分）

（1）测试方法。

如图5-14所示，受试者从O点出发迅速跑向A点，然后折返回O点，接着迅速跑向B点再折返回O点，以此类推完成C、D点的折返移动后返回O点，记录成绩。

（2）评分标准满分20分，男子28秒为满分，每下降0.5秒，扣1分，以此类推；女子32秒为满分，每下降0.5秒，扣1分，以此类推。评分标准见表5-1。

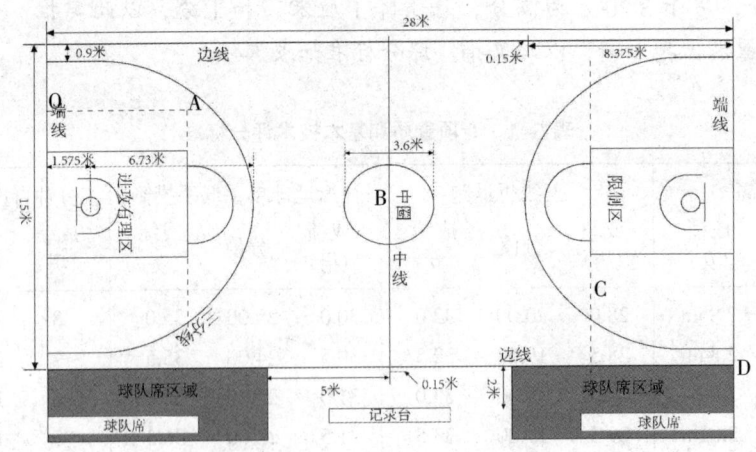

图5-14 五线折返跑测试示意图

（二）专项基本技术

1. 往返运球投篮（25分）

（1）测试方法。

考试采用28米×15米的标准场地的一个半场进行测试，从场地端线中点（A处）处出发，左手运球至左边线与中线的交接点B点，然后折回并用右手运球上篮，如球

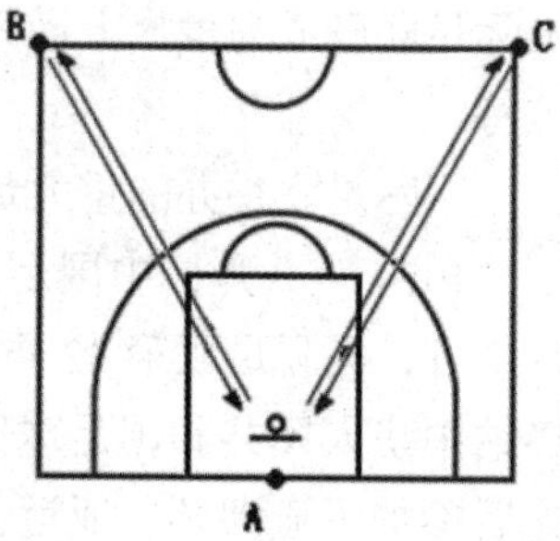

不进则补篮，直至球进后，接球再用右手运球至右边线与中线的交点C点，然后折回并用左手运球上篮，球进后，同样重复上述运球上篮1次。第四次投篮入圈，停止计时表（图5-15）。每人两次测试机会，取最好一次成绩。

有关要求：

①凡带球走，第一次警告罚1秒，第二次视为此次测试失败。

② 如有不按考试规定运球或投篮者，视情况做如下处理：

A. 投球中篮后，可以用其他手调整运球一次。

B. 每一次投篮或运球过程中用其他手调整运球达到二次以上，每出现一次增加达标时间1秒。

C. 调整运球超过三次，视为考试失败。

③不按考试规定的投篮，每次增加达标时间0.5秒（补篮不做要求）。

（2）评分标准。

满分25分，按时间评分。评分标准见表5-1。

2. 一分钟自投自抢投篮（25分）

（1）测试方法。

以篮圈中心投影点为圆心，以该点至罚球线的距离为半径，画一圆弧（图5-16）。考生投篮开始同时开表，考生投篮抢篮板后运球至弧线外A（A点与底线的夹角为45°）、B（B点为罚球线的中点）、C（点与底线的夹角为45°）任意一点再投篮，如此反复一分钟。男子必须跳起投篮，女子可采用原地投篮。

图5-15 运球投篮路线示意图

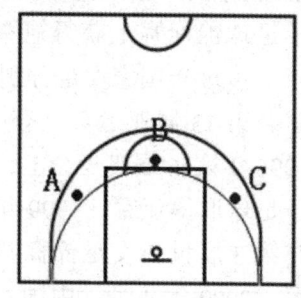

图5-16 投篮点位

有关要求：

①不准踩线或踩线起跳，否则投中不算；

②男生必须跳起后投篮；

③凡带球走，第一次警告并罚1秒，第二次视为此次测试失败。

（2）评分标准见表5-1。

第二节 足球

足球运动是世界上开展最为广泛、影响最大的体育项目之一，被誉为"世界第一运动"，深受广大群众，特别是大学生的喜爱。国际足球联合会目前已接纳了211个国家和地区的会员，是国际上规模最大的单项体育组织。

1863年以后，欧洲一些国家成立足球协会。1885年英格兰首创了职业足球俱乐部，这也是世界上第一个职业足球俱乐部。为了适应当时足球运动的迫切需要，1904年5月21日在巴黎由法国、瑞士、瑞典、比利时、西班牙、丹麦、荷兰等国的代表发起成立了国际性的足球组织——国际足球联合会。随后，世界各大洲的足球联合会也相继成立。到目前为止，国际足联已成为世界上最大的体育单项组织，其总部在瑞士的苏黎世，现任主席为瑞士人布拉特。

国际足联举办的重大足球比赛有世界杯、U20 世界杯和 U17 世界杯等。

1974 年 9 月，中国足球协会被亚足联第 6 届大会接纳为亚洲足球联合会员，1980 年 7 月 7 日，国际足联第 42 届代表大会批准了国际足球执委会于 1979 年 10 月 13 日通过的重新接纳中华人民共和国足球协会为会员的决议。1974—1990 年，我国家队、青年队及少年队先后参加了亚洲杯、亚运会、奥运会、世界杯等重大比赛，1978 年在第 8 届亚运会比赛中获第 3 名，1983 年和 1985 年，国家青年男队分别打入第 2 届和第 3 届世界青年足球锦标赛的决赛圈，1988 国家队年打入第 24 届奥运会足球决赛圈。2001 年亚洲十强赛中，国家队以 6 胜 1 平 1 负的战绩夺得小组第一名，获得直接进入第十七届世界杯 32 强决赛圈的资格，首次冲出了亚洲走向世界。

值得一提的是我国女子足球运动水平在这一阶段得到迅速发展，1986 年、1989 年、1991 年分别在第 6 届、第 7 届、第 8 届亚洲杯女子足球锦标赛上获得冠军；1990 年、1998 年国家女足分别在第 11 届、第 13 届亚运会上夺得冠军；1996 年第 26 届奥运会上，中国女子足球取得亚军；1999 年中国队在第 3 届世界女足锦标赛中获亚军。2000 年 4 月，中国女足队员孙雯荣获国际足联颁发的女足世界杯金球奖和金靴奖，并荣获亚足联授予的"最佳运动员"称号，成为中国足球史上享有足球最高荣誉的第一人。

体育之窗

孙雯：自强不息，要站在离成功更近的位置

2020 年 12 月，中国足球女将孙雯获得了国际足联颁布的 20 世纪最佳女足运动员奖。站上世界顶级领奖台的她，有很多不为人知的辛苦与心酸。在 1996 年孙雯出战亚特兰大奥运会之前，她因为严重的伤病不得不拆除了自己的半月板。当时身边很多人都劝她先不要着急参加这次比赛。面对身边人的劝说，孙雯内心却从来没有过想要放弃的念头，她说当时脑子里只有一种想法，那便是相信奇迹会发生在自己身上。也正是因为她这股相信自己的劲，才让所有人都能看到中国女足的实力。

扫一扫
查看完整故事

一、足球基本技术

（一）颠球

颠球是指运动员用身体的各个有效部位连续地触击球，并加以控制，尽量使球不落地的技术动作。颠球是运动员熟悉球性的一种练习手段，以增强对球的弹性、重量、旋转及触球部位、击球时用力轻重的感觉。

1. 挑球

挑球是将地面静止的球挑起到空中进行颠球练习的第一步。对初学者来说是进行颠球练习入门的第一步。其方法是将支撑脚踏在球的侧后方25~30厘米处，膝关节微屈，牢固支撑身体重心，挑球脚脚前掌轻轻放在接近球顶部位，屈小腿（大腿微伸）将球轻轻拉向身体，当球被拉动后，前脚掌迅速地并向往回滚动的球下伸去，在球滚至趾背的同时，脚趾伸（脚尖翘）、小腿微伸、大腿屈，并向前上方轻轻用力将球挑起（图5-17）。

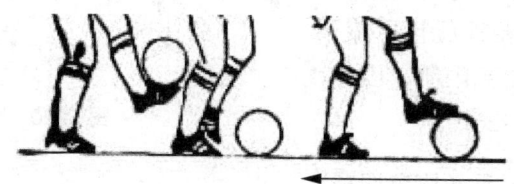

图5-17　挑球

2. 双脚脚背颠球

脚向前上方摆动，用脚背击球，击球时踝关节固定，击球的下部。两脚可交替击球，也可一只脚支撑，另一只脚连续击球。击球时用力均匀，使球始终控制在身体周围（图5-18）。

图5-18　脚背颠球

3. 双脚内侧、外侧颠球

抬腿屈膝，用脚的内侧或外侧向上摆动，击球的下部，两脚内侧或外侧交替击球（图5-19）。

4. 大腿颠球

抬腿屈膝，用大腿的中前部位向上击球的下部，两腿可交替击球，也可一只脚做支撑，用另一侧的大腿连续击球。

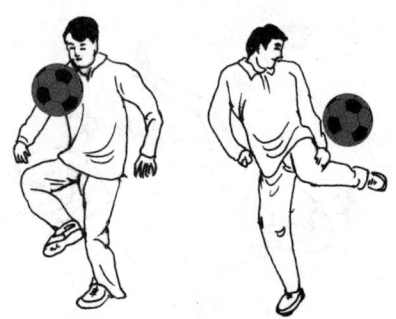

图5-19　脚内、外侧颠球

（二）踢球

踢球指运动员有目的地用脚把球击向预定目标的技术。踢球是足球技术中最重要的技术，主要用于传球和射门。

踢球的方法很多，动作要领也有所不同，但是每一种踢法都是由助跑、支撑脚站位、踢球腿的摆动、脚触球和踢球后的随前动作五个环节组成。

1. 脚内侧踢球

是脚内侧部位踢球的一种方法。其特点是脚与球接触面积大，出球准确平稳，且易于掌握。但由于踢球时要求大腿前摆到一定程度时需要外展且屈膝，故大腿与小腿的摆动都受到限制，因此出球力量相对较小（图5-20）。

图 5-20　脚内侧踢球

2. **脚背正面踢球（又称正脚背踢球）**

脚背正面踢球由于其解剖特点，摆幅相对较大，加之用脚背踢球接触面（与球）相对较大，因而踢球力量也大，准确性也较强。但受以上的因素影响，出球的方向及性质变化相对较小。在比赛中经常使用脚背正面踢定位球、地滚球、空中球、反弹球及倒勾球。球的性质多为不旋转的直线球，但也可用来踢抽击性前旋球（图5-21、图5-22）。

图 5-21　脚背踢球

图 5-22　凌空踢倒勾球

3. **脚背内侧踢球（又称内脚背踢球）**

这是一种用第一跖骨及跖趾关节部位触击球的方法。其技术结构与前两类踢球方法相同，但技术细节则有所区别（图5-23）。

图 5-23　脚背内侧踢球

4. 脚背外侧踢球（又称外脚背踢球）

脚背外侧踢球是用第三、四、五跖骨部位触击球的一种方法。由于踢这种球脚踝的灵活性较大，摆腿方向变化较多，且助跑时又是正常的跑动姿势，故其出球隐蔽性较强，足球比赛中各种距离的弧线球及非弧线球中均可使用（图 5-24）。

图 5-24 脚背外侧踢球

（三）接球

接球是指运动员有目的地用身体的合理部位把运行中的球接下来，控制在所需要的范围内，以便更好地衔接下一个技术动作。接球是为下一个动作服务的，接球的质量直接影响下一个动作的完成（图 5-25）。

无论采用哪一种接球方法，动作结构都是由观察和移动、选择接球的部位和接球方法、改变来球的力量、随球移动四个环节组成的。

(a) 接滚地球　　(b) 接反弹球　　(c) 接空中球

图 5-25 接球

（四）运球

运球技术从广义上讲，仅是指运球的方法，即用身体的某一部分触球，使球能随运球者一起运动；从狭义上讲，则不仅让球随人运动，还必须越过对方的防守。

运球技术动作通常是由运球方法的选择与准备、跑动中间断触球、为下一动作的连接做好准备三个环节组成。

（五）抢截球

抢截球技术是指运动员在规则允许的范围内，使用身体的合理部位将对手的控球权夺过来或破坏掉的技术动作。

抢截球技术的动作结构是由选位、抓住时机实施抢截动作、实施抢截动作后与下一动作紧密衔接这三个环节组成。

（六）头顶球

这是由额肌覆盖着的额骨正面部分去击球的一种动作方法，接触部位为前额。包括原地头顶球、跑动头顶球、原地跳起头顶球、跑动跳起头顶球、鱼跃头顶球等。

（七）掷界外球

由于掷界外球接球人不受越位规则的约束，因此，掷界外球不仅用于恢复比赛，而且可以为进攻创造有利条件。尤其是在前场 30 米内掷界外球，若将球直接掷到门前，可以给对方造成很大威胁。

二、足球比赛基本规则

足球比赛
基本规则

测试与自我评价

一、非守门员测试内容与分值

1. 专项身体素质　　　　　20 分
2. 专项基本技术　　　　　50 分
3. 实战比赛与综合能力　　30 分

二、非守门员测试方法与评分标准

（一）专项身体素质

专项身体素质测试以 1.5~25 米折返跑为主，分值为 20 分。

1. 测试方法

考生以原地静止状态从起跑线处起跑，以自己最快的速度依次将设置在 5 米、10 米、15 米、20 米和 25 米处的标识物用手击倒后并依次返回起跑线。跑动路线如图 5-26 所示。

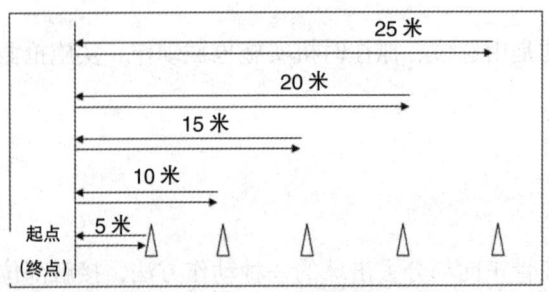

图 5-26　跑动路线示意图

2. 评分标准（表 5-2）

表 5-2　区足球 5~25 米折返跑成绩对照表

分值	男	女
20	32.0	35.0
19	32.1	35.1
18	32.2	35.2
17	32.3	35.3
16	32.4	35.4
15	32.5	35.5
14	32.6	35.6
13	32.7	35.7
12	32.8	35.8
11	32.9	35.9
10	33.0	36.0
9	33.1	36.1
8	33.2	36.2
7	33.3	36.3
6	33.4	36.4
5	33.5	36.5
4	33.6	36.6
3	33.7	36.7
2	33.8	36.8

3. 有关要求

考生在起跑线处听到发令后站立式起跑，脚动开表。考生必须按规定依次用手击倒标识物，并完成所有折返距离跑回起跑线处时停表（图 5-26）。每人一次机会。

（二）专项基本技术（50 分）

1. 双脚颠球（10 分）

（1）测试方法。

测试开始时，考生用脚将球挑起，用双脚脚背正面依次连续颠球直到颠满 100 个为止。

（2）评分标准（表 5-3）。

表 5-3　左右脚双脚颠球评分表

分值	10	9	8	7	6	5	4	3	2	1
次数	100	90	80	70	60	50	40	30	20	10

(3) 有关要求。

必须是左、右双脚交替依次触球。若一只脚连续触球，视为调整动作，不计次数，但一只脚不得连续调整动作超过 5 次，否则被视为一次失误。球落地为一次失误，每人只有两次机会。每成功颠球一次得 0.1 分，颠够 100 次为满分（10 分），60 次以下为不及格。

2. 定位球（20 分）

（1）测试方法。

考生须将球放在 1m×3m 的起始限制区域内的 10 个球，分别用左脚和右脚依次将 5 个球踢向由一个直径为 6 米的圆组成的地靶。靶心处放一个高度在 1 米以下的圆形标志物；每位考生测一次（图 5-27）。

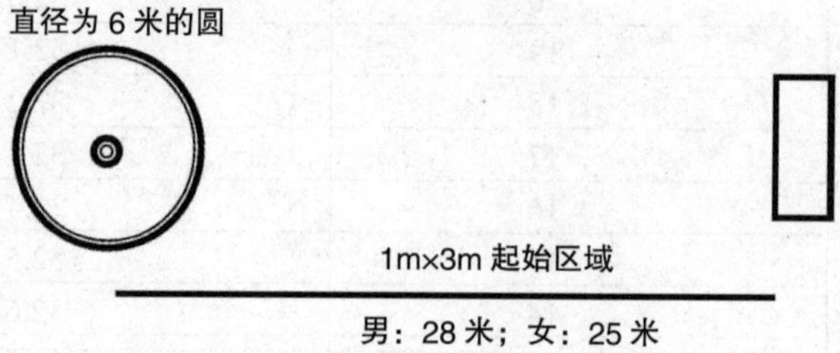

图 5-27 定位球踢准场地示意图

（2）评分标准。

踢出的球的第一落点直接压线和落入圆内得 2 分，第一落点落在圆外不得分。满分为 20 分。评分标准如表 5-4 所示。

（3）有关要求。

A：考生须将球放在 1m×3m 的起始限制区域内依次将球踢出。

B：无论先用左脚或先用右脚踢球，必须是连续用左脚或右脚依次踢完 5 个球后才能换另一只脚踢球。

C：男子踢球起始线距离目标圆心的直线距离为 28 米，女子的距离为 25 米。

表 5-4 定位球评分表（单位：米；距离 男：28 米；女：25 米）

进圈次数	10	9	8	7	6	5	4	3	2	1	0
分值	20	18	16	14	12	10	8	6	4	2	0

3. 运球绕杆射门（20 分）

（1）测试方法。

以罚球区线的中点为界，垂直向场内延伸（约为 12 米处）的第一个标志杆处画一条 6 米长的线为起点线，在起点线上放置第一根标志旗杆，然后从起点线的旗杆处垂直向球门方向延伸 3 米处放第二根标志旗杆，在第二根标志旗杆处水平向右侧延伸 3~4 米处放置第三根标志旗杆，第三根标志旗杆与起点线处的第一根标志旗杆的距离为 4 米，从第三根标志旗杆处垂直向前 2 米处放置第四根标志旗杆，然后从第四根标志旗杆处水平向左侧 2 米处放置第五根标志旗杆，然后从第五根标志旗杆处向右侧斜线 2 米处放置第六根标志旗杆，第六根标志旗杆与第四根标志旗杆距离为 2 米，从第六根标志旗杆处垂直向前 1 米放置第七根标志旗杆，从第七根标志旗杆垂直向前 1 米处放置第八根标志旗杆。第八根标志旗杆与罚球区线距离为 2 米。考生运球绕杆总距离应当为 20 米，运球路线如图所示（图 5-28）。

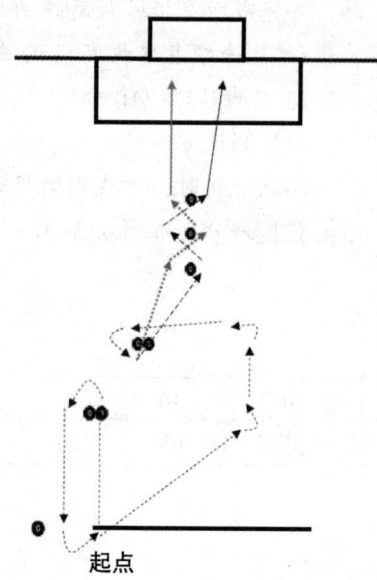

图 5-28 区运球绕杆射门路线示意图

(2) 评分标准（表5-5）。

表5-5　20米运球绕杆射门（单位：秒）

分值	男	女
20	11.2	12.2
19	11.3	12.3
18	11.4	12.4
17	11.5	12.5
16	11.6	12.6
15	11.7	12.7
14	11.8	12.8
13	11.9	12.9
12	12.0	13.0
11	12.1	13.1
10	12.2	13.2
9	12.3	13.3
8	12.4	13.4
7	12.5	13.5
6	12.6	13.6
5	12.7	13.7
4	12.8	13.8
3	12.9	13.9
2	13.0	14.0
1	13.1	14.1

(3) 有关要求。

球放在起始线上，考生接到指令后进行测试。球动开表，运球者运球按图示中运球路线依次绕过所有标志杆后射门，在球越过球门线瞬间停表。球没有进入球门无成绩（包括球打在球门立柱和横梁上），漏过标志杆无成绩。每人3次机会，取最好一次成绩为最终成绩。

抛球教练员抛出的球难度要适中，须有让考生飞身鱼跃伸展身体的空间并发挥出腾空接球的能力为宜。考生扑接球时应当有身体离地腾空的过程，身体没有腾空离地的过程视为动作失败。

(三) 实战比赛与综合能力（30分）

1. 测试方法

根据考生人数，将考生分在不同的组（队）别中，分别进行正式场地的比赛或小场地的比赛。

2. 评分标准

由3~5名考评员根据评分标准对考生的技术能力、战术能力、身体素质和心理素质及比赛作风几个方面进行综合评定。去掉最高与最低分后，取平均分为最后得分。所有考生只能穿胶鞋或胶钉足球鞋。

满分30分，按四级评分（表5-6）。

表 5-6 守门员比赛实战能力评分表

等级	优秀	良好	及格	不及格
分值	30~26 分	25~21 分	20~15 分	14~0 分
标准	选位意识好，位置职责完成好，技术动作运用合理，动作规范，身体移动快、协调。比赛作风好，心理状态稳定。	选位意识较好，位置职责完成较好，技术动作运用较合理，动作规范，身体移动快、协调。比赛作风较好，心理状态较稳定。	选位意识基本合理，位置职责完成一般，技术动作运用一般，动作基本规范，身体移动较快、较协调。比赛作风一般，心理状态基本稳定。	选位意识差，位置职责完成不好，不合理运用技术动作现象较多，且动作不规范，身体移动慢、不协调。比赛作风不好，心理状态不够稳定。

三、足球运动员总体评分要求

（1）非守门员考生在专项技能考试过程中，若实战能力考试的得分未达到及格分数，并且在专项基本技术考试的（5×25米折返跑、颠球、运球绕杆、传准）四项测试指标中还有一项考试指标得分也未能达到及格分数时，该考生足球专项考试总成绩为不及格。

（2）守门员考生的专项技能考试过程中，若实战能力考试的得分未能达到及格分数，并且在专项基本技术的考试的（立定三级跳、掷远踢远、扑接球、鱼跃救球）四项测试指标中还有一项考试指标得分也未能达到及格分数，该考生足球专项考试总成绩为不及格。

（3）各项测试指标的及格分数线为该项测试指标满分的 60%。

四、测试所需器材

标准足球场 1~2 块；秒表 3~5 块；标志旗 2~5 个；标准足球 10~15 个；标志杆 10~12 根；米尺 2 个。

第三节　排球

1895 年美国麻省好利诺城基督教青年会干事威廉·摩根首创了排球运动。当时网球和篮球已盛行，摩根先生用网球网挂在篮球场中间，用篮球内胆在网上来回推打。1896 年将此游戏在基督教青年会上做了表演和介绍，同年美国人哈尔斯戴特博士建议将这项运动定名为 Volleyball，即空中飞球。

1947 年国际排联成立后，1949 年和 1952 年分别举行了第 1 届世界男子和女子排球锦标赛，1964 年排球比赛被列为奥运会的正式比赛项目。目前四大排球比赛分别是世界杯排球赛、世界排球锦标赛、世界青年排球锦标赛和奥运会的排球比赛。

1981—1986 年，中国女排连续荣获世界排球大赛"五连冠"。中国男排也在 1981 年的世界杯赛中获第五名。

国际排联为了迎合观众的需求，以及适应电视转播的需要，在 1999—2000 年对排球规则作出了修改。主要修改内容是洲际以上的排球比赛必须采用每球得分和每局 25 分的计分方法。在新的排球规则实施后，人们已经看不到激烈的争夺发球权和每局 15 分的比赛了。取而代之的是每球得分制，每局 25 分，五局三胜，第五局仍是每球得分，但只打 15 分的新赛制。

新的赛制给了进攻较弱的队伍机会，弱队只要防守好，不失误，也有取胜的可能。规则首先限制了发球的攻击性，在跳发球越来越凶猛的形势下，运动员不得不考虑对发球的把握，因为失误会直接送分给对方。其次是有利于快速多变战术的运用，发球的攻击力减弱了，一传的成功率就高了，多变战术便可以顺利地打出来。

> **体育之窗**
>
> **中国女排：一个时代的精神标签**
>
> 无私奉献，团结协作，艰苦奋斗，自强不息是中国女排精神的内涵。女排精神是中国女排顽强拼搏、勇敢拼搏精神的总概括。在世界排球比赛中，她们以顽强的斗志和勇敢的战斗精神为国争光，为人民作出了贡献。
>
> 中国女排的成绩离不开"第一代"女排人的积淀，女排精神更离不开她们在艰苦条件中的开荒破土。20世纪80年代的世界杯、世界锦标赛和奥运会上，中国女排连续五次夺得世界冠军。五星红旗一次次升起、国歌一次次奏响的场景，让中华儿女热血沸腾。一时间，各行各业掀起了学习女排精神、发扬女排精神的热潮。
>
> 扫一扫
> 查看完整故事

一、排球基本技术

排球的基本技术分为：准备姿势、发球、垫球、传球、扣球和拦网六大类。

（一）准备姿势

两脚左右或前后开立略宽于肩，脚尖内收成"八"字形，脚跟提起，着力点在前脚掌的内侧，膝关节屈曲，大小腿之间的夹角为 110°左右，上体自然前倾，两臂自然放松置于腹前。两眼注意来球方向，随时准备移动击球。准备姿势主要用于一般的垫球、接发球等（图 5-29a）。

当接扣球和接拦回球时膝关节屈曲的程度要更大（图 5-29b）。

(a)　　　　(b)

图 5-29　准备姿势

（二）发球

发球是排球运动中一项重要的基本技术。它是比赛的开始，也是排球比赛的重要进攻手段。有威力、攻击性强的发球，不但可以直接得分，起先发制人的作用，而且可以破坏对方进攻战术的组织，减轻本方的防守压力，为防守反攻提供有利条件。发球首先要具有稳定性，然后增加其准确性和攻击性。

发球技术主要有正面下手发球、正面上手发球、正面上手飘球、勾手飘球和勾手大力发球等。

无论采用哪种发球方法，都必须做到以下三点：抛球要平稳、击球要准、手法要正确。以下动作都以右手发球为例。

1. 正面下手发球

发球队员面对球网站立，左脚在前，右脚在后，两膝稍屈曲，上体前倾，左手持球于腹前下方，从腹前右侧将球平稳地向上抛起，离手高度约30厘米。在抛球同时，右臂伸直，向身体后方摆动，身体向左转动，带动右臂向前方挥动，在腹前用全掌或掌根击球的下方（图5-30）。

正手下面发球动作较简单，容易掌握，失误少，准确性高。但球速较慢，力量小，攻击性较差，一般适合初学者。

图5-30　正面下手发球

2. 正面上手发球

发球队员面对球网，左脚在前，右脚在后，左手持球在腹前，将球平稳抛至右肩前上方，离身体水平距离约30厘米，高度约1米。在抛球同时，右臂屈肘抬起并后引，手掌自然张开成勺形，上体稍向右侧转动，同时挺胸、展腹，身体重心后移至右脚。上体迅速左转收腹，带动手臂向右肩上方加速挥动，以全手掌击球的后中下部。击球时，手臂要充分伸直，手掌和手腕要迅速做推压动作，使球向前做上旋飞行（图5-31）。

图5-31　正面上手发球

由于这种发球面对球网站位，因此便于观察对方，易于控制落点，准确性较高，能充分地利用转体、收腹的力量带动手臂迅速挥动击球。发球的力量大、速度快、弧线平。由于手腕和手掌有明显向前推压的动作，使球呈上旋，因此球不易出界，同时也增加了发球的攻击性。

3. 正面上手飘球

准备姿势与正面上手发球相同，左手将球平稳抛至右肩前上方，离身体水平距离约半臂，抛至比击球点略高的位置，同时右臂屈肘抬起并后引，当球上升至最高点时，收小腹带动手臂快速挥动，以掌根坚硬平面击球的后中下部，使作用力通过球体重心（图5-32）。击球时，五指并拢，掌心向前，手腕紧张并稍后仰，用力快速、突然、短促，击球后可做突停动作，不能有推压动作（图5-33）。

图5-32 正面上手飘球　　　　图5-33 击球手部细节

发飘球时由于击球的作用力通过球体重心，因此球不旋转且有飘晃的飞行路线，使对方难以判断，容易产生错觉，造成接发球失误。发这种球时面对球网，便于观察对方，容易控制落点，准确性较大，成功率较高，攻击性强。正面上手飘球是目前排球比赛较常用的一种发球方法，男女队员均可采用。

4. 勾手飘球

勾手飘球和正面上手飘球一样，发出的球不旋转、飘晃不定地在空中飞行，使对方难以判断，容易造成接发球的失误，因此具有较强的攻击性。勾手飘球是目前排球比赛中常用的一种发球方法（图5-34）。

图5-34 勾手飘球

5. 勾手大力发球

发球队员左肩对球网，两脚左右开立，与肩同宽，两膝屈曲，上体前倾，重心落在两脚之间，左手或双手持球于胸腹前，将球平稳抛至左肩前上方约1米，上体向右侧转动和倾斜，右臂向身体右侧后下方摆动挥臂，身体向左转动带动手臂沿弧形轨迹向上挥动，在右肩前上方击球。同时身体重心移至左脚，手臂充分伸直保持高点击球，手指自然张开成勺形，以全手掌击球的后中下部。击球的一瞬间，手腕手掌要做迅速明显的向前推压动作，使球呈上旋飞行（图5-35）。

图 5-35　勾手大力发球

这种发球的球速快、力量大、弧线低、旋转力强，容易造成对方接发球失误，在心理上给对方造成较大威胁。但由于勾手大力发球动作较复杂，技术动作要求高，失误率较高，体能消耗也较多。

（三）垫球

垫球是排球运动的基本技术之一，是用手臂从球的下部击球的动作。它是接发球、接扣球和接拦回球的主要手段，是组织进攻战术的基础和纽带。

垫球技术一般可以分为正面双手垫球、跨步垫球、体侧垫球、背向垫球、单手垫球等。下面介绍几种常用的垫球技术。

1. 正面双手垫球

身体面对来球成半蹲姿势。手型成叠掌式，即两手手指和前半个手掌上下重叠，掌根紧靠，两拇指朝前平行，前臂外翻靠拢，两臂伸直，手腕下压，使前臂内侧形成击球平面（图5-36）。用前臂腕关节以上10厘米左右的桡骨内侧平面去击球（图5-37）。

  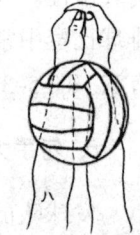

图 5-36　正面双手垫球　　　　　　　　　图 5-37　正面双手垫球手部细节

当来球距离腹前一臂远时，两臂夹紧伸直，迅速插入球下，以前臂的内侧平面击球的后下部。垫球时，两脚向前上方蹬地并抬臂，同时压腕顶肘，身体重心随着击球的方向前移。正面双手垫球是最基本的垫球方法，是各项垫球技术的基础，只有在掌握这种技术以后，才能进一步学习和运用其他垫球技术。

2. 跨步垫球

右腿迅速向来球方向跨出一大步，屈膝深蹲，重心落在跨出腿上，上体前倾，两臂夹紧伸直插入球下，用两前臂的内侧平面击球的后下部，将球平稳垫起。

当来球的速度较快，落点较低时，多采用跨步垫球，它是前扑、鱼跃、滚翻等垫球技术的基础。要学习各种高难度的垫球技术动作，必须熟练掌握跨步垫球。

3. 体侧垫球

当来球向右侧飞来，左脚前脚掌内侧迅速蹬地，右脚向右跨出一步，身体重心随即移至右脚，同时两臂夹紧向右侧伸出，右臂高于左臂，左肩稍向下倾斜。击球时身体左转，以两臂组成的击球平面击球的右侧后下方。

当来球飞向体侧，速度较快，来不及移动正面击球时，可用双臂在体侧进行垫击。体侧垫球可扩大防守范围，但不易控制垫球的方向和落点。

4. 背向垫球

当球飞向身后时，迅速转体背对击球方向，两臂夹紧伸直，击球点一般高于肩部，利用前臂内侧平面击球的前下部，击球时以蹬腿、挺胸及展腹的后仰动作，带动两臂将球向后上方平稳垫出。

5. 单手垫球

当来球在身体右侧较远位置时，右脚跨出一大步，迅速移向来球，身体向右倾斜，右臂伸直，从右后下方向前上方摆动，用前臂内侧、掌根或虎口处击球的后下部，将球平稳垫起。

当来球弧线低、距离远，来不及用双手垫球时可采用单手垫球，在接扣球和接拦回球时运用较多。单手垫球动作快，手臂可以充分伸展，可扩大防守的范围。但由于触球面积小，控制能力比双手垫球差。

练习方法：

（1）原地垫球练习：初步掌握垫球的技术动作，蹬地、抬臂、提肩、压腕、顶肘等动作要协调。可以进行两人或三人一组一抛一垫或一抛二垫、两人一组对垫、对墙垫球等练习，然后逐渐拉大垫球的距离。

（2）移动垫球练习：在掌握原地垫球练习后，再进行移动垫球练习。

（3）接扣球练习：两人一组，一扣一防；或者一人在对方网前高台扣球，练习者轮流接球，要求练习者移动快，判断准确。

（4）二至四人防全场练习：一人站在对方高台上扣球，二至四人连续接球，要求接球队员防守全场，分工配合，明确责任。

注意事项：首先学习正面双手垫球，然后学习跨步垫球、体侧垫球、背向垫球及单手垫球技术。在正面垫球技术初步掌握的基础上，可进行传、垫结合的练习，在移动垫球动作初步掌握之后，可进行接发球和接扣球的练习。

（四）传球

传球是排球运动的一项重要技术，是组织进攻战术的基础。传球主要运用在二传的技术动作中，用于衔接防守和进攻。由于传球利用手指和手腕的动作击球，而手指手腕较灵活，控制球的面积大，所以传球的准确性较高。

传球技术的种类较多，主要有正面双手传球、背传、跳传等。

1. 正面双手传球

两脚左右开立，与肩同宽，一脚在前，双膝稍屈后脚跟稍提起。两臂屈肘抬起，肘部下垂，两手稍张开，置于额头前上方约一球距离处。

传球时手腕后仰，双手五指自然张开成半球形，拇指尖相对成近似"一"字形（图5-38）。以拇指指腹、食指全部和中指的二、三指节触球的后上部，无名指和小指触球的两侧（图5-39）。传球时用拇指、食指和中指发力，无名指和小指在球的两侧协助控制传球方向。传球时主要以蹬地、伸臂的协调动作和手指、手腕的弹力将球传出。

图5-38　正面双手传球

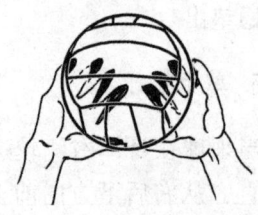

图5-39　传球手部细节

2. 背传

背对传球方向，身体重心在两脚之间，双臂屈肘抬起，两手稍张置于额头前上方。传球时，稍抬头挺胸，在两腿蹬地的同时，上体向后伸展，击球点保持在额头上方，手腕适当后仰，掌心向上，手指击球的下部，利用腿部蹬地和向后上方伸臂的动作，以及手指、手腕的弹力将球向背后传出（图5-40）。

背传主要用于组织进攻，是二传队员必须掌握的主要传球技术之一。比赛中熟练地运用背传技术，能使进攻战术多样化，可出其不意，迷惑对方。

图5-40　背传

3. 跳传

首先根据球的落点掌握好起跳点和起跳时间。起跳后，两臂屈肘抬起，两手置于面部前，击球点保持在额头上方，在身体跳至最高点时，用伸臂的动作及手指、手腕的弹力将球传出。由于在空中无法借助伸腿蹬地的力量传球，因此要加大伸臂的幅度和速度，以增加传球的力量。

跳传是当一传弧线较高而又接近球网时，所采用的传球技术，目前在比赛中运用得比较广泛。跳传可以起到加快进攻速度和迷惑对方的效果，并且能使进攻的战术多样化，扩大进攻的范围，减少二传环节中的失误。

练习方法：

（1）在学习传球时，首先应学习原地正面双手传球，然后学习移动、改变方向的正面传球、网前移动二传和背传，最后学习跳传、传快球。

（2）原地传球练习：原地对墙传球或两人一组，一抛一传，要求抛球要准，传球队员手型正确，上下肢动作配合要协调。

（3）移动传球练习：两人移动对传或三人一组跑动传球，要求判断准确，移动迅速。

（4）结合接发球的传球练习：三人一组，一人发球，一人垫球，一人调整传球。

（5）一人在本方网前扣球，另外 2~3 人接球并调整传球。

（6）一人在对方网前高台扣球，练习者两人一组向前移动接扣球，并调整传球。

（五）扣球

随着排球技术和战术的发展，扣球技术也在不断创新和提高。许多球队掌握了短平快、时间差、位置差等新的扣球技术，我国排球运动员也创新了许多扣球技术，如空间差和单脚起跳扣快球及快抹技术等。目前无论是男子排球还是女子排球中，扣球技术都向着"高、快、狠、变、巧"的方向发展。

扣球的种类一般分为：正面扣球和快球等。

1. 正面扣球

正面扣球是扣球中一种比较直接的进攻方法，是比赛中运用得最多的一项进攻性技术，适合近网和远网扣球。由于正面扣球面对球网，便于观察对方的拦网和防守情况，扣球队员可以有针对性地采用不同的扣球个人进攻战术，正面扣球是由助跑、起跳、空中击球和落地四个部分组成的。

以右手扣球为例，两脚自然前后开立，上体自然前倾，两臂稍屈自然下垂置于体侧。扣球时左脚向前跨出一步，右脚再迅速跨出一大步，左脚及时并上，踏在右脚之前，以脚跟制动并双脚起跳，同时两臂由体侧迅速向前上方摆动，右臂随之抬起后引，肘部自然弯曲略高于肩，上体稍向右转，挺胸展腹。击球时以向左转体和收腹的动作带动手臂向前挥动，做快速鞭打的动作，在最高点击球。五指微张成勺形，以全手掌包球，击球的后中上部。同时主动屈腕、屈掌向前推压，使球向前下方上旋飞行。最后双脚落地并屈膝缓冲（图5–41）。

正面扣球前的传球弧线较大，准备时间较充分，因此对手也较容易防范。

图 5-41 正面扣球

2. 快球

快球是扣球队员在二传队员传球前或传球的同时起跳击球。快球在时间上争取了主动，达到了攻其不备的目的，可使对方在拦网和防守时产生错误的判断。这种扣球的特点是速度快、力量大、时间短、落点近、突然性强。

快球的种类较多，有近体快球、半快球、短平快、平拉开快球、背快球等。

（六）拦网

拦网是防守的第一道防线，也是反攻的重要环节。成功的拦网可以直接拦死或拦回对方的扣球，直接得分或使本方由被动变为主动，削弱对方的进攻力量，减轻本方防守的压力。此外，有效的拦网还可以给对方造成很大的心理压力。目前，随着扣球技术朝着力量、高度、速度等方面发展，拦网的重要性更加突出。

拦网可分为单人拦网、双人拦网、三人拦网三种形式。

二、排球比赛基本规则

排球比赛基本规则

测试与自我评价

一、自测内容与分值

（一）专项素质　　　　20分

助跑摸高　　　　　　20分

(二) 专项基本技术   50 分
1. 传球   10 分
2. 垫球   10 分
3. 发球   10 分
4. 扣球   20 分

二、测试方法与评分标准

(一) 专项素质 20 分

专项素质测试主要以助跑摸高为主,分值为 20 分。

1. 测试方法

助跑双脚起跳,用单手摸高,以摸高的最高高度计分,每人测试 2 次,取其中最好成绩。(采用电子摸高器)

2. 评分标准

满分 20 分,男子 3.20 米为满分,女子 2.90 米为满分,每下降 1 厘米递减 1 分,以此类推(表 5-7)。

表 5-7 排球助跑摸高评分表

摸高值 (男)	摸高值 (女)	分值
3.20m	2.90m	20
3.19m	2.89m	19
3.18m	2.88m	18
3.17m	2.87m	17
3.16m	2.86m	16
3.15m	2.85m	15
3.14m	2.84m	14
3.13m	2.83m	13
3.12m	2.82m	12
3.11m	2.81m	11
3.10m	2.80m	10
3.09m	2.79m	9
3.08m	2.78m	8
3.07m	2.77m	7
3.06m	2.76m	6
3.05m	2.75m	5
3.04m	2.74m	4
3.03m	2.73m	3
3.02m	2.72m	2
3.01m	2.71m	1

(二) 专项基本技术 (50 分)

1. 测试内容

技术测试包括传球、垫球、发球和扣球四项内容。传球、垫球由考生两人一组进行对传球和对垫球；发球、扣球由考生每项技术各连续做10次。

2. 评分标准和方法

传球、垫球和发球技术各占10分，扣球技术占20分，四项基本技术满分为50分。

(1) 传球（10分）。

考生两人一组，相距4~5米，连续对传球，计传球次数，评分标准见表5-8。

(2) 垫球（10分）。

考生两人一组，相距4~5米，连续对垫球，计垫球次数，评分标准见表5-8。

(3) 发球（10分）。

考生在发球区任选一种上手或勾手发球，发球的击球点须在肩部以上。每人发球10次，球发在界内得1分，失误得0分。评分标准见表5-8。

表5-8 排球技术测试评分标准表

传球	分值	1	2	3	4	5	6	7	8	9	10
	次数	12	14	16	18	20	22	24	26	28	30
垫球	分值	1	2	3	4	5	6	7	8	9	10
	次数	12	14	16	18	20	22	24	26	28	30
发球	分值	1	2	3	4	5	6	7	8	9	10
	次数	1	2	3	4	5	6	7	8	9	10
扣球	分值	2	4	6	8	10	12	14	16	18	20
	次数	1	2	3	4	5	6	7	8	9	10

(4) 扣球（20分）每个考生在四号位扣球10次，要求扣直线5次，扣斜线5次（图5-42）。

① 每次扣球落点在规定的区域内得2分；

② 扣球要有一定的速度和力量，出现力量较小的轻拍扣球，则在相应得分中扣去1分；

③ 扣球失误为0分。

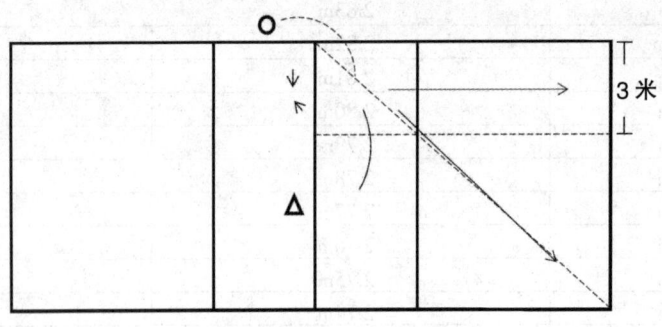

图5-42 扣球路线示意图

第四节 羽毛球

19世纪60年代，英国退役军官从印度孟买带回国一种类似羽毛球运动的游戏，名为"普那"（poona）。1873年，英国波菲特公爵在拜明顿村（格洛斯特郡）的庄园宴请宾客，从印度回来的英国军官做了"普那"表演。从此,"拜明顿游戏"(Game of Badminton)在英国开始流传。这种游戏就是羽毛球运动。1893年英国举办了首届全英羽毛球锦标赛。20世纪初,羽毛球运动由英国传到英联邦各国,随后又传到美洲、亚洲、大洋洲各国,最后传到非洲,至今已成为全世界盛行的体育项目。

1934年国际羽毛球联合会成立,1939年国际羽毛球联合会通过了会员国共同遵守的《羽毛球规则》。

国际羽毛球联合会于1948—1949年度举办了第1届汤姆斯杯赛(世界男子羽毛球团体锦标赛),1956—1957年度举办了第1届尤伯杯赛(世界女子羽毛球团体锦标赛),

> **体育之窗**
>
> **王文教：归国当无悔 羽球奠基人**
>
> 中国羽毛球事业初步较晚,曾与世界顶尖水平有着巨大差距。中华人民共和国成立后,在印度尼西亚已经家喻户晓的羽毛球明星王文教不顾印度尼西亚方面和家人的反对,毅然回到祖国。从运动员到教练员,王文教用一生为祖国铭刻下一串的光辉数字——1个曾经轰动世界羽坛的"无冕之王"时代、9座团体世界冠军奖杯、21年国羽教练生涯、56个羽毛球世界冠军。2019年9月17日,国家主席习近平签署主席令,授予王文教"人民楷模"国家荣誉称号。这个称号是对其一生心怀祖国、辛勤付出的最好褒奖。
>
>
> 扫一扫
> 查看完整故事

1977年举办了第1届世界羽毛球锦标赛。1978年2月,亚、非地区的发展中国家发起成立世界羽毛球联合会(简称世界羽联)。1978年世界羽毛球联合会举办第1届世界羽毛球锦标赛,1979年举办了第1届世界杯团体赛和第2届世界羽毛球锦标赛。国际羽毛球联合会和世界羽毛球联合会于1981年5月26日宣布合并,统一称为国际羽毛球联合会。

一、羽毛球基本技术

羽毛球运动的基本技术主要由上肢的基本手法和下肢的基本步法两大部分组成。上肢的基本手法又由握拍、发球和击球三个技术部分组成;下肢的步法则由站位与准备势、上网步法、后退步法、两侧移动步法、起跳腾空步法组成。

(一) 握拍技术

1. 正手握拍技术（以下介绍的基本技术均以右手握拍者为例）

先用左手握住球拍的中杠,使拍框与地面垂直;张开右手,使虎口对准拍柄斜棱上的第二条棱线,此时眼睛从左至右可同时看见四条棱线,然后用近似握手的方法握住拍柄,拇指和食指贴在拍柄两侧的宽面上,其余三指自然握住拍柄;拍柄与掌心不要握紧,应留有空隙。握拍的位置可视个人的情况而定,以球拍柄端靠近手掌的小鱼际为宜;握拍力度要适宜(图5-43)。

图5-43 正手握拍法

2. 反手握拍技术

在正手握拍的基础上,将球拍柄稍向外旋,拇指顶贴在拍柄第一斜棱旁的宽面上,也可将大拇指放在第一、二斜棱之间的小窄面上,食指稍向下靠;击球时,靠食指以后的三指紧握拍柄,同时拇指前顶发力击球;为了便于发力,掌心与拍柄间要留有充分的空隙(图5-44)。

图5-44 反手握拍法

(二) 发球技术

发球是比赛的开端。发球质量高,可有效地牵制对手,创造得分条件,甚至可直接得分。就发球的姿势而言,有正手发球、反手发球之分。可视自己的习惯或战术的需要来选用正手或反手发球。就球飞行的角度和距离而言,可分为后场高远球、后场平高球、后场平射球和网前小球四种。无论用何种方式发球,在把握好发球时机的同时,还要注意发球动作的隐蔽性、突变性、落点多样性等特点。

1. 正手发球技术

正手发球是在身体的右侧采用正拍面击球的一种发球方式,在实战中被广泛采用。正手发球可根据不同的战术需要发出不同的球,如后场高远球、后场平高球、后场平射球和网前小球等不同弧度的球(图5-45)。

2. 反手发球技术

反手发球技术是在身体的左前方用反拍面击球的一种发球方式。同正手发球技术一样,用反手同样能发出各种不同弧度的球;与正手发球所不同的是,反手发球时动作的力臂距离相对要小,发球时对球的控制力更强,加之反手发球动作更具一致性、隐蔽性和突然性,因此在比赛中,尤其是在双打比赛中被广泛采用。在实战中,发球方根据双打战术的特点和需要,常以发反手后场平高球、后场平射球和网前小球为主(图5-46)。

图5-45 正手发球　　　　　图5-46 反手发球

(三) 击球技术

击球技术是羽毛球运动最重要的基本技术之一。击球方法可分为高手(上手)击球、低手（下手）击球和网前击球。

1. 高手击球

高球可分为高远球和平高球两类。高远球是指球的飞行弧度高，而平高球的飞行弧度相对平一些，但都是落点在对方场区底线附近的高球。

(1) 击高球技术。

击高球技术有正手、反手击高球和头顶击高球三种。正手击高球动作要领（以右手握拍为例）（图5-47）：判断来球路线和高度，迅速移位使球下落于右肩稍前上空，侧身对网，左脚在前，右脚在后，重心在右脚；右手举拍在右肩上，拍面对网，左手屈肘自然举起，准备击球；当球下落至接近击球点高度时，胸部舒展，握拍手前臂向后移动，肘部自然抬起使球拍后引至头后，自然伸腕。

图 5-47　正手击高球

击球瞬间要用爆发力，以"抽鞭"式的动作把球"弹"出。反手击高球动作要领（图5-48）：判断来球路线和高度，迅速移位，最后一步右脚前交叉向左侧底线跨出，背部向网，重心在右脚，举拍于左胸前，双膝微屈准备击球。采用反手握拍法，击球时上臂带动前臂，通过手腕的闪动，将球击出。

图 5-48　反手击高球

(2) 吊球技术。

吊球是指把对方击来的高球从后场区还击到对方的网前区。根据来球的不同路线和高度，吊球可采用正手或反手、高手或低手来打。按来球的飞行弧线和击球动作的不同又可分为劈吊、轻吊和拦截吊三种。

无论哪种吊球都要灵活"闪"动手腕，掌握好击球点和控制好切削动作的击球力量（图5-49）。

图 5-49 吊球

(3) 扣杀球技术。

扣杀球能给对方造成极大的威胁性，在比赛中往往起决定性作用，它不仅是得分的主要手段，也是组织战术配合的有效技术。

扣杀球技术从手法上划分可分为正手、头顶和反手扣杀三种。

正手扣杀在击球瞬间需用全力，充分运用右腿的蹬力、腰腹力、手臂腕力及重心的转移，快速

图 5-50 正手扣杀球

将球向前下方击出。球拍触球时拍面前倾向前下方用力，手要握紧球拍，击球点在右肩稍前上方。击球后球拍随惯性向左下方摆动，身体重心由右脚移至左脚（图 5-50）。

头顶扣杀是当球恰好落在头顶上空或左肩上空适当高度时，持拍手臂向上举拍并绕头由左肩上，突然加快前臂、手腕的"闪"动并下压，同时右脚向左后方蹬地跳起，左脚后撤，身体成背弓形，利用腰腹和手臂力量协调地向前下方用力，将球击出。左脚着地时，要快速蹬地起步回位（图 5-51）。

图 5-51 头顶扣杀球

反手扣杀要准确判断对方来球，迅速移动步法到合适的击球位置，最后一步右脚向左后侧跨出，背对球网，反手握拍，持拍手屈臂将球拍举至左肩上方准备击球。当球落到右肩上方适当高度时，肘关节向上举高，以肘关节为轴，用左脚蹬力、腰腹力、肩力及上臂带动前臂，手腕、手指快速用力向后击球。击球瞬间握紧球拍，手腕快速用力向前下方扣压（图 5-52）。

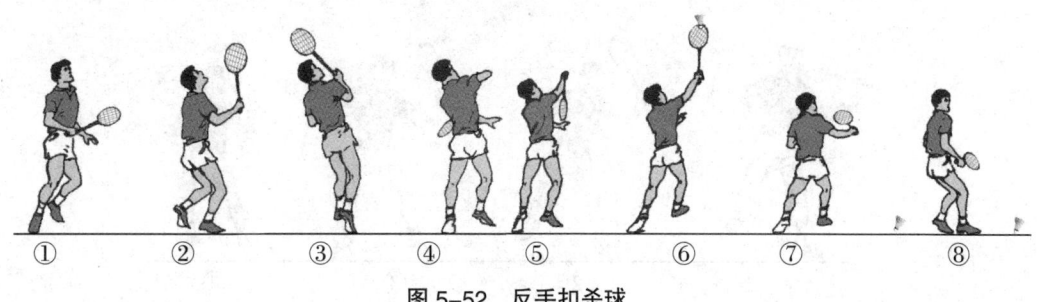

图 5-52　反手扣杀球

2. 低手击球

低手击球又称下手击球。其特点是击球点低，一般是在被动防守时采用的击球技术。低手击球包括挑高球、抽球和接杀球等技术。

（1）挑高球技术。

挑高球是指把对方击来的吊球或网前球自下而上地挑高回击到对方后场底线上空的击球方法（图 5-53、图 5-54）。

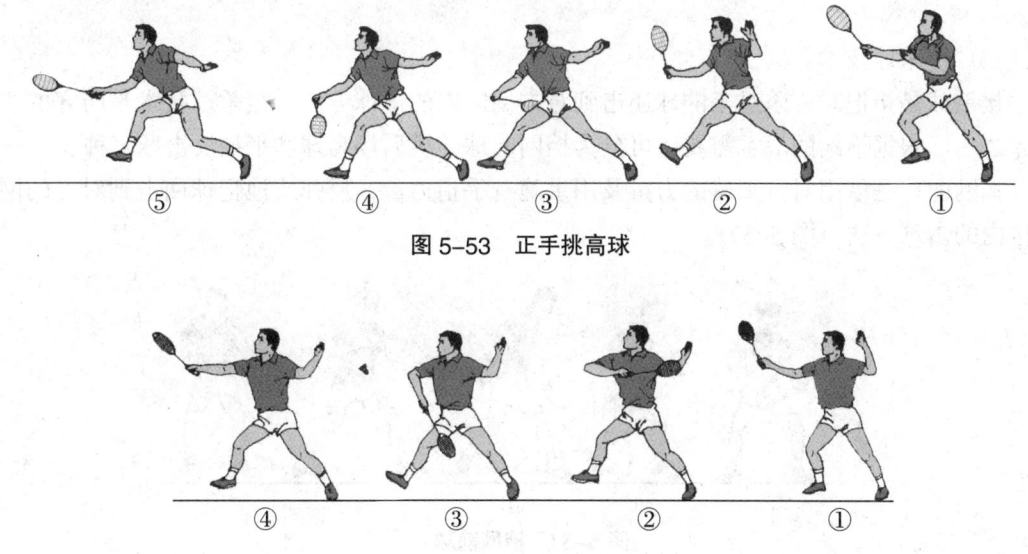

图 5-53　正手挑高球

图 5-54　反手挑高球

（2）抽球技术。

抽球是指把对方击来的低于肩高的球回击到对方底线场区的击球方法。抽球有正手、反手抽底线球和正手、反手抽半场球及半蹲式平抽球。下面主要介绍抽底线球。

正手抽底线球在击球时，主要靠前臂带动手腕、手指抽鞭式向前挥拍，前臂由外旋到内旋，腕部由伸到屈闪动击球。向前上方击球成高远球，向前方用力击球则成平球（图 5-55）。

反手抽底线球是反手握拍将球拍举于左肩上方。击球时，上臂带动前臂、手腕、手指沿水平方向向后挥拍，手臂基本伸直时，前臂外旋，手腕后伸用力闪动击球。向后上方用力击球成高远球，向后方用力击球则成平球（图 5-56）。

图 5-55　正手抽球

图 5-56　反手抽底线球

(3) 接杀球技术。

接杀球是指把对方杀过来的球还击到对方场区内的击球方法。接杀球技术是防守的主要技术之一。根据不同的战术需要，可分为挡网前球、挑后场高球和平抽反击球三种。

挡网前球是借用对方来球的力量及用手腕、手指力量，反弹式地把球回击到对方的网前场区内的击球方法（图 5-57）。

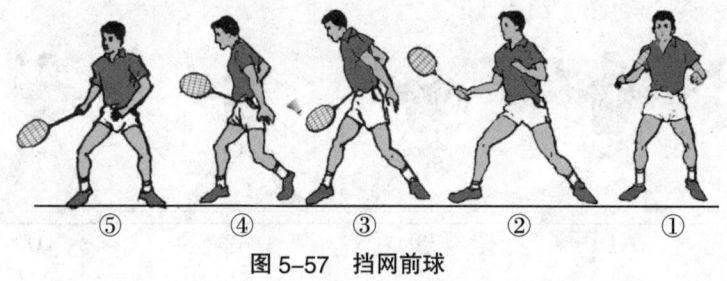

图 5-57　挡网前球

挑后场高球是把对方杀来的球，利用前臂、手腕、手指力量，挑高回击到对方后场底线区的击球方法（图 5-58）。

图 5-58　挑后场高球

平抽反击时站于球场中心附近，两脚左右开立，两膝微屈，面向球网，右手持拍于体前，判断来球，左（右）脚向左（右）侧跨步到位，引拍至体后。击球时前臂内旋，手腕伸直闪动，球拍由右后往右前方高速平扫盖击来球（图5-59）。

图 5-59　平抽反击球

3. 网前击球

网前击球技术是羽毛球基本技术中比较细腻的技术之一。网前击球技术包括搓球、扑球和网前钩球等。在学习、掌握网前击球技术时，要注意领会以下几点。

①握拍要活，要充分利用手腕、手指的力量来控制球路和落点。要更多地运用手指发力来提高手指控制球的能力。

②技术动作要比较细腻，击球手法一致性要强，使对方不易事先判断。上网步法要快，以争取到较高的击球点，增加进攻的威胁性。

③无论击哪种球，出手要快，动作要小，击球点要高。

（1）网前搓球技术。

网前搓球是羽毛球技术中动作较细腻的一种，是放网前球技术的发展。也是比赛中创造进攻机会的一种手段。

正手搓球上网步法要快，左脚蹬地右脚向网前跨成弓箭步，侧身对网，重心在右脚。持拍手臂向前伸出，出手要快，握拍手腕和手指自然放松。击球时前臂稍外旋，拍面与球网成斜面向前。用手指控制好拍面并发力，使搓出的球尽可能贴网而过（图5-60）。

图 5-60　正手搓球

反手搓球上网步法要快，左脚蹬地右脚前交叉向网前跨成弓箭步，侧身背对网，重心在右脚。持拍手臂向前伸出，出手要快，手腕、手指自然放松。前臂稍上举，手腕前屈，握拍手部高于拍面，反拍迎球。击球时主要靠前臂的前伸外旋和手腕由内收至展腕的合力，带动手指离网"提拉"，搓击球托的侧底部，使球成上旋翻滚过网（图5-61）。

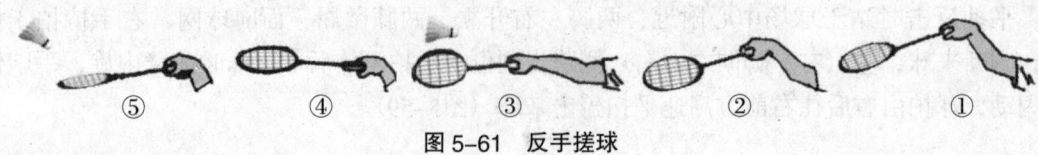

图 5-61 反手搓球

在进行搓球时要注意用手指控制拍面，用手指发力，击球点要高且近网，搓出的球要尽可能贴近球网，旋转翻滚性能越强，对方回击就越困难。

（2）网前扑球技术。

网前扑球有正手、反手扑球两种，就扑球路线有直线、斜线和扑追身球三种。

正手扑球时要准确判断来球路线和高度，快速蹬步上网，身体右侧扑向网，球拍随手臂向右前伸斜上举，正拍向前。准备击球时，前臂外旋，手腕关节后伸，小指、无名指稍松开，使拍柄离开鱼际肌（图 5-62）。击球时，手腕由后伸至屈腕闪动，利用前臂、手腕和手指的力量向前下方"闪动"击球，球拍触球后立即收回。或靠手腕由右前向左前"滑动"式挥拍扑球，以免球拍触网违例。扑球后，球拍随手臂向右侧前下方回收。

图 5-62 正手扑球

反手扑球是反手握拍于左侧前，当身体向左侧前方跃起时，持拍手臂前伸上举，手腕外展，拍面正对来球。击球时，手臂伸直，手腕由外展到内收闪动，手握紧拍柄，拇指顶压，加速挥拍扑击球。击球后，即刻屈肘，回收球拍，以免球拍触网违例（图 5-63）。

图 5-63 反手扑球

扑球的关键在于要抓住时机，准确判断来球路线和高度。一旦作出判断，上网要快，出手要快。击球时挥拍距离要短，动作要小，发力强，扑球后应急速落地。

(3) 网前钩球技术。

网前钩球也叫打对角线网前球,是把落在本方左(右)边网前球回击到对方的右(左)边网前处去。

正手钩球时要看准来球快速上网,侧身对网,重心在右脚。握拍手臂前伸稍有外旋,手腕稍后伸,手腕、手指放松。拍柄稍向外捻动,拇指贴在拍柄宽面,食指第二指节贴在拍柄背面宽面,拍柄不触掌心。击球时,前臂稍内旋,手腕由稍后伸至内收闪腕,肘部略回收,拍面朝对方右网前拨击球托侧底部,使球沿网的对角线飞越过网(图5-64)。

反手钩球时要看准来球手臂前伸,球拍平举。准备击球时,肘部突然下沉,同时前臂略有外旋。击球瞬间,手腕由屈腕到伸腕闪动,拇指内侧和中指将拍柄向右侧一拉,其余手指突然紧握拍柄,球拍背面朝对方左网前拨击球托侧底部,使球沿网的对角线飞越过网(图5-65)。

无论正手、反手钩球,在击球瞬间,应注意用手腕控制拍面的角度。

图5-64 网前正手勾球

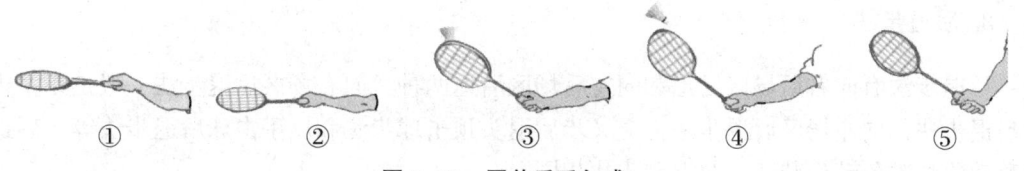

图5-65 网前反手勾球

(四)基本步法

羽毛球运动的基本步法有蹬步、跨步、跳步、垫步、交叉步、背步、小碎步、单足跳等。根据运动员在球场的位置和来球的远近,可用一步、两步或三步移动到位击球。右手持拍者,到位击球时的最后一步一般都是右脚在前,左脚在后靠近中心位置。

羽毛球运动基本步法的结构分为起动、移动、到位击球和回位四个部分。

1. 站位与准备姿势

羽毛球运动员的站位与准备姿势和步法有密切的关系,在不同的情况下有不同的站位和准备姿势。在一般情况下,接发球时的站位以左脚在前、右脚在后为宜,这样的站法有利于运用正手回击。除接发球外,多半采用右脚稍前、左脚稍后的站法,这样便于上网与后退。在防守接杀球时,采用双脚左右开立,以利于向两侧移动;同时重心要降低些,以利于起动。

2. 上网步法

根据上网时脚步移动方法的区别,上网步法可分为跨步(又称交叉步)上网、垫步上网和蹬跳步上网。

①跨步(交叉步)上网。站位于球场中心稍靠后,两脚左右开立。右脚略前,上体稍前倾,两眼注视对方击球。当对方吊网前球时,在对方击球瞬间,脚跟提起轻跳并迅速调整重心至后脚以协助快速起动。左脚迈一小步,用脚掌内侧起蹬,右脚向前跨大步,以脚跟和脚掌外侧着地滑步缓冲,脚尖外斜,右脚屈膝成弓箭步,左脚随即向前移动,以协助右脚回蹬。击球后用并步或交叉步退回中心位置。如果对方来球较近时,可用左脚蹬地随即右脚跨一大步上网。

②垫步上网。准备姿势同跨步上网。右脚先迈一小步,左脚随即垫一小步接近右脚跟(或后交叉迈小步),并用脚掌内侧起蹬,接着右脚迅速向前跨大步上网(着地后要求同跨步上网)。击球后用并步或交叉步退回中心位置。垫步上网是我国羽毛球运动员常用的上网步法,它蹬力强,速度快,在被动时有利于迅速调整重心,快速接应来球。

③蹬跳步上网。蹬跳步上网是为了提早击球时间,争取击球点在网顶上空,以起到突击的作用,一般常用于上网扑球。在做好扑球思想准备的基础上,并判定对方发或放网前球时,脚一点地便起蹬,侧身扑向网前(或左脚蹬地扑向网前),当球飞至网顶即行扑击,在触球的同时右脚先着地,左脚随身体惯性在右脚后着地,并立即退回中心位置。

3. 后退步法

后退步法有向右后场区后退和向左后场区后退两种。向右场区后退步法一般是正手击球的后退步法;向左场区后退步法为交叉步后退头顶击球步法和反手击球后退步法等。后退步法移动前的准备动作和跃位与上网步法相同。

①正手击球后退步法。正手击球后退步法有侧身并步后退和交叉步后退两种。侧身并步后退步法:在对方击球前刹那间,脚跟提起轻跳,迅速调整重心至右脚。接着右脚蹬地快速向右后撤一小步,上体右转侧身对网,紧接着左脚并步靠近右脚,右脚再向后移至来球位置。在移动中做好手部动作准备。待来球在右肩上方下落时做正手底线原地击球或跳起击球。击球后并步或小步跑回中心位置。交叉步后退步法。站位与准备姿势同侧身并步后退步法。右脚撤后一小步后,左脚从体后交叉后退一步,右脚再后移至来球位置。

②交叉步后退头顶击球步法。与正手击球后退步法大致相同,只是右脚蹬地后撤向左后方,上体转动幅度较正手后退大,且稍有后仰并倒向左后场区。左脚从体后交叉后退一步,右脚移至来球位置做头顶原地击球或跳起击球。

③反手击球后退步法。调整重心后,右脚后撤一步,接着上体左转,左脚随即向左后退一步,右脚再向左后跨出一步,背对网,做底线反手击球。反手击球后退步法应根据来球距离的远近调整步法。

如离来球较近,可采用两步后退步法,上体向左后转,左脚同时后撤一步,右脚再向左后跨一步,做底线反手击球。如距来球较远,则采用三步或五步后退步法:右脚先垫一步,而后左脚向后跨一步,再按右、左、右向后退。但无论是几步,反手击球后退步法最后一步应右脚在后,重心在右脚上。

4. 两侧移动步法

两侧移动步法多用于接对方的杀球和击来的半场低平球。其站位和准备姿势与上网步法基本相同。

①向右侧移动步法。两脚左右开立脚跟稍提起,根据来球,调整重心,上体稍倒向左侧,左脚掌内侧用力起蹬,右脚同时向右侧转跨大步。如距来球较远,左脚向右垫一小步再起蹬,右脚同时向右侧转跨大步。

②向左侧移动步法。根据来球,调整重心,上体稍倒向右侧,右脚掌内侧用力起蹬,左脚同时向左侧转跨大步。如来球较远,左脚先向左侧移动半步,上体向左转身的同时,右脚向左前交叉跨大步。

5. 起跳腾空步法

起跳腾空步法的特点是可以争取到有利战机和更高的击球点,用单脚或双脚起跳,居高临下,凌空一击。上网、后退、两侧移动均可运用起跳腾空步,较多用于向左、右两侧进行跳起突击。对方打弧线较低的平高球,当球从右侧上空飞向底线时,用左脚向右侧蹬地,右脚起跳,身体向右侧上空跃起截住来球,突击扣杀对方空当;当球从左侧上空飞向底线时,右脚向左侧蹬地,左脚起跳,用头顶击球法突击。

在正手与头顶后退步法中,步子一到位,就可以右脚起跳腾空击球。击球后,左脚后摆着地,一经制动缓冲,应立即回到中心位置。

二、羽毛球比赛基本规则

羽毛球比赛
基本规则

测试与自我评价

一、测试内容与分值

(一) 专项素质　　20分
场地移动　　　　20分

（二）专项基本技术　　50 分
1. 后场高球　　　　　20 分
2. 后场杀球　　　　　15 分
3. 网前球　　　　　　15 分
（三）实战比赛与综合能力 30 分

二、测试方法与评分标准

（一）专项素质（20 分）

专项素质主要以场地移动测试为主，分值为 20 分。

1. 测试方法

考生站在场地右侧单打底线以外（右手持拍）先进行前后移动，听到口令（同时开表）后，直线上网，单手触网后，直线后退踩底线为一个完整来回，往返进行 5 次。第 5 次上网触网后，后退踩底线的同时要求双脚出单打边线，并继续完成 5 次左右移动。

左右移动：当完成前后移动后采用向左侧移动的步法至场地左侧单打边线处，用持拍手触单打边线，面向球网转身，然后用向右侧移动的步法至场地右侧单打边线处，用持拍手触单打边线，为一次完整左右移动。如此往返进行 5 次。当完成第 5 个回合的左右移动后在右侧（右手持拍）触单打边线时停表，记录所用时间（图 5-66）。

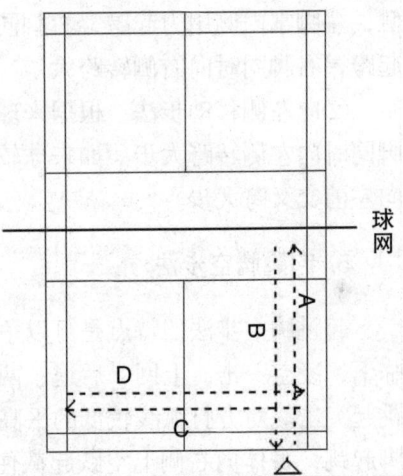

图 5-66　场地移动测试示意图

Ⅰ从△处起跑，

Ⅱ向前移动 A 触网，

Ⅲ向后退 B 踩底线，

Ⅳ前后移动 10 次后，从单打边线外踩底线向左移动 C 摸单打边线。

Ⅴ面对球网顺时针转体向右侧移动 D 摸右侧单打边线后面对球网逆时针转体，左右来回共 10 次。

有关要求：前后移动没有踩线或触网视为没有完成测试，考评员宣报"没有触网"或"没有踩线"后考生要重新踩线或触网才能继续完成后面的测试。左右移动时没有触线或在左侧场区边线触线后没有面对球网转体。考评员宣布"没有触线"或"转身错误"后考生要重新触线或回到边线处面对球网转体才能继续完成后面的测试。

2. 成绩评定（表 5-9）

场地移动素质测试允许测试两次，第一次测试结束后考评员集合考生公布成绩，给考生第二次测试选择机会，如果选择第二次测试，第一次成绩视为无效。

（二）专项基本技术（50分）

1. 后场高球（20分）

（1）测试方法考生可选左侧或右侧场区为本项目考试场区，由考评员发高球，考生站在左（右）场区双打后发球线外起跳交替击打直线和斜线高球。

高球落点有效区域：对方场区双打后发球线、单打边线、底线和距单打边线1.3米处竖线形成的长方形区域。

考评员连续发球（5秒发一个球），考生直线和斜线交替击打高球共10个。计成功次数（图5-67）。

Ⅰ 站在双打后发球线外A或B处打高球进入目标C/D区域

Ⅱ 站在A点打高球顺序为C-D-C-D-C-D-C-D-C-D

Ⅲ 站在B点打高球顺序为D-C-D-C-D-C-D-C-D-C

有关要求：考生在双打后发球线后准备击球。考评员发球后考生起跳交替击打直线和斜线高球。起跳击球时最后离地脚要在双打后发球线外（含踩线）。

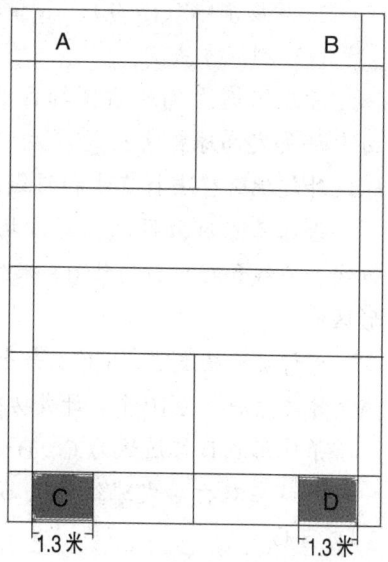

图5-67 后场高球场地示意图

（2）评分标准。

要求快速起跳击打高球，击球以平高或高远球方式击出。球被击出时直接向前飞行，低于击球点视为非高球技术，成绩无效。考评员发球没有发到考生站位区域时，考生可以不接，考评员重新发球。成绩计算（表5-9），如果球落到底线、单打边线、双打后发球线和中线构成的长方形区域内，视为发球有效，即考生一个测试球未进入合格区内。

表5-9 羽毛球专项基本技术评分标准

分值	后场高球	后场杀球	网前球	场地移动/秒	
				男	女
20	7	/	/	35	38
19	/	/	/	35.3	38.3
18	6	/	/	35.6	38.6
17	/	/	/	35.9	38.9
16	5	/	/	36.2	39.2
15	/	7	7	36.5	39.5
14	4	/	/	36.8	39.8
13	/	6	6	37.1	40.1
12	3	/	/	37.4	40.4
11	/	5	5	37.7	40.7
10	2	/	/	38	41
9	/	4	4	38.3	41.3
8	1	/	/	38.6	41.6
7	/	3	3	38.9	41.9
6	/	/	/	39.2	42.2
5	/	2	2	39.5	42.5
4	/	/	/	39.8	42.8
3	/	1	1	40.1	43.1
2	/	/	/	40.4	43.4
1	/	/	/	40.7	43.7

2. 后场杀球（15分）

（1）测试方法。

考生可选左侧或右侧场区为本项目考试场区，由考评员发高球，考生站在左（右）场区双打后发球线外起跳交替击打直线和斜线杀球。

杀球落点有效区域：对方场区前发球线、单打边线、底线和距单打边线0.8米处的竖线形成的长方形区域。

考评员连续发球（5秒发一个球），考生直线和斜线交替击打杀球共10个。计成功次数（图5-68）。

杀球落点目标区域为C、D

Ⅰ 站在双打后发球线外A或B处杀球进入目标C/D区域

Ⅱ 站在A点打杀球顺序为C-D-C-D-C-D-C-D-C-D

Ⅲ 站在B点打杀球顺序为D-C-D-C-D-C-D-C-D-C

要求：考生在双打后发球线后准备击球。考评员发球后考生起跳交替击打直线和斜线杀球。起跳击球时最后离地脚要在双打后发球线外（含踩线）。

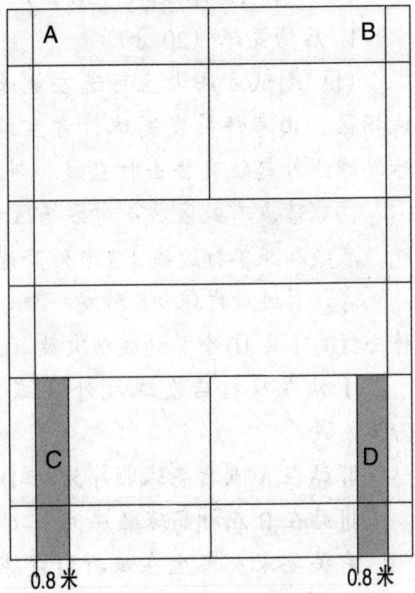

图5-68 后场杀球场地示意图

（2）评分标准。

要求快速起跳击打杀球，击球要用力向下扣杀。球飞行后要明显向下直飞，过网后快速下沉的球视为吊球，判杀球进区无效。考评员发球没有发到考生站位区域时，考生可以不接，考评员重新发球。成绩计算（表5-9），如果球落到底线、单打边线、双打后发球线和中线构成的长方形区域内，视为发球有效，即考生一个测试球未进入合格区内。

杀球后球飞行撞球网滚网过，因为没有到达目标区域，视为这个杀球未进入合格区域。

3. 网前球（15分）

（1）测试方法。

考生可选左侧或右侧场区为本项目考试场区，考生站在左（右）场区前发球线后准备击球，由考评员扔网前球，考生跨步上网进行放网和勾球交替击球。

网前球落点有效区域：球网、单打边线、距球网0.8米的横向标记线和距单打边线0.8米处的竖向标记线形成的正方形区域。

考评员连续扔网前球5秒扔一个球，考生进行放网和勾球交替击球共10个。计成功次数（图5-69）。

网前球落点目标区域为C、D

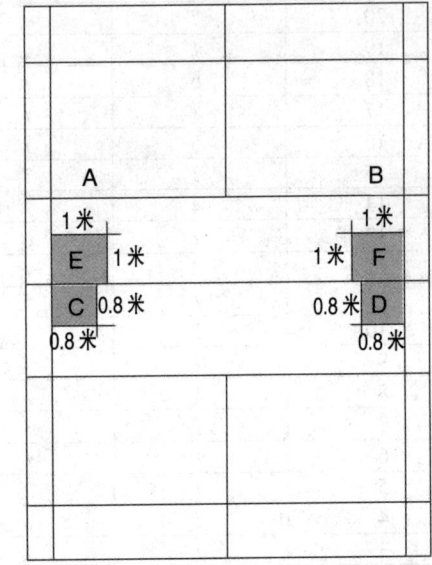

图5-69 网前球场地示意图

Ⅰ站在前发球线外 A 或 B 处进行放网和勾球进入目标 C/D 区域
Ⅱ站在 A 点打前场球顺序为 C-D-C-D-C-D-C-D-C-D
Ⅲ站在 B 点打前场球顺序为 D-C-D-C-D-C-D-C-D-C
有关要求：考生在前发球线外准备。考评员扔球后跨步上网放网和勾球。
（2）评分标准。
考评员扔球没有进入有效区（E/F），考生可以不接球，考评员重新发球。成绩计算（表 5-9），如果考评员的扔球进入前场有效区域（E/F）内考生未接球，本次扔球有效，视考生一次测试球未进入合格区内。考评员扔球滚网，视扔球无效，重新扔球。
考评员扔球有效区：球网、单打边线、距球网 1 米的横向标记线和距单打边线 1 米处的竖向标记线形成的正方形区域。

（三）实战比赛与综合能力（30 分）
1. 测试方法
由考评员组织，考生同时抽签配对进行比赛。比赛采用 21 分每球得分赛制一局决胜负，11 分交换场地。
2. 评分标准
据考生在技战术运用和体能状态比赛中作风综合评分。
满分 30 分，按优秀、良好、及格、不及格四个等级标准评分（表 5-10）。

表 5-10 实战比赛与综合能力评分标准

级别	评分标准	分值
优秀	比赛中技术动作规范、很好的运用战术、场上作风顽强、身体素质全面	30~26
良好	技术动作较规范、战术运用合理、场上作风顽强、身体素质良好	25~21
及格	技术动作一般、能运用较单一战术、场上作风一般、身体素质一般	20~15
不及格	技术动作不全面、不能有效的运用战术、场上作风一般、身体素质较差	14~0

三、测试基本器材

标准羽毛球场地；标准羽毛球 10 筒；秒表 3~5 个；白胶带 5 卷；米尺 1~2 个。

第五节　网球

在 12~13 世纪的法国，当时在传教士中流传着一种用手掌击球的游戏，方法是在教堂的回廊里，两人隔一条绳子，用手掌将用布包着头发制成的球打来打去。后来此种游戏逐步发展成了现在这样的网球运动。英语 tennis（网球）是从法语 tenez（运动员发球时提醒对方注意的感叹词）演变而来的。14 世纪中叶，这种供贵族消遣的室内活动从法国传入英国。16~17 世纪，是法国和英国宫廷从事网球活动的兴盛时期，平民百姓无缘涉足，网球运动被称为"贵族运动"。
1875 年，英国的板球俱乐部制定了网球比赛规则。1877 年 7 月，在温布尔顿由全英板球俱乐部举办了第一次草地网球冠军赛。后来这个组织把网球场地改为长方形（23.77

米×8.23米），每局采用15、30、40等记分法，球网中央的高度为99厘米。1884年，由英国伦敦玛丽勒本板球俱乐部把球网中央高度改定为91.40厘米。从此，网球运动走向民间。

1912年3月1日，澳大利亚、英国、法国等12国的网协代表，在巴黎召开会议，成立了国际网球联合会，总部设在伦敦。1980年，中国网球协会被接纳为该会正式会员。

> **体育之窗**
>
> **李婷/孙甜甜：半路组合共成长　默契搭档勇夺金**
>
> 2004年8月22日，李婷/孙甜甜在雅典赛场上默契配合、顽强拼搏，夺得中国奥运代表团历史上第一枚网球项目金牌。半路组合的两人凭借着精诚团结和互相包容，很快便找到了行之有效的合拍密码，成了中国队一对实力和活力兼备的搭档，竞技成绩也水涨船高。同舟共济扬帆起，乘风破浪万里航。夺金之路上，两人每一轮碰到的都是颇具实力的双打名将，但两人相扶相携、并肩作战，在雅典赛场上纵情挥洒、笃定前行，不仅成就了个人职业生涯高光时刻，还共同刷新了中国网球历史纪录。
>
>
> 扫一扫
> 查看完整故事

一、网球基本技术

（一）击球类型

击球有三种不同的方法：上旋、平击和削球。

1. 球的空中轨迹与落地弹跳

球在空中飞行，由于受地心引力的作用，飞行轨迹成抛物线，抛物线分为上升、峰、下落三部分（图5-70）。

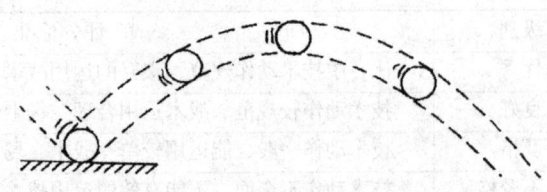

图5-70　网球的空中飞行轨迹

由于挥拍方式不同，球可以是上旋、下旋或平击的（图5-71）。球的旋转使地面与球面之间产生摩擦力（F），影响了球的反弹角度（β），也影响了球速。

理想的弹性碰撞，球的反弹角（β）应与接近角（α）相等。可实际上，球与地面并非完全弹性碰撞，平击球的反弹角（β）往往大于接近角（α）；方向与球运动方向相同，因而上旋球与地面接触产生的摩擦力（F）它会使球加速向前猛跳，反弹高度增加，会使反弹角（β）比平击球时小些；下旋球与地面接触产生的摩擦力方向与球运动方向相反，因此，它会使球减速，反弹的高度降低，其反弹角比平击球及上旋球的反弹角都小（图5-72）。

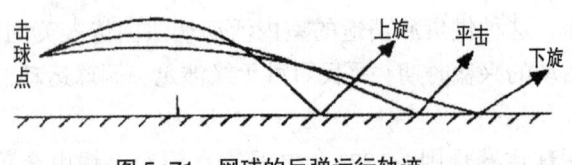

图5-71　网球的反弹运行轨迹

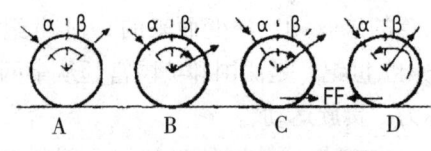

图5-72　网球触地后反弹角度

2. 击球技术

(1) 上旋球技术。

①上旋球的特点：打上旋球时球拍要向上拉起并擦击球的底部。球拍向上、向前擦击球，球即向前加速旋转，触地后高弹。这是一种前转的弧圈球。让球拍置于球的底部下方，然后向上、向前击球，就能打出上旋球。

②大多数打弧圈球和其他一切重上旋球的运动员，在他们击球时要翻转手，触击球时指关节朝上，接着以弧形摆动转动手，因此手的动作比前臂有更多的不同。初学者和中等水平的运动员要熟练地打出上旋球是有困难的。上旋球至少在某种程度上也取决于握拍法。如果使用的是打上旋球的正手握拍法，那就只有打上旋球而几乎没有办法打出别种球来。

③打上旋球的最好时机：用上旋球打超身球是很理想的，因为它能使球快速地落在对方移向网前的运动员的双脚附近，对手要截击这种下落的球是很困难的。上旋球还能更好地控制超身球，有机会去找更好的角度。平击球可能是比较难对付的，但要截击它似乎困难要少些，因为它不像上旋球那样快速下落。

(2) 平击球技术。

①平击球的特点：平击球时拍面没有任何向下的压力。不大可能打完全的平击球，因为球几乎总会有微小程度的下旋和上旋。平击球的速度快，没有上旋球大弧度的下沉，便于穿越对手。平击球是打击球的后部，击球过程球拍几乎是水平运动。平击球时指关节朝前。

②打平击球的最好时机：用平击球打短球或打向上跳起就要落向远处的球是很适合的。平击球也适合于接发球。如果对手发了一个大力球给你，你没有时间用大弧度的上旋球去接发球，通常用平击球最为合适。在较硬的地面上，准备击球的时间很少，这样以直的向后摆臂的平击球就能顺利地接发球。所以在硬地上成长的运动员常常发展比较平的打法，而那些在沙土软场地上（这种场地给你更多的时间去击球）培养出来的运动员，多半发展上旋球打法。

(3) 削球技术。

①削球的特点：打削球或下旋球，是用拍面向下擦击球的下部。在使球后旋或下旋时，球落地后反弹得低而且不向前。

②打削球的最好时机：在底线的来回球中，用下旋球或削球打反手球是比较好的。它能使球飘过网并能有效地控制球落在深处。削球的另一大优势是能比上旋球更容易打出长球或短球。一个低的触地打滑的下旋球，即使是短球，可能也是很难处理的。同样一个落在发球线附近的上旋球，威胁并不大。只要稍多地打开拍面，就完全可以打出所需要的下旋深球。

3. 击球的要点

无论打上旋球、下旋球或削球，都要做好准备；没有适宜的准备就不能打出成功球；要使球拍充分后摆，并在击球前不倾向前，做好挥拍动作；击球时动作省力、外观平稳、不应是吃力的。击球中不能有过分的动作；击拍在动作中的位置很重要，手和身体应跟着球拍移动；击球是在平衡基础上的打击动作，重心不能落在这边或那边；不应移动得离球太近或太远；能以同样的信心打出斜线球或直线球；能以相同有效的角度打出硬球或软球，长球或短球。

（二）握拍法

主要的握拍法有三种：东方正手式握拍法、大陆式握拍法和西方式握拍法。不管是哪种握拍法，最重要的是握拍要感到舒适。这里仅介绍东方式握法。

初学者一般采用东方式正手握拍法。这是最标准的握拍法，打正手球时拍面与网是平行的，这样就有最好的机会使球过网，因此适合初学者。西方式握拍法拍面指向下，初学者如采用这种握拍法，必然在还没有弄清楚如何向上再向前的挥击动作下击球，球是过不了网的。大陆式握拍法拍面是打开的，球会击向天空。初学者如果采用大陆式握拍法，几乎不可避免地会把球打到七八米高的空中。东方式握拍法打反手球时，只要握拍朝反时针转 1/4，使拍面与网平行，就能顺利地击球。

1. 东方式正手握拍法

东方式正手握拍法最形象的比喻是"握手"，它与通常握手的姿势十分相似。

握时先使球拍柄水平放置，拍面与地面垂直，拍柄朝向自己，然后做握手状握住把手。初学者可以采用自然的办法握拍。即先把手掌平贴在拍面上，保持手掌与拍面平行，手顺着拍柄滑下来到把手的位置，手指弯曲握紧拍把手。

2. 东方式反手握拍法

反手握拍法是在正手握拍法的基础上，手沿逆时针方向旋转一个平面。其要点是：由拇指与食指形成的"V"字形虎口放在把手的左上斜面上，手掌根部贴住拍的左上斜面，与拍底对齐，食指与其余三个手指稍分开，食指下关节压在右上斜面上，拇指一般贴在左垂直面上，拇指末节稍屈曲贴住左下斜面。

采用这种握拍法时要注意，在击低的地面球时，拇指要压紧左下斜面，以免拍头低垂，无法正确完成动作。

（三）击球准备姿势

准备击球是一种临战状态，因此，准备姿势应以自然、灵活、机动的姿势为佳。其要领如下：面向对方场区站位，两脚开立略宽于肩；右手握拍柄，左手扶着拍颈部分，持拍于体前；两膝微屈，上体略前倾，脚跟稍抬起，重心置于两前脚掌间，保持便于迅速起动的姿势；两眼注视对手或来球。

（四）正手击球的基本技术

1. 正手击球

正手击球是以略带上旋的正手抽球为基本技术，它是初学者最先学习的击球动作。右手握拍者从准备姿势开始，移动到来球位置，最后一步要保持左脚在前，身体左侧朝向来球方向。这时将球拍充分向后挥摆，拍头翘起，指向后方，手臂伸展，眼睛注视来球。向前挥拍迎球过程中，球拍由低向高挥动，拍与球碰撞的击球点在身体右前方，高度保持在膝与腰之间。拍触球时，拍面和手掌要与地面保持垂直，击球中部，手腕固定握紧球拍，要有"以手掌击球"的意识，上臂和腰部随身体转动向前上方协调配合用力，身体重心从右脚逐渐移到左脚。击球后球拍随势挥至身体的左侧前上方。随球动作完成后迅速还原，恢复成准备姿势。由于击球时球拍是由低向高挥动，虽然拍面与地面保持垂直，球仍会向上旋，球的飞行有一定的弧线。

2. 正手击球的技术要点

（1）击球点。

正确的击球必须"迎上去"，即提前挥拍，沿来球的轨迹挥出去，使拍与球在自己的身体前方相碰，拍是在做直线运动中与球相碰撞的，它与球的运动轨迹几乎在同一直线上。由于拍与球可以在直线上的许多点接触，所以它既能充分利用收拍时产生的惯量，又可以准确调整拍与球接触的角度，控制球的方向。拍头在跟进动作中是向前上方而不仅是向上运动。回球的飞行轨迹与挥拍跟进动作的轨迹在同一平面上。

（2）击球部位。

在击球中，手臂应做两种运动：一是向前运动，即整个手臂沿着来球方向挥去或以肘为中心摆动前臂；二是转动，即在向前运动的同时，通过以肘为轴心的转动，调整拍头的位置，击球应"迎上去"击中球的下方，这是完成击球动作的关键。

（五）反手球的基本技术

反手球的基本技术是以略带上旋的反手抽球为基本技术，它是初学者最先学习的反手击球动作。当来球飞向反手方向时，右手握拍者从准备姿势开始，移动到来球位置，最后一步要保持右脚在前，身体右侧朝来球方向，用非握拍手帮助球拍向左后挥摆。这时持拍手臂的肘部保持适当屈曲，拍头稍翘起，指向后方。在迎球过程中，挥拍手臂与向右转体动作相配合，使球拍由低向高挥动，拍与球碰撞的击球点，在身体左前方，高度在膝与腰之间。拍触球时手腕固定握紧球拍，拍面与地面保持垂直，击球中部，要有球拍和球接触的时间越长越好和"以手背击球"的意识，不要把整个手臂抬起来或有耸肩的动作。

击球后球拍随势挥至身体的右侧前上方，身体重心从左脚逐渐移到右脚，然后迅速还原成准备姿势。由于击球时球拍是由低向高挥动，虽然拍面与地面保持垂直，球仍会上旋，飞行有一定的弧线。

（六）发球

1. 站立位置与姿势

在右区发球时，站立的位置越靠近中线点越好。这样球容易打到对方反手处，同时又把底线平分为二，减少对方回球后自己去击球的跑动距离。在左区发球时，离中线点约 1.5 米处站立，从这个较好的角度，把球发到对方反手。向左侧发球时站位如图 5-73 所示。

两脚站位的宽度要比肩稍宽，向左侧发球，右脚应偏右站，起初重心放在右脚，边抛球边把重心移向左脚。这时右脚自然会移向左脚，在击球前应停留在左脚的稍后方。发球时，拍头轨迹如图 5-74 所示。向右侧发球时站位如图 5-75 所示。

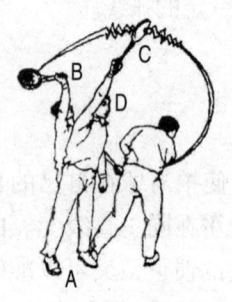  

图 5-73　左侧发球站位　　　　图 5-74　发球拍头轨迹　　　　图 5-75　右侧发球站位

2. 半挥摆

如果是个初学者，应该以半挥摆的发球开始，球拍头置于肩上，将球向右抛起正好在身体的前面。一定要努力做到抛球和挥摆同时进行。要想着同时进行，这样双手就会同时向上。初学者要有好的发球，用半挥摆是最好的，它将缩短挥摆而使发球更容易些。

随球动作应是放松的，但一定要完成挥摆动作。许多初学者触了球就停止挥摆。如果没有随球动作，就一定不会有好的发球，因此要养成完成挥摆动作的习惯。

在比较快地度过初学阶段后就可以延长挥摆而结束半挥摆阶段。

3. 抛球

抛球是很重要的。抛球有不同的理论。初学者的抛球应偏向右，离身体约 30 厘米，站着握拍伸直向上，球的高度与拍顶平。如果做到抛球左右边位置适当和足够的高，就会使发球容易得多。如果处在发球的击球姿势，这时握拍朝上在头顶上，那就是抛球的地方。要在球拍伸展的最高点和在前脚前面的地方击球。

以下是改善抛球的方法。

如果有抛球的问题，把球拍放到场地上稍微身前的地方，拍面向上，以便有抛球的目标。努力把球抛落到拍子中央而手上并不握拍。这样就能学到抛球手的向上移动和努力使球落在地上球拍的理想点上。

向上抛球时不要用指头弹或转动手，要假设在手里是一个鸡蛋，而不是球，努力使鸡蛋向上升空而不使它转出手指。

只用拇指和食指握球，手掌朝下，然后向上抛球。杰出的运动员斯科特曾用这种方法，而且效果很好。

手臂应是屈曲和放松的，以便能控制手。可以在镜子前练习抛球。

4. 平击发球

平击球就是在击球时让球很少旋转，过网很低。击球是以拍面对准球而不要把球切成两半，不要试图对球有任何上旋或削球动作。

要打出一个有效平击球，抛球应比侧旋发球和上旋发球离身体稍远些，击球时手指直接移向目标，手基本是平直地降下，不要像削球那样切击球的一边，身体要跟向目标。击球之前不要倾向场内对平击球是非常重要的。当然这对其他种发球也同样的重要。但因平击发球的抛球离身体较远，就容易犯击球前倾向场内的错误。

平击发球的作用是力量大，但失误也较多，因为击球的路线没有向上和超过球。打平击球是比较困难的，开始要把大力的平击球发在场内，成功率是比较低的。优点是发球成功时能直接得到些分数，这也是平击发球被称为得分发球的原因。

使用平击发球，一定要把球打到不同的位置，既要打到对手的正手边也要打到对手的反手边。大多数右手握拍者的平击发球打到对手的反手，因为那样对他们更自然些。对手在右场区把球打到中线附近，对手在左场区则打到反手角。

二、网球比赛基本规则

网球比赛
基本规则

测试与自我评价

一、测试内容及分值

（一）专项素质　　　10分
扇形跑
（二）专项基本技术　70分
1. 正、反手击球　　40分
2. 发球　　　　　　20分
3. 网前截击球　　　10分

二、测试方法与评分标准

(一) 专项素质 (10分)

专项素质测试以扇形跑为主,分值为10分。

1. 测试方法

将一支球拍放在底线中点后面,拍头指向球网,5个球的位置如图所示(图5-76)。从底线中点开始,沿着逆时针方向依次取回5个球,将每次取回的球放在球拍拍面上。考评员喊"预备——开始"之后,秒表计时开始,完成第五球时结束。

2. 评分标准(表5-11)

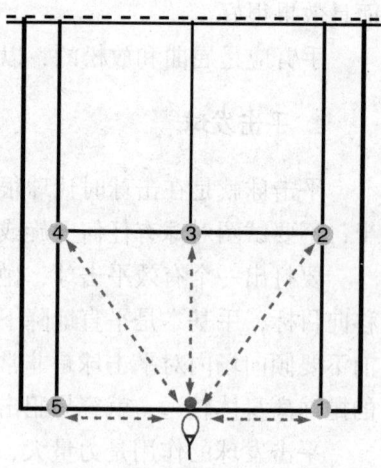

图5-76 扇形跑测试示意图

表5-11 网球专项扇形跑评分标准

男		女	
成绩/秒	分值	成绩/秒	分值
16.0	10.0	17.0	10.0
16.5	9.5	17.5	9.5
17.0	9.0	18.0	9.0
17.5	8.5	18.5	8.5
18.0	8.0	19.0	8.0
18.5	7.5	19.5	7.5
19.0	7.0	20.0	7.0
19.5	6.5	20.5	6.5
20.0	6.0	21.0	6.0
20.5	5.5	21.5	5.5
21.0	5.0	22.0	5.0
21.5	4.5	22.5	4.5
22.0	4.0	23.0	4.0
22.5	3.5	23.5	3.5
23.0	3.0	24.0	3.0
23.5	2.5	24.5	2.5
24.0	2.0	25.0	2.0
24.5	1.5	25.5	1.5
25.0	1.0	26.0	1.0
25.5	0.5	26.5	0.5

(二) 专项基本技术 (70分)

1. 底线击球测试

(1) 测试方法。

考生从底线中点位置之后开始,正、反手交替各击5次斜线球(共10个球),接着正、反手交替各击5次直线球(共10个球),要求击球的落点尽可能进入指定的区域。考评员站在发球线与网之间半程 F 处喂球，将球喂至发球线与底线之间半程处 X 的位置，尽可能使考生能在腰部位置击球（图 5-77）。

（2）评分标准。

根据击球的第一落点位置得分，如落入指定区域得 1 分。根据击球的第二落地位置可获得奖励分，如落点在奖励线之后获得 1 分的额外加分。

2. 截击测试

（1）测试方法。

考生站在发球线 T 点位置，正、反手截击交替各击 5 次球（共击 10 个球），要求击球的落点尽可能地靠近底线。考评员站在发球线与网之间半程 F 处喂球，将球喂至考生身体的两侧约半米位置，尽可能使考生能在腰部与肩部之间的位置击球（图 5-78）。

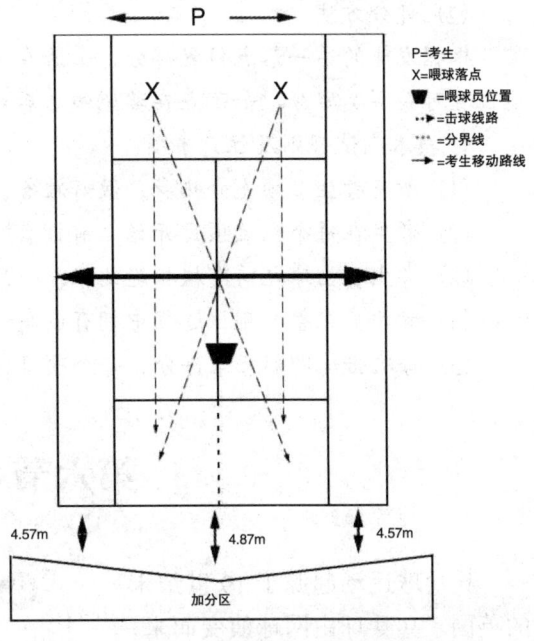

图 5-77 底线击球测试示意图

（2）评分标准。

根据击球的第一落点位置得分，如落在单打有效区域内，得 0.5 分。根据击球的第二落地位置可获得奖励分，如落点在奖励线之后获得 0.5 分的额外加分。

3. 发球测试

（1）测试方法。

考生站在发球位置，一区发球 5 次，二区发球 5 次。如果发球擦网落入有效发球区，则重发（图 5-79）。

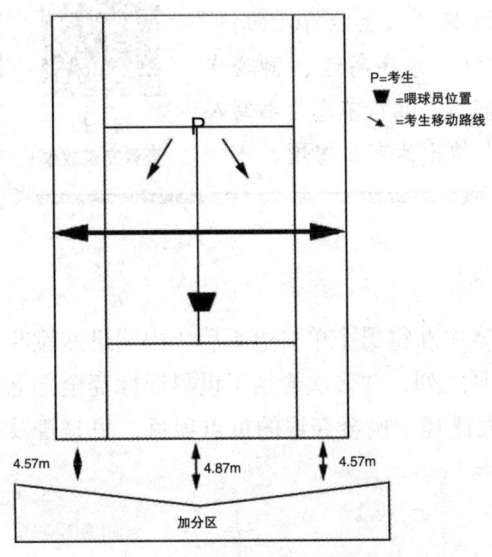

图 5-78 截击球测试示意图

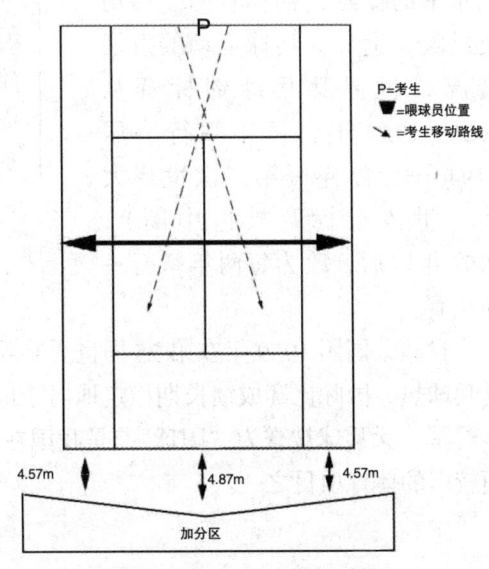

图 5-79 发球测试示意图

(2) 评分方法。

根据发球的第一落点位置得分，如落在正确的发球区域内，得 1 分。根据发球的第二落地位置可获得奖励分，如落点在奖励线之后获得 1 分的额外加分。

4. 技术测试规则及注意事项：

(1) 所有考生必须充分热身，做好准备；
(2) 考生在每个测试项目开始之前拥有四次击球的练习机会；
(3) 考生在击球之前有权拒绝此球，一旦击球，必须计算；
(4) 考评员在整个测试过程中拥有最高权力，并拥有对整个测试的解释权；
(5) 每次击球即刻记录得分，每个项目完成时计算总分。

第六节　乒乓球

乒乓球运动起源于 19 世纪末的英国。乒乓球由网球演变而来，因击球时发出"乒乓"声，故而得名。

在 20 世纪 20 年代以前乒乓球始终是停留在游戏阶段。直到 20 年代，举行了多次乒乓球的邀请赛，才逐渐引起了人们的重视，并列为运动竞赛项目。

世界乒乓球锦标赛是世界最高水平的比赛，锦标赛的发展历史反映了世界乒乓球运动的发展概况，世界乒乓球锦标赛从 1926—1957 年，每年举行一届（1940—1947 年因第二次世界大战，世界锦标赛被迫中断），1957 年以后，改为每两年举行一届比赛。

容国团：人生能有几回搏

1959 年 4 月 5 日，容国团在第 25 届世界乒乓球锦标赛上勇夺男子单打世界冠军，成为中华人民共和国第一个世界冠军。容国团热爱祖国、自强不息、不畏困难、敢打敢拼，他喊出的"人生能有几回搏！此时不搏，更待何时！"的人生格言，深深地影响、激励着包括一代代体育健儿在内的亿万中华儿女，成为无数人奋发有为、团结向上的精神动力。新的征程上，我们当继续发扬"人生能有几回搏"的拼搏精神，志存高远、脚踏实地、不负韶华、笃行不息，书写人生新篇章，搏出体育新辉煌。

扫一扫
查看完整故事

自从荣国团 1959 年在第 25 届世界乒乓球锦标赛中获得男子单打冠军后，中国迅速掀起乒乓球热，国际比赛成绩长期稳定地居于世界高水平之列，并多次囊括了世界锦标赛全部七项冠军。乒乓球被誉为"国球"，是我国在国际重大比赛中摘金夺银的重点项目，也是普及面较广的体育项目之一。

一、乒乓球基本技术

（一）握拍方法

1. 直拍握拍法

食指第三指关节贴在球拍柄右侧，食指第二指关节压住球拍的右肩，食指第一指关节自然向内屈曲。拇指第一指关节压住球拍的左肩（拇指与食指之间的距离要适中）。其他三指自然屈曲重叠，以中指第一关节托于球拍背面，保持球拍平稳（图5-80）。

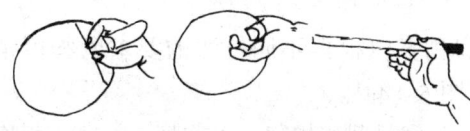

图5-80 直拍握拍法

2. 横拍握拍法

横拍握拍法分为攻击型（包括快攻和弧圈）和防守型（包括以攻为主结合削球和以削为主结合进攻）两种。这两种握拍方法基本相同，所不同的是可分为浅握和深握。浅握是指以中指、无名指、小指自然地握住拍柄，拇指在球拍的正面贴在中指旁边，食指自然伸直斜放于球拍背面，虎口轻微贴拍（图5-81）。深握同浅握相比，虎口要紧贴球拍（图5-82）。这两种握法，正手攻球时食指要用点力，也可将食指往上移动一些帮助压拍。打反手攻球或快拨时，拇指要用点力，也可用拇指往上移动一些帮助压拍。正、反手削球时，手指基本不动。

图5-81 横拍攻击型握拍法

图5-82 横拍防守型握拍法

（二）基本姿势与步法

基本姿势是运动员在发球或接球时站立的方位和身体姿势，就是常说的准备姿势。

1. 基本姿势

（1）站位。

站位是根据各种不同类型打法的技术特点、身体的高度和能照顾全台的要求来决定站位。

①快攻类站位：左推右攻打法基本站位在近台30~40厘米，偏左攻打法基本站位在近台40~50厘米，中间略偏左站位（图5-83a）。

②弧圈类站位：以弧圈球为主打法基本站位在中台，离台50厘米左右，偏左站位。两面拉打法在中间略偏左站位（图5-83b）。

③削球类站位：横拍攻削结合打法基本站位在中台附近；以削为主配合反攻打法基本站位在中远台附近，离台100厘米左右（图5-83c）。

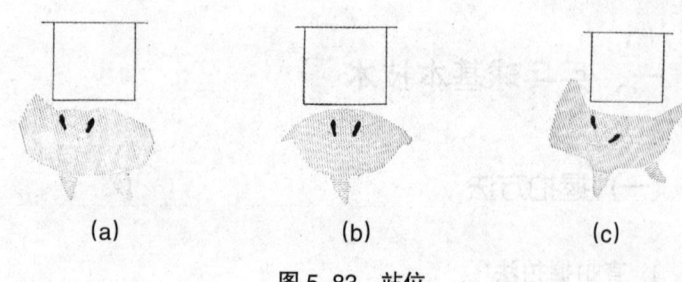

图5-83 站位

(2) 身体姿势。

①两脚平行站立比肩稍宽（根据不同打法的要求两脚可稍前、后），身体重心在两脚之间，保持身体平稳（图5-84a）。

②足跟稍提起，以前脚掌着地，两膝微屈并稍内扣，上体稍前倾、收腹，以便于快速起动（图5-84b）。

③持拍手臂自然屈曲，直握拍肘部略向外张，手腕放松，球拍置于腹前，以利于球拍向各个来球方向快速移动；横握拍肘部朝下，前臂自然平举。拍面角度可根据不同打法，采取前倾或稍后仰（图5-84c）。

④两眼密切注视对手挥拍击球一刹那间的动作，对来球作出准确判断（图5-84d）。

图5-84 身体姿势

2. 步法

步法移动是击球的基本环节之一。确保合适的击球位置，提高击球的准确性。

(1) 单步移动。

单步是以一只脚为轴，另一只脚向前、后、左、右不同的方向移动一步，身体重心也随之落到移动脚上。

(2) 跨步移动。

跨步是以一只脚向前、后或左、右不同的方向跨出一大步，身体重心随即移到跨步脚上，另一只脚也迅速地滑动跟上半步。

(3) 跳步移动。

跳步是以与来球不同方向的脚用力蹬地，使两脚同时或几乎同时离地向来球的方向跳动，蹬地脚先落地，另一只脚跟随着落地站稳。

(4) 并步移动。

并步的移动方法基本上和跳步相似，只是不做腾空的跳动。移动时，先以来球不同方向的脚向同方向的脚并一步，然后同方向的脚再向来球方向迈一步。

(5) 交叉步移动。

交叉步先以靠近来球方向的脚作为支撑脚，使远离来球的脚迅速向前或左、右不同的方向跨出一大步，而原作为支撑的脚朝前脚的移动方向再迈一步。

（三）击球手法

击球手法有发球手法、推挡球手法、攻球手法、弧圈球手法、搓球手法等。

1. 发球手法

发球手法有平击发球、反手发右侧上旋急球（奔球）、正手发右侧上旋急球和正手发下旋加转球与不转球等。

(1) 平击发球（图5-85）。

平击发球几乎不带旋转，速度一般。它是初学者最基本的发球手法，也是掌握其他复杂发球手法的基础。

①站位：左脚稍前，身体略向右转，左手掌心托球置于身体右侧前方。

②引拍：左手将球向上抛起，同时右臂内旋，使拍面角度稍前倾，向身体右后方引拍。

③迎球挥拍：右臂从身体右后方向右前方挥动。

④球拍触球：当球从高点下降至稍高于球网时开始击球；击球中上部，向左前方发力；球拍几乎与球台垂直。

(2) 反手发右侧上旋急球（奔球）（图5-86）。

球速快、落点长、冲力大，球的飞行弧线低并向左偏斜，具有较强的右侧上旋。

图5-85　平击发球

图5-86　反手发右侧上旋急球

①站位：右脚稍前，身体略向左偏斜，左手掌托球置于身体前偏右侧。

②引拍：左手将球向上抛起，同时右臂内旋，使拍面角度稍前倾，前臂手腕自然下垂，肘关节高于前臂，向身体右后方引拍。

③迎球挥拍：上臂带动前臂由身体右方向左前方挥动。

④球拍触球：当球从高点下降至近于网高时，击球右侧并向右侧上方摩擦，球拍前倾。

⑤随势挥拍：击球后，手臂继续向左前方挥动，迅速还原。

(3) 正手发右侧上旋急球（图5-87）。

球速快、落点长、冲力大，具有较强的上旋。

①站位：右脚稍前或平站，身体略向左偏斜，左手掌心托球置于身前偏左侧。

②引拍：左手将球向上抛起，同时右臂外旋，使拍面角度稍前倾，上臂自然靠近身体左侧，向身体左后方引拍。

图5-87　正手发右侧上旋急球

③迎球挥拍：右臂以肘关节为轴心，前臂向左前方横摆，腰部也配合从左向右转动。

④球拍触球：球从高点下降至低于网高时，击球中上部（略偏左），球拍前倾。触球一瞬间前臂加速向右前上方横摆，摩擦球，腰部配合向右转动。球击出的第一落点靠近本方端线。

⑤随势挥拍：击球后，手臂继续向右前上方挥动，然后迅速还原。

(4) 正手发下旋加转球与不转球（图5-88、图5-89）。

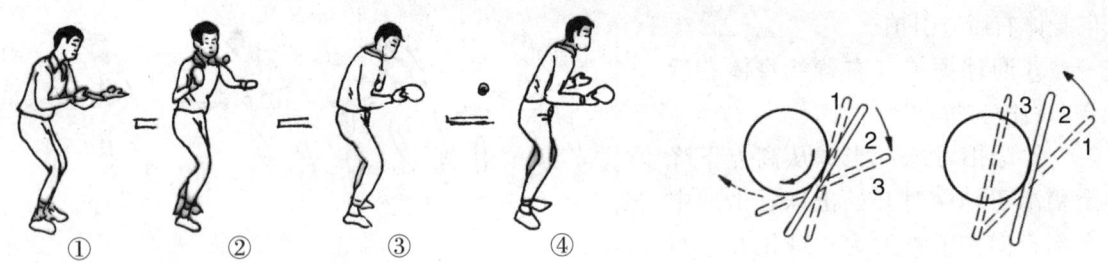

图5-88　正手发下旋球　　　　　　　　图5-89　乒乓球轨迹

旋转与不转变化大，但球速较慢。发转与不转球手法近似，可迷惑对方，使其回接困难，给本方创造得分机会。

①站位：左脚稍前，身体略向右倾斜，左手掌心托球置于身体右前方。

②引拍：左手将球向上抛起，同时右直握拍手腕做伸，横握拍手腕做略外展和伸。

③迎球挥拍：右臂从身体右后上方向左前下方挥动。

④球拍触球：当球从高点下降至稍高于或平于网高时，前臂加速向左前下方发力，同时

手腕做屈同时内收,以球拍远端(拍头)触球,击球中下部向底部摩擦,球拍后仰。

2. 推挡球手法

球速快,稳定性比较好。易于进行落点变化。通过控制球为进攻创造机会。

判断来球、选好站位,左脚稍前。以肩为轴,屈肘向后稍引拍,球拍稍前倾,右肩稍沉,拍头向斜下方。挥拍向前方偏上,加力击球的中部偏上,击球时肘关节快速展开以便于发力。随势挥拍,距离要短,快速还原(图5-90)。

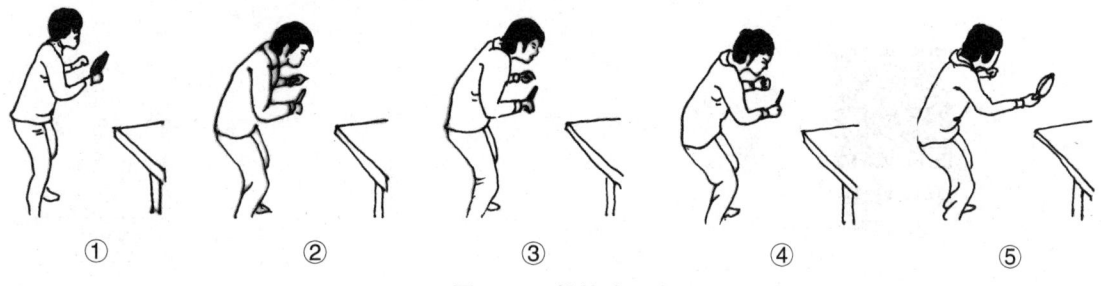

图 5-90 推挡球手法

3. 攻球手法

近台站位,速度快,动作幅度较小,能借来球反弹力还击。

判断来球,选好站位;向后下方引拍,球拍不要低于球台,右肩随转腰下沉;在球的高点期,击球的中上部,身体重心由右向左转移,击球时以前臂发力为主;注意重心平衡,迅速还原(图5-91)。

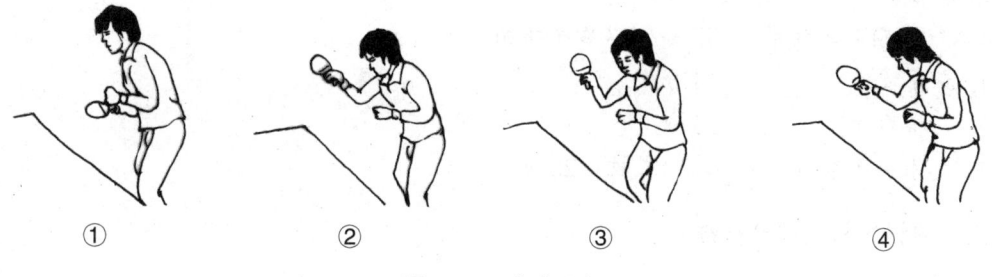

图 5-91 攻球手法

4. 弧圈球手法

球速慢、弧线较高、曲度较大、上旋特别强,球落台后向下滑落快,球的第一弧线较高,第二弧线较低,能够抑制对方进攻。

站位时,两足分开比肩宽,判断来球,确定击球时间和击球部位。球拍向后下方引,并适当前倾,身体向侧转,重心移至右脚,持拍手不要过于紧张。挥拍击球时,重心向左脚移动,带动手臂向上方挥动。在肘屈曲100°~140°摩擦球,击球点在身体腰侧前方,要有爆发力。发力以腰、手为主,手腕发力与调节结合;由于弧圈球用力较大,随势挥拍的距离要长一些。

5. 搓球手法

动作幅度大，出手较快，弧线低，落点变化丰富。它是下旋控制技术中的基本技术。拍面后仰，球拍向前下方搓击球的中下部。

二、乒乓球比赛基本规则

乒乓球比赛
基本规则

测试与自我评价

一、测试内容与分值

（一）专项素质　　15 分

滑步移动　　　　15 分

（二）专项基本技术　55 分（以右手持拍为例）

1. 正手攻球　　　　15 分
2. 左推右攻　　　　20 分
3. 发球→搓球→拉弧圈球（或攻）20 分

二、测试方法与评分标准

（一）专项素质（15 分）

专项素质测试主要以单手滑步移动摸球台为主，分值为 15 分。

1. 测试方法

两球台间距离 3 米，考生以一只手摸球台为起始状态，统一从球台一侧出发，滑步移动至另一侧，用同一只手摸完球台后，往返 30 次。考生从准备好的起始状态开始计时，到最后一次摸完球台时停止计时。每人一次。（注：若用不同的手往返摸球台，则视为无效）

2. 评分标准（表 5-12）

表 5-12　单手滑步移动摸球台评分表

成绩(男)/秒	成绩(女)/秒	分数
28	30	15
30	32	13
32	34	11
33	35	10
34	36	9
35	37	8
36	38	7
37	39	6
38	40	5
39	41	4
40	42	3
41	43	2
42	44	1

(二) 专项基本技术 (55分)

1. 正手攻球 (15分)

(1) 测试方法。

考评人员（或陪测者也可聘用专业运动员，以下同）用推挡或正手攻球将球击到考生正手位，考生用正手攻技术将球击回到对方正手位或反手位，记录100秒内连续击中次数。

正手攻球动作要规范正确，有一定的力量和速度。不足100秒失误计为一次（陪考失误可重测）测试。每位考生可测两次，记录成绩较好的一次。

(2) 评分标准（表5-13）。

表 5-13　乒乓球专项基本技术评分表

正手攻球(15)		左推右攻(20)		发—搓—拉(攻)(20)	
成绩/次	分数	成绩/次	分数	成绩/次	分数
100	15	100	20	10	20
90	14	90	18	9	18
80	13	80	16	8	16
70	12	70	13	7	13
60	11	60	10	6	10
50	10	50	7	5	7
45	9	40	5	4	5
40	8	30	4	3	4
35	7	20	2	2	2
30	6	10	1	1	1
25	5	/	/	/	/
20	4	/	/	/	/
15	3	/	/	/	/
10	2	/	/	/	/

2. 左推右攻（20分）

（1）测试方法。

考评人员在反手位将球推（拨）到考生台面左右两侧，考生用左推（拨）右攻技术将球击到对方反手位，记录100秒内有效击球数。

考生要用左推（拨）右攻技术，中间不得连续推或攻，如出现连续推或攻，所连续推或攻数量无效；不足100秒失误计为一次（陪考者失误可重测）测试。每人可测两次，记录一次较好成绩。

（2）评分标准（表5-13）。

3. 发球→搓球→拉弧圈球（或攻）（20分）

（1）测试方法（图5-92、图5-93）。

第一组5个组合球测试方法如图5-92。考生发下旋球后（箭头A），陪考将球搓到考生反手位（箭头B），考生用反手搓球技术将球搓至陪考反手位（箭头C），再由陪考将球搓至考生正手位（箭头D），考生用拉（攻）的技术将球击回到陪考的反手位（箭头E）。第二组5个组合球测试方法如图5-93。考生发下旋球后（a），陪考将球搓回到考生反手位（b），考生用搓球技术将球搓至陪考的反手位（c），再由陪考将球搓至考生反手位（d），考生侧身拉（攻），将球击中陪考正手位直线处（e）。每人每组可测两次，取其中一组最好成绩为此项成绩（如取第一组击中4个球，第二组击中5次，此项击中次数为9次）。要求：考生使用拉（攻）技术时的力量不低于65%。

考生正手位、侧身位拉（攻）各5次，记录有效球数。发→搓→拉三个技术应做到正确、不失误，落点准确。如陪考失误，此球可重测。

（2）评分标准（表5-13）。

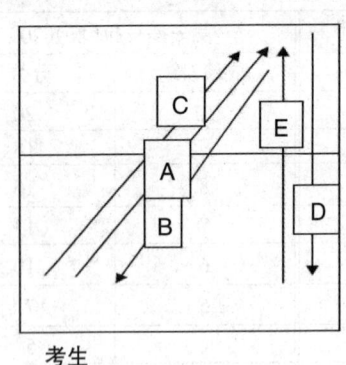

图5-92 第一组5个组合球测试示意图

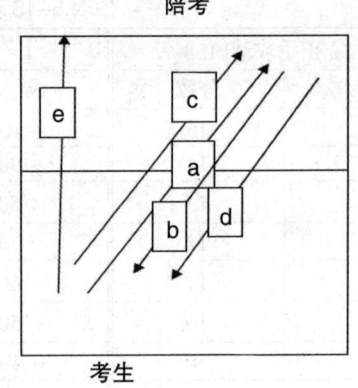

图5-93 第二组5个组合球测试示意图

第六章　武术与传统养生项目

第一节　武术运动概述

武术的起源最早可追溯到原始社会的生产活动。在与猛禽野兽搏斗的过程中，原始初民不仅创造了大量的生产工具（同时又是武器），而且学会了奔跑、跳跃、击打、躲闪及运用石器木棒等技能，产生了自觉运用这些技能的观念。因此，武术最早源于生产劳动，生存竞争促发了武术的最根本特征——技击性。

原始社会后期的氏族公社时代，经常性的部落战争锻炼并提高了人们的战斗技能。原始战争中人与人的格斗，促进了武术的萌生。武器随着战争的需要不断发展，使用武器的经验经过归纳、总结，萌生了武术的技击技术；战斗的演习和操练萌生了武舞——武术的原始训练形式；在原始宗教活动中，有的部落以掷剑等比赛方式确定部落首领，萌生了武术竞赛。

商周至两晋南北朝时期，由于军事斗争频繁激烈，武器由简单到复杂，向多样化发展，也促进了格斗技术的提高和发展，武器的材料由铜转变为铁，拳术、刀、枪、剑等套路也逐步趋向完善。

唐朝开始实行武举制，并用考试办法授予武艺出众者以相应称号。随着步骑战的发展，在战场上，戈、戟逐渐被淘汰，剑作为军事兵器多被刀所代替，但作为套路的演练仍在发展。宋代出现了民间练武组织，见于记载的有"锦标社"（射弩）、"英略社"（使棒）、"角抵社"（相扑）等。

明代出现了不同风格的技术流派，拳术、器械都得到了发展，特别是在理论上总结了过去的练武经验，具有代表性的著作有《纪效新书》《武编》《耕余剩技》等。清代统治者禁止百姓练武，民间则以"社""馆"的秘密结社形式传授武艺，其中一些著名的拳种，如太极拳、八卦

体育之窗

蔡龙云：习武之人　以德为先

蔡龙云以精湛的武艺、宽阔的胸怀、高尚的人格，在中国武术界广受尊崇。1943年、1946年，蔡龙云先后在上海与西洋拳击家比赛，以中国拳法击败俄国拳击家马索洛夫、美国重量级拳击冠军鲁赛尔，被人们誉为"神拳大龙"。蔡龙云两胜"洋拳师"的事迹，在武术界被传为佳话。在积贫积弱的旧中国，蔡龙云的两场胜利大涨了中国人的士气，振奋了国人精神，让彼时受尽嘲讽的中国武术和中华民族得以扬眉吐气。蔡龙云践行了他高尚的武德风范，将永远成为习武之人弘扬爱国主义精神的典范。

扫一扫
查看完整故事

掌、形意拳、八极拳、劈挂拳等，多在清代形成。民国时期，武术曾兴盛一时，被称为"国术"。民间出现了许多拳术社。

中华人民共和国成立后，武术作为社会主义文化和人民体育事业的组成部分获得新生。70多年来，尽管在前进的道路上遇到了许多困难，在"文革"中受到了严重挫折，但武术事业始终沿着新中国体育的发展道路及武术自身的发展规律不断前进，在发扬祖国文化遗产、增强人民体质、振奋民族精神、建设社会主义精神文明中发挥了重要作用。在增进国际间的交往、走向世界的征途中，武术创造了举世瞩目的辉煌业绩。

第二节 五步拳

一、预备姿势（图6-1）

并步抱拳：双手放于腰间，双脚并拢。

二、弓步冲拳（图6-2）

成左弓步，左手向左平搂收回腰间抱拳；冲右拳，目视前方；左大腿与地面平行，右腿绷直。

三、弹腿冲拳（图6-3）

重心前移，右腿向前弹踢；同时冲左拳，收右拳；目视前方。

图6-1 并步抱拳

图6-2 弓步冲拳

图6-3 弹腿冲拳

四、马步架打（图6-4）

右脚落地，向左转体90°，下蹲成马步；同时左拳变掌，屈臂上架，冲右拳；目视右方；两大腿与地面平行，脚尖正对前方。

五、歇步盖冲拳（图6-5）

①左脚向右脚后插一步；同时右拳变掌向左下盖，掌外沿向前，身体左转90°，收左拳；目视右掌。

②上动不停，两腿屈膝下蹲成歇步；同时冲左拳，收右拳；目视左拳。

图6-4 马步架打　　　　　　　　图6-5 歇步盖冲拳

六、提膝仆步穿掌（图6-6）

①两腿起立，身体左转。随即左拳变掌，顺势收至右腋下；右拳变掌，由左手背上穿出，手心向上。同时左腿屈膝提起，目视右手。

②上动不停，左脚落地成仆步；左手掌指朝前，沿左腿内侧穿至左脚面；目视左掌。

七、虚步挑掌（图6-7）

左腿屈膝前弓，右脚上前成右虚步；同时左手向后划弧成勾手，右手顺右腿外侧向上挑掌；目视前方。

图6-6 提膝仆步穿掌　　　　　　图6-7 虚步挑掌

八、收势（图6-8）

左脚向右脚靠拢成并步；同时左勾手和右掌变拳，回收抱于腰间；目视前方。

扫一扫查看视频演示

图6-8 收势

第三节　初级长拳第三路

起势（图6-9）

1. 并步站立

两脚并步站立；两臂垂于身体两侧，五指并拢贴靠腿外侧；眼向前平视。

2. 虚步亮掌

①右脚向右后方撤步成左弓步。右掌向右、向上、向前划弧，掌心向上；左臂屈肘，左掌提至腰侧，掌心向上。目视右掌。

图6-9 起势

②右腿微屈，重心后移。左掌经胸前从右臂上向前穿出伸直；右臂屈肘，右掌收至腰侧，掌心向上。

③重心继续后移，左脚稍向右移，成左虚步。左臂内旋向左、向后划弧成勾手；右手继续向后、向右、向前上划弧，屈肘抖腕，在头前上方成亮掌；目视左方。

3. 并步对拳

①右腿蹬直，左腿提膝，脚尖里扣，上肢姿势不变。

②右脚向前上一步，两臂下垂后摆。

③左脚向右脚并步，两臂向外向上经胸前屈肘下按，两掌变拳，拳心向下，停于小腹前。目视左侧。

第一段

一、弓步冲拳（图6-10）

①左脚向左上一步，脚尖向斜前方；右腿微屈，成半马步。左臂向上向左格打，拳眼向后，拳与肩同高；右拳收至腰侧，拳心向上。目视左拳。

②右腿蹬直成左弓步。左拳收至腰侧，拳心向上；右拳向前冲出，高与肩平，拳眼向上。目视右拳。

图6-10 弓步冲拳

二、弹腿冲拳（图6-11）

重心前移至左腿，右腿屈膝提起，脚面绷直，猛力向前弹出伸直，高与腰平；右拳收至腰侧，左拳向前冲出；目视前方。

三、马步冲拳（图6-12）

右脚向前落步，脚尖里扣。上体左转。左拳收至腰侧，两腿下蹲成马步；右拳向前冲出。目视右拳。

图6-11 弹腿冲拳　　图6-12 马步冲拳

四、弓步冲拳（图6-13）

①上体右转90°；右脚尖外撇向斜前方，成半马步；右臂屈肘向右格打，拳眼向后；目视右拳。

②左腿蹬直成右弓步；右拳收至腰侧；左拳向前冲出；目视左拳。

五、弹腿冲拳（图6-14）

重心前移至右腿，左腿屈膝提起，脚面绷直，猛力向前弹出伸直，高与腰平；左拳收至腰侧，右拳向前冲出；目视前方。

图6-13 弓步冲拳　　　　　　　　　　图6-14 弹腿冲拳

六、大跃步前穿（图6-15）

①左腿屈膝；右拳变掌内旋，以手背向下挂至左膝外侧；上体前倾；目视右手。

②左脚向前落步，两腿微屈；右掌继续向后挂，左拳变掌，向后、向下伸直；目视右掌。

③右腿屈膝向前提起，左腿立即猛力蹬地向前跃出；两掌向前、向上划弧摆起；目视左掌。

④右腿落地全蹲，左腿随即落地向前铲出成仆步；右掌变拳抱于腰侧，左掌由上向右、向下划弧成立掌，停于右胸前；目视左脚。

   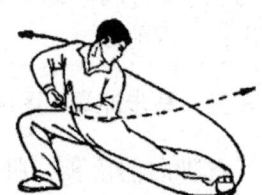

图6-15 大跃步前穿

七、弓步击掌（图6-16）

右腿猛力蹬直成左弓步。左掌经左脚面向后划弧至身后成勾手，左臂伸直，勾尖向上；右拳由腰侧变掌向前推出，掌指向上，掌外侧向前。目视右掌。

八、马步架掌（图6-17）

①上体右转，重心移至两腿中间。左脚脚尖里扣成马步。右臂向左侧平摆，稍屈肘；同时左勾手变掌由后经左腰侧从右臂内向前上穿出，掌心均朝上。目视左手。

②右掌立于左胸前；左臂向左上屈肘抖腕亮掌于头部左上方，掌心向前。目向右转视。

图6-16 弓步击掌

图6-17 马步架掌

第二段

九、虚步栽拳（图6-18）

①右脚蹬地，右腿屈膝提起；左腿伸直，以前脚掌为轴向右后转体180°。右掌由左胸前向下经右腿外侧向后划弧成勾手；左臂随体转动并外旋，使掌心朝右。目视右手。

②右脚向右落地，重心移至右腿上，下蹲成左虚步。左掌变拳下落于左膝上，拳眼向里，拳心向后；右勾手变拳，右臂屈肘向上架于头右上方，拳心向前。目视左方。

图6-18 虚步栽拳

十、提膝穿掌（图6-19）

①右腿稍伸直。右拳变掌收至腰侧，掌心向上；左拳变掌由下向左向上划弧盖压于头上方，掌心向前。

②右腿蹬直，左腿屈膝提起，脚尖内扣。右掌从腰侧经左臂内向右前上方穿出，掌心向上；左掌收至右胸前成立掌。目视右掌。

十一、仆步穿掌（图6-20）

右腿全蹲，左腿向左后方铲出成左仆步；右臂不动，左掌由右胸前向下经左腿内侧，向左脚面穿出；目随左掌转视。

图6-19 提膝穿掌　　　　图6-20 仆步穿掌

十二、虚步挑掌（图6-21）

①右腿蹬直，重心前移至左腿，成左弓步；右掌稍下降，左掌随重心前移向前挑起。

②右脚向左前方上步，左腿半蹲，成右虚步；身体随上步左转180°；左掌由前向上向后划弧成立掌，右掌由后向下向前上挑起成立掌，指尖与眼平；目视右掌。

图6-21 虚步挑掌

十三、马步击掌（图6-22）

①右脚落实，脚尖外撇，重心稍升高并右移；左掌变拳收至腰侧，右掌俯掌向外掳手。

②以右脚为轴向右后转体180°。左脚向前上步，下蹲成马步。左拳变掌从右臂上成立掌向左侧击出；右掌变拳收至腰侧。目视左掌。

图6-22　马步击掌

十四、叉步双摆掌（图6-23）

①重心稍右移，同时两掌向下向右摆，掌指均向上；目视右掌。

②右脚向左腿后插步，前脚掌着地；两臂继续由右向上向左摆，停于身体左侧，均成立掌，右掌停于左肘窝处；目随双掌转视。

图6-23　叉步双摆掌

十五、弓步击掌（图6-24）

①两腿不动。左掌收至腰侧，掌心向上；右掌向上向右划弧，掌心向下。

②左腿后撤一步，成右弓步。右掌向下向后伸直摆动，成勾手，勾尖向上；左掌成立掌向前推出。目视左掌。

图6-24 弓步击掌

十六、转身踢腿马步盘肘（图6-25）

①两脚以前脚掌为轴向左后转体180°；在转体的同时，左臂向上向前划半立圆，右臂向下向后划半圆。

②上动不停，两脚不动；右臂由后向上、向前划半立圆，左臂由前向下、向后划半立圆。

③上动不停，右腿伸直，脚尖勾起，向额前踢。右臂向下成反臂勾手，勾尖向上；左臂向上成亮掌，掌心向前上方。

④右脚向前落地，脚尖里扣；右手不动，左臂屈肘下落至胸前，左掌心向下；目视左掌。

⑤上体左转90°，两腿下蹲成马步。同时，左掌向前、向左平掳变拳收至腰侧；右勾手变拳，右臂伸直，由体后向右、向前平摆，至体前时屈肘，肘尖向前，高与肩平，拳心向下。目视肘尖。

图6-25 转身踢腿马步盘肘

第三段

十七、歇步抡砸拳（图6-26）

①重心稍升高，右脚尖外撇。右臂由胸前向上、向右抡直；左拳向下、向左，使臂抡直。目视右拳。

②上动不停，两脚以前脚掌为轴，向右后转体180°；右臂向下、向后抡摆，左臂向上、向前随身体转动。

③紧接上动，两腿全蹲成歇步。左臂随身体下蹲向下平砸，拳心向上，臂部微屈；右臂伸直向上举起。目视左拳。

图6-26 歇步抡砸拳

十八、仆步亮掌（图6-27）

①上体微向右转；左脚由右腿后抽出向前上一步，左腿蹬直，右腿半蹲，成右弓步；左拳收至腰侧，右拳变掌向下经胸前向右横击掌；目视右掌。

②上体右转；右脚蹬地屈膝提起；左拳变掌从右掌上向前穿出，掌心向上，右掌平收至左肘下。

③右脚向右落步，屈膝全蹲，左腿伸直，成仆步。左掌向下、向后划弧成勾手，勾尖向上；右掌向右、向上划弧、右臂微屈，抖腕成亮掌，掌心向前。头随右手转动至亮掌时，目视左方。

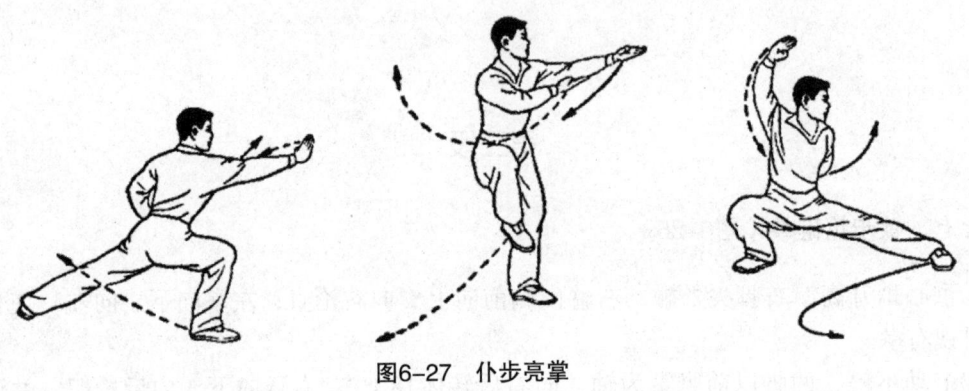

图6-27　仆步亮掌

十九、弓步劈拳（图6-28）

①右腿蹬地立起，左腿收回并向左前方上步；右掌变拳收至腰侧，左勾手变掌由下向前上经胸前向左做捋手。

②右腿经左腿前方向左绕上一步，左腿蹬直成右弓步；左手向左平捋后再向前挥摆，虎口朝前。

③在左手平捋的同时，右拳向后平摆，然后再向前、向上做抡劈拳，拳高与耳平，拳心向上，左掌外旋接扶右前臂；目视右拳。

图6-28　弓步劈拳

二十、换跳步弓步冲拳（图6-29）

①重心后移，右脚稍向后移动。右拳变掌，臂内旋，以掌背向下划弧挂至右膝内侧；左掌背贴靠右肘外侧，掌指向前。目视右掌。

②上体稍向左扭转；右腿自然上抬；右掌挂至体左侧，左掌伸向右腋下；目随右掌转视。

③上体右转；右脚以全脚掌用力向下震踩，与此同时，左脚急速离地抬起；右手由左向上、向前掳盖而后变拳收至腰侧，左掌伸直向下、向左、向上、向前屈肘下按，掌心向下；目视左掌。

④左脚向前落步，右腿蹬直成左弓步。右拳向前冲出，拳高与肩平；左掌藏于右腋下，掌背贴靠腋窝。目视右拳。

图6-29 换跳步弓步冲拳

二十一、马步冲拳（图6-30）

上体右转90°；重心移至两腿中间，成马步；右拳收至腰侧，左掌变拳向左冲出，拳眼向上；目视左拳。

二十二、弓步下冲拳（图6-31）

上体稍向左转。右腿蹬直，左腿弯曲，成左弓步。左拳变掌向下经体前向上架于头左上方，掌心向上；右拳自腰侧向左前斜下方冲出。目视右拳。

图6-30 马步冲拳　　图6-31 弓步下冲拳

二十三、叉步亮掌侧踹腿（图6-32）

①上体稍右转；左掌由头上下落于右手腕上，右拳变掌，两手交叉成十字；目视双手。

②右脚蹬地并向左腿后插步，以前脚掌着地。左掌由体前向下、向后划弧成勾手，勾尖向上；右掌由前向右、向上划弧抖腕亮掌，掌心向前。目视左侧。

③重心移至右腿，左腿屈膝提起，向左上方猛力蹬出；上肢姿势不变；目视左侧。

图6-32 叉步亮掌侧踹腿

二十四、虚步挑拳（图6-33）

①左脚在左侧落地；右掌变拳稍后移，左勾手变拳由体后向左上挑，拳背向上。

②上体左转180°，微含胸前俯；右膝提起；左拳继续向前、向上划弧上挑，右拳向下、向前划弧挂至右膝外侧；目视右拳。

③右脚向右前方上步，脚尖点地，重心落于左脚，左腿下蹲成右虚步。左拳向后划弧收至腰侧，拳心向上；右拳向前屈臂挑出，拳眼斜向上，拳与肩同高。目视右拳。

图6-33 虚步挑拳

第四段

二十五、弓步顶肘(图6-34)

①重心升高,右脚踏实;右臂内旋向下直臂划弧以拳背下挂至右膝内侧,左拳不变;目视前下方。

②左腿蹬直,右腿屈膝上抬;左拳变掌,右拳不变,两臂向前、向上划弧摆起;目随右拳转视。

③左脚蹬地起跳,身体腾空;两臂继续划弧至头上方。

④右脚先落地,右腿屈膝,左脚向前落步,以前脚掌着地;同时,两臂向右、向下屈肘停于右胸前,右拳变掌,左掌变拳,右掌心贴靠左拳面。

⑤左脚向左上一步,左腿屈膝,右腿蹬直成左弓步;右掌推左拳,以左肘尖向左顶出,高与肩平;目视前方。

图6-34 弓步顶肘

二十六、转身左拍脚(图6-35)

①以两脚前脚掌为轴向右后转体180°;随着转体,右臂向上、向右、向下划弧抡摆,同时,左拳变掌向下、向后、向前上抡摆。

②左腿伸直向前上踢起,脚面绷平;左掌变拳收至腰侧,右掌由体后向上、向前拍击左脚面。

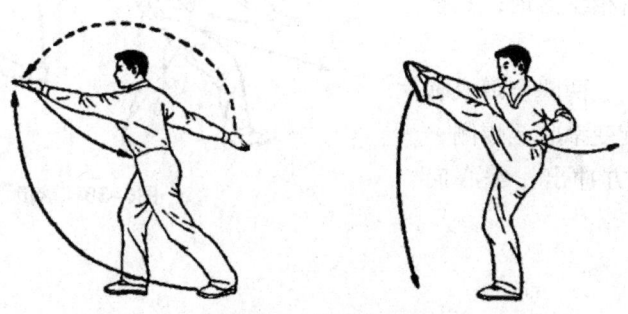

图6-35 转身左拍脚

二十七、右拍脚（图6-36）

①左脚向前落地；左拳变掌向下、向后摆，右掌变拳收至腰侧。

②右腿伸直向前上踢起，脚面绷平；左拳变掌由后向上、向前拍击右脚面。

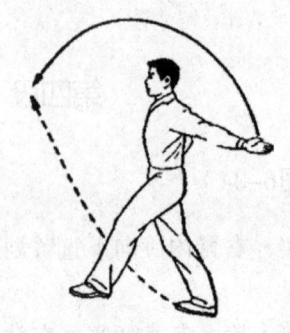

图6-36 右拍脚

二十八、腾空飞脚（图6-37）

①右脚落地。

②左脚向前摆起，右脚猛力蹬地跳起，左腿屈膝继续前上摆；同时，右拳变掌向前、向上摆起，左掌先上摆而后下降拍击右掌背。

③右腿继续上摆，脚面绷平；右手拍击右脚面，左掌由体前向后上举。

图6-37 腾空飞脚

二十九、歇步下冲拳（图6-38）

①左、右脚先后相继落地；左掌变拳收至腰侧。

②身体右转90°。两腿全蹲成歇步。右掌抓握、外旋变拳收至腰侧；左拳由腰侧向前下方冲出，拳心向下。目视左拳。

图6-38 歇步下冲拳

三十、仆步抡劈拳（图6-39）

①重心升高；右臂由腰侧向体后伸直，左臂随身体重心升高向上摆起。

②以右脚前脚掌为轴，左腿屈膝提起；上体左转270°；左拳由前向后下划立圆一周，右拳由后向下、向前上划立圆一周。

③左腿向后落一步，屈膝全蹲；右腿伸直，脚尖里扣成右仆步。右拳由上向下抡劈，拳眼向上；左拳后上举，拳眼向上。目视右拳。

图6-39 仆步抡劈拳

三十一、提膝挑掌（图6-40）

①重心前移成右弓步。同时右拳变掌由下向上抡摆，左拳变掌稍下落，右掌心向左，左掌心向右。

②右腿屈膝提起，左腿挺膝伸直独立；左、右臂在垂直面上由前向后各划立圆一周，右臂伸直停于头上，掌心向左，掌指向上，左臂伸直停于身后成反勾手；目视前方。

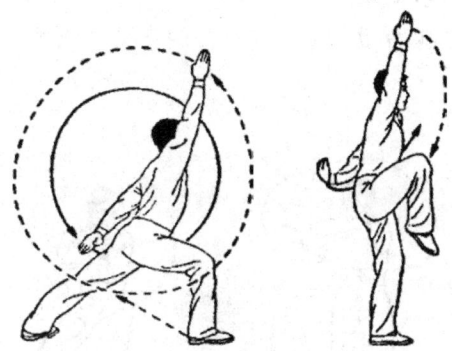

图6-40 提膝挑掌

三十二、提膝劈掌弓步冲拳（图6-41）

①下肢不动。右掌由上向下猛劈伸直，停于右小腿内侧，用力点在小指一侧；左勾手变掌，屈左臂向前停于右上臂内侧，掌心向左。目视右掌。

②身体右转90°；右脚向右后落地；同时，左掌变拳收至腰侧，右臂内旋向右划弧做劈掌。

③上动不停，左腿蹬直成右弓步；右手抓握变拳收至腰侧，左拳由腰侧向左前方冲出；目视左拳。

图6-41 提膝劈掌弓步冲拳

收势（图6-42）

1. 虚步亮掌

①右脚扣于左膝后；两拳变掌，两臂右上左下屈肘交叉于体左前；目视右掌。

②上体稍右转。右脚向右后落步，重心后移，右腿半蹲。同时，右掌向上、向右、向下划弧停于左腋下；左掌向左、向上划弧停于右臂上与左胸前，两掌心左下右上。目视左掌。

③左脚尖稍向右移，右腿下蹲成左虚步。左臂伸直向左、向后划弧成反勾手；右臂伸直向下、向右、向上划弧抖腕亮掌，掌心向前。目视左方。

2. 并步对拳

①左腿后撤一步；同时，两掌从两腰侧向前穿出伸直，掌心向上。

图6-42 收势

②右腿后撤一步；同时，两臂分别向体后下摆。

③左脚后退半步向右脚并拢；两臂由后向上经体前屈臂下按，两掌变拳，停于腹前，拳心向下，拳面相对；目视左方。

3. 还原

两臂自然下垂，目视正前方。

扫一扫查看演示

第四节　初级剑术

预备势（图6-43）

1. 初级剑术起势一

①身体正直，并步站立。

②上身半面向右转，右脚向右上一步，右腿屈膝成右弓步；同时，右手剑指从身体右侧经胸前屈肘上举，至左肩后向右前方平身指出；目视剑指。

③上身右转；左手持剑由左侧直臂上举，经头部前上方向右侧划弧，至身前时做反臂平举；同时，右臂屈肘，右手剑指收于右腰侧。

④左脚向右脚并步；左手持剑随之下落，同时右手剑指向右侧平伸指出；目视剑指。

2. 初级剑术起势二

①左脚向左上一步成左弓步；上身随之向左转；同时，左手持剑屈肘经胸前向上、向左弧形环绕，平举于身体左侧。

②右脚向左脚并步，直立；左手持剑随之从身前下落，同时右手剑指屈肘沿右耳侧向前平伸指出；目视剑指。

3. 初级剑术起势三

①左手持剑由右手剑指上面向前平伸穿出，右手剑指顺左臂下面屈肘收于左肩前；身体右转；右脚向右侧跨步成右弓步；目向左平视。

②上身右转；右手剑指向右侧平伸指出；目视剑指。

4. 初级剑术起势四

上身左转，重心落于右腿；右腿屈膝，左脚随之移回半步，以前脚掌着地成左虚步；同时，左手持剑向胸前屈肘，右手剑指也向胸前屈肘，准备接握左手的剑；目视剑尖。

图6-43 预备势

第一段

一、弓步直刺（图6-44）

右手接握左手之剑，左手握成剑指；左脚向前上半步成左弓步；同时上身左转，右手持剑向身前平伸直刺，左手剑指随之伸向身后平举；目视剑尖。

二、回身后劈（图6-45）

右脚上前一步，上身右转；同时，右手持剑经过上方向后劈，左手剑指随之由下向前上弧形绕环，在头顶上方屈肘侧举；目视剑尖。

图6-44 弓步直刺

图6-45 回身后劈

三、弓步平抹（图6-46）

左脚上前一步成左弓步；同时，左手剑指向左下再向上弧形绕环，在头顶上方屈肘侧举，右手持剑向前平抹；目视前方。

图6-46 弓步平抹

四、弓步左撩（图6-47）

①身体左转；右腿屈膝提起；同时，右手持剑臂外旋使剑由前向上、向后划弧，至左后方时，屈肘使手腕、前臂贴靠腹部，左手剑指下落附于右手腕部；目视剑身。

②右脚向右前方落步成右弓步；同时，右手持剑反手撩起，左手剑指随右手运动；目视剑尖。

图6-47 弓步左撩

五、提膝平斩（图6-48）

左脚向前一步，右手腕向左上翻转，屈肘，使剑向左平绕至头部前上方，右腿随之屈膝提起；右手继续翻转手腕，使剑向右平绕至右方后，再用力向前平斩；左手剑指向左、向上弧形绕环，屈肘横举于头部左上方；目视前方。

六、回身下刺（图6-49）

右脚向前落步，上身右转；同时，右手持剑手腕反屈，向后下方直刺，左手剑指向左上方伸直；目视剑尖。

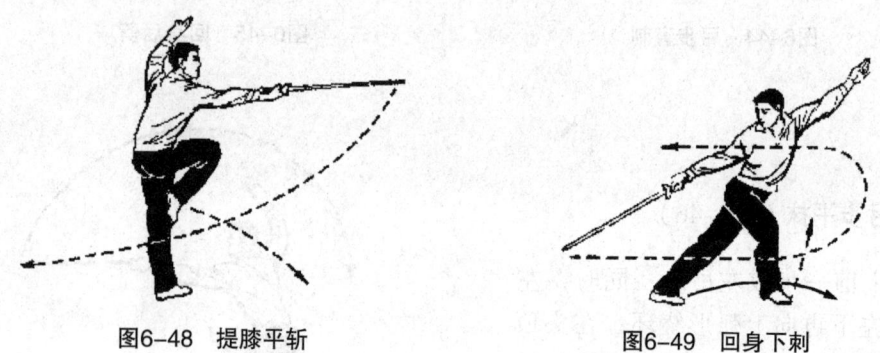

图6-48 提膝平斩　　　　　图6-49 回身下刺

七、挂剑直刺（图6-50）

①左脚上前一步；右臂内旋成反手，然后翘腕、摆臂，使剑尖向左、向上抄挂，再屈肘使剑平落于胸前，左手剑指附于右手腕处；同时，右腿屈膝提起。

②上身右转；右手持剑使剑向下插；目视剑尖。

③右脚向身后跨一大步，身体右转成右弓步；同时，右手持剑向前直刺，左手剑指向后平伸；目视剑尖。

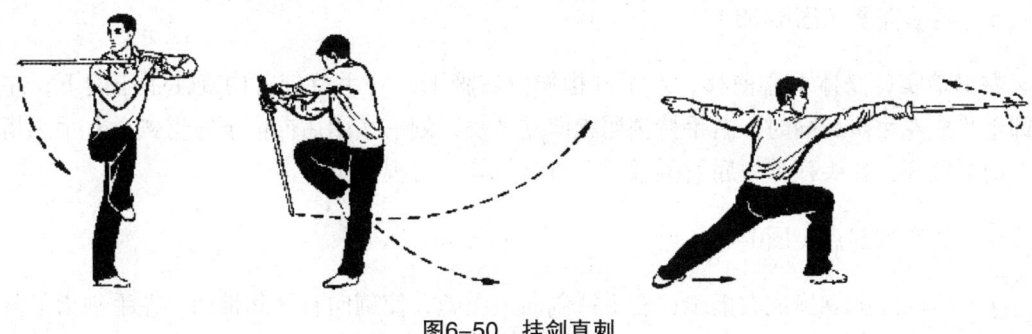

图6-50 挂剑直刺

八、虚步架剑（图6-51）

①右手持剑先将剑尖由左向右搅一小圈，臂内旋使持剑手的拇指一侧朝下；然后身体后转，左脚向前收拢半步，成交叉步；同时，右手持剑反手向右上方屈肘上架；左手剑指附于右手腕处；目向左平视。

②左脚向前一步成左虚步；同时，左手剑指向前平伸指出；目视剑指。

图6-51 虚步架剑

第二段

九、虚步平劈（图6-52）

身体右转成右虚步；同时，右手持剑向右下平劈，左手剑指即向上屈肘；目视剑尖。

图6-52 虚步平劈

十、弓步下劈（图6-53）

右脚踏实，身体重心前移，左手剑指伸向右腋下，右手持剑臂内旋使手心朝下；左脚随即上步成左弓步；同时，右手持剑屈腕向左平绕，划一小圈后向前下方劈剑；左手剑指向左、向上绕环，在头顶上方屈肘侧举，上身略前俯；目视剑尖。

十一、带剑前点（图6-54）

①右脚向左脚靠拢成右虚步；右手持剑向上屈腕，使剑向右耳际带回，左手剑指下落，附于右手腕处；目向右前方平视。

②右脚向右前方跃一步，落地后即屈膝半蹲，左脚随之跟进，向右脚并步屈膝，成丁步；同时，右手持剑向前点击，左臂屈肘，左手剑指向头顶上方侧举；目视剑尖。

图6-53　弓步下劈　　　　　　　　图6-54　带剑前点

十二、提膝下截（图6-55）

①左腿退步后屈膝，上身后仰；同时，右臂外旋，使剑向右、向后上方弧形绕环。

②右臂内旋使剑向左、向前下方划弧下截；同时，上身向前探倾，左腿屈膝提起；目视剑尖。

图6-55　提膝下截

十三、提膝直刺（图6-56）

①左脚向前落步成交叉步；同时，右臂外旋并向上屈肘，将剑柄收抱于胸前，左手剑指随之下落附按于剑柄上；目视剑尖。

②右腿屈膝提起；同时，右手持剑向前平直刺出，左手剑指向右后平伸指出；目视剑尖。

图6-56 提膝直刺

十四、回身平崩（图6-57）

①右脚向前落步，身体向右后转，成交叉步；同时，右手持剑臂外旋屈肘向胸前收回，左手剑指随之直臂上举，经左耳侧屈肘前落，附于右手心上面；目视剑尖。

②上身稍向右转，左腿挺膝伸直，右腿略屈膝；同时，右手持剑用力向后平崩，左手剑指屈肘向额部左上方侧举；目视剑尖。

图6-57 回身平崩

十五、歇步下劈（图6-58）

右脚蹬地起跳，左脚向左跃步横跨一步，落地后右腿即向左腿后侧插步，继而两腿屈膝全蹲成歇步；同时，右手持剑向上举起，随即向左下劈，左手剑指下按于右手腕上面；目视剑身。

图6-58 歇步下劈

十六、提膝下点（图6-59）

①右手持剑先使手心朝下成平剑，然后身体向右后转动，两腿边转边站起来，右手持剑平绕一周；当剑绕至上身右侧时，上身稍向左后仰，同时剑身继续向外、向上弧形绕环，左手剑指向上屈肘侧举；目视前下方。

②左腿屈膝提起，上身向右侧下探俯；同时，右手持剑向前下点击；目视剑尖。

图6-59 提膝下点

第三段

十七、并步直刺（图6-60）

①身体向左后转；同时，右臂内旋并屈腕使剑尖指向身前，左手剑指随之经右肩前、腹前绕环向正前方指出；目视剑指。

②左脚向前落步，右脚跟进并步，两腿均屈膝半蹲；同时，右手持剑向前平伸直刺，左手剑指顺势附于手腕处；目视剑尖。

十八、弓步上挑（图6-61）

右脚上步成右弓步；同时，右手持剑直臂向上挑起，上身稍微前倾；目视剑指。

图6-60 并步直刺　　　　　　图6-61 弓步上挑

十九、歇步下劈（图6-62）

左脚向前上步，两腿交叉屈膝全蹲成歇步；同时，右手持剑向前下劈，左手剑指屈肘附于右手腕里侧；上身稍前俯；目视剑身。

二十、右截腕（图6-63）

两腿稍伸直立起，身体右转成左虚步；同时，右臂内旋，用剑的前端下刃向前上方划弧翻转，再向右后方托起，目视剑的前端。

二十一、左截腕（图6-64）

左脚向前上半步，右脚随之向前上一步成右虚步；同时，右臂外旋，使剑身的前端向左上方划弧翻转，左手剑指屈肘向上侧举；目视剑的前端。

图6-62　歇步下劈

图6-63　右截腕

图6-64　左截腕

二十二、跃步上挑（图6-65）

①左脚向前上一步，右腿提膝后弯；同时，右臂外旋使剑向上、向左屈肘划弧，左手剑指下落附于右手腕上；目视剑尖。

②右脚向右侧跃步，左脚随之离地屈膝从身后伸向右侧方，形成望月势平衡；上身向左侧倾斜；同时，右手持剑向下、向右划弧，随即臂外旋并屈腕，使剑向上挑击，左手剑指向左上方屈肘横举；目视右侧方。

图6-65　跃步上挑

二十三、仆步下压（图6-66）

①右手持剑向身后、向右弧形平绕，然后屈肘将剑柄收抱于胸部前下方；同时，右膝伸直，上身立起，左腿屈膝提于身前。

②左手剑指下落，按在右手腕上；左脚随之向左侧落步，屈膝全蹲成右仆步；同时，右手持剑向下带压；目向右平视。

图6-66　仆步下压

二十四、提膝直刺（图6-67）

两腿直立站起，左腿屈膝提于身前；同时，右手持剑向右前方平伸直刺，左手剑指屈肘在左侧上举；目视剑尖。

图6-67　提膝直刺

第四段

二十五、弓步平劈（图6-68）

右臂外旋；继而身体左转，同时左脚向右后侧落一大步成左弓步；左手剑指向右、向下、向左、向上圆形绕环，仍屈肘举于头部左侧上方；目视剑尖。

二十六、回身后撩（图6-69）

右脚向前上一步，左腿提膝，上身前俯，腰向右拧转；同时，右手持剑向后反撩，左手剑指前伸成侧上举；目视剑尖。

图6-68 弓步平劈

图6-69 回身后撩

二十七、歇步上崩（图6-70）

①左脚向前跃步，身体向右后转，随之左脚落地，右腿摆向身后；同时，右臂外旋，左手剑指在身后平伸；目视剑尖。

②右脚在身后落步，两腿均屈膝全蹲成歇步；同时，右手持剑直臂下压，剑尖上崩，左手剑指在头部左上方侧举；目视剑身。

图6-70 歇步上崩

二十八、弓步斜削（图6-71）

①身体右转，右脚向前上步成右弓步；同时，右手持剑臂外旋，再屈肘向左胁前收回，左手剑指下落按在剑柄上；上身向右前倾；目视前方。

②右手持剑向前上方斜面弧形上削，左手剑指伸向后方；目视剑尖。

图6-71 弓步斜削

二十九、进步左撩（图6-72）

①右腿伸直，上身左转，左腿稍屈膝；同时，右手持剑向左划弧，左手剑指附于右手腕里侧；目视剑尖。

②身体向右后转，左脚向前上步，前脚掌虚着地面；同时，右手持剑反手向下、向前、向上继续划弧撩起；目视剑尖。

图6-72 进步左撩

三十、进步右撩（图6-73）

右手持剑直臂向上、向右后方划弧；左手剑指随势收于右肩前。然后，右脚向前上一步；同时，右手持剑向下、向前划弧抡臂撩起，左手剑指随之向下、向前、向后上方绕环，屈肘侧举于头部左上方；目视剑尖。

三十一、坐盘反撩（图6-74）

右脚向前一小步，随即左脚从右腿后向右侧插一步，两腿屈膝下坐，成坐盘势；同时，右手持剑向上、向左、向下再向右上方反手绕环斜上撩，左手剑指随之向下、向右上方划弧；目视剑尖。

图6-73 进步右撩　　　　　　图6-74 坐盘反撩

三十二、转身云剑（图6-75）

①两腿伸直站立，身体向左后转；之后，右腿屈膝略蹲，左膝微屈，前脚掌虚着地面；同时，右手持剑随身体转动一周后屈肘使剑平举，左手剑指附于右手腕处；目视剑尖。

②上身后仰；右手持剑向左、向后、向右、向前圆形云绕一周，左手剑指放开，准备接握右手之剑，上身前倾；目视左手。

图6-75　转身云剑

收势（图6-76）

①右手将剑柄交于左手后即握成剑指，左手接剑后反握住剑柄向身体左侧下垂；同时，右脚向右前方上步，上身左转，左脚向前移步成虚步；右手剑指随之向上屈肘侧举于头部上方；目向左平视。

②右脚向左脚靠拢，并步站立；同时，右手剑指下落于身体右侧，恢复成预备势。

扫一扫查看演示

图6-76　收势

第五节 二十四式太极拳

一、起势（图6-77）

①身体自然直立，全身放松；两脚并步；目视前方。

②身体重心移至右脚；左脚轻轻抬起，向左平行开步，与肩同宽，脚尖向前，重心移至两脚之间。

③两臂向前慢慢抬起，掌心向下，与肩同宽，抬至与肩同高。

④两腿屈膝半蹲；同时，两手轻轻下按至腹前；目视前方。

图6-77 起势

二、左右野马分鬃（图6-78）

（1）左野马分鬃

①抱球收脚：上体稍右转；右臂屈抱于右胸前，左臂屈抱于腹前，成右抱球；左脚收至右脚内侧成丁步。

②弓步分手：上体左转；左脚向左前方迈出一步，成左弓步；同时，两掌前后分开，左手心斜向上，右手按至右胯旁，两臂微屈。

（2）右野马分鬃

①抱球收脚：重心稍向后移，上体稍左转；左脚尖翘起外撇，重心移至左腿，右脚收至左脚内侧成丁步；左手翻转在左胸前屈抱，右手翻转前摆，在腹前屈抱，成左抱球。

②弓步分手：同（1）中的弓步分手，但左右相反。

（3）左野马分鬃

同（1）左野马分鬃。

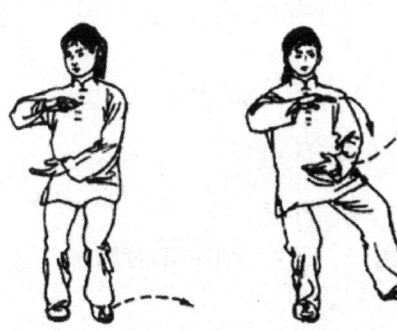

图6-78　左右野马分鬃

三、白鹤亮翅（图6-79）

①跟步抱球：上体稍左转；右脚向前跟步，落于左脚后；同时，两手在胸前屈臂抱球。

②虚步分手：上体后坐并向右转体，上体转正；左脚稍向前移动，成左虚步；同时，右手分至右额前，掌心向内，左手按至左腿旁；眼平视前方。

图6-79　白鹤亮翅

四、左右搂膝拗步（图6-80）

（1）**左搂膝拗步**

①收脚托掌：上体右转。左脚收至右脚内侧成丁步。右手至头前下落，经右胯侧向后方上举，与头同高，手心向上；左手上摆，向右划弧落至右肩前。眼视右手。

②弓步搂推：上体左转。左脚向左前方迈出一步成左弓步。左手经膝前上方搂过，停于左腿外侧，掌心向下，指尖向前；右手经肩上向前推出，右臂自然伸直。

（2）**右搂膝拗步**

①收脚托掌：重心稍后移，上体左转。左脚尖翘起外撇，右脚收至左脚内侧成丁步。右手经头前划弧摆至左前肩，掌心向下；左手向左上方划弧上举，与头同高，掌心向上。眼视左手。

②弓步搂推：同（1）中的弓步搂推，但左右相反。

（3）左搂膝拗步

同（1）左搂膝拗步。

五、手挥琵琶（图6-81）

①跟步展臂：右脚向前收拢半步落于左脚后；右臂稍向前伸展。

②虚步合手：上体稍向左回转；左脚稍前移，脚跟着地，成左虚步；两臂屈肘合抱，右手与左肘相对，掌心向左。

图6-80 左右搂膝拗步

图6-81 手挥琵琶

六、左右倒卷肱（图6-82）

（1）右倒卷肱

①退步卷肱：上体稍右转；左脚提起向后退一步，脚前掌轻轻落地；两手翻转向上，右手随转体向后上方划弧上举至肩上耳侧，左手停于体前；眼视左手。

②虚步推掌：上体继续左转；重心后移，成右虚步，右手推至体前，左手向后、向下划弧，收至左腰侧，手心向上；眼视右手。

（2）左倒卷肱

①退步卷肱：同（1）中的退步卷肱，但左右相反。

②虚步推掌：同（1）中的虚步推掌，但左右相反。

（3）右倒卷肱

同（1）右倒卷肱。

（4）左倒卷肱

同（2）左倒卷肱。

图6-82　左右倒卷肱

七、左揽雀尾（图6-83）

①抱球收脚：上体右转；右手向侧后上方划弧，左手在体前下落，两手成右抱球状；左脚收成丁步。

②弓步掤臂：上体左转；左脚向左前方迈成左弓步；两手前后分开，左臂半屈向体前掤架，右手向下划弧置于右胯旁，五指向前；眼视左手。

③转体摆臂：上体稍向左转；左手向左前方伸出，同时右臂外旋，向上、向前伸至左臂内侧，掌心向上。

④转体后捋：上体右转，身体后坐；两手同时向下经腹前向右后方划弧后捋，右手举于身体侧后方，掌心向外，左臂平屈于胸前，掌心向内；眼视右手。

⑤弓步前挤：重心前移成左弓步；右手推送左前臂向体前挤出，两臂撑圆。

⑥后坐引手：上体后坐；左脚脚尖翘起；左手翻转向下，右手经左腕上方向前伸出，掌心转向下，两手左右分开与肩同宽，两臂屈收后引，收至腹前，手心斜向下。

⑦弓步前按：重心前移成左弓步；两手沿弧线推至体前。

图6-83 左揽雀尾

八、右揽雀尾（图6-84）

①转体分手：重心后移，上体右转；左脚尖内扣；右手划弧右摆，两手平举于身体两侧；头随右手移转。

②抱球收脚：左腿屈膝，重心左移，右脚收成丁步；两手成左抱球状。

③弓步掤臂：同第七式中的弓步掤臂，但左右相反。

④转体摆臂：同第七式中的转体摆臂，但左右相反。

⑤转体后捋：同第七式中的转体后捋，但左右相反。

⑥弓步前挤：同第七式中的弓步前挤，但左右相反。

⑦后坐引手：同第七式中的后坐引手，但左右相反。

⑧弓步前按：同第七式中的弓步前按，但左右相反。

九、单鞭（图6-85）

①转体运臂：上体左转；左腿屈膝，右脚尖内扣；左手向左划弧，掌心向外，右手向左划弧至左肘前，掌心转向上；视线随左手运转。

②勾手收脚：上体右转。右腿屈膝，左脚收成丁步。右手向上、向右划弧，至身体右前方成勾手，高与肩平；左手向下、向右划弧至右肩前，手心转向内。眼视勾手。

③弓步推掌：上体左转；左脚向左前方迈出成左弓步；左手经面前翻掌向前推出。

图6-84 右揽雀尾

图6-85 单鞭

十、云手（图6-86）

①转体松勾：上体右转；左脚尖内扣；左手向下、向右划弧至右肩前，掌心向内，右勾手松开变掌。

②左云收步：上体左转，重心左移；右脚向左脚收拢，两腿屈膝半蹲，两脚平行向前成小开立步；左手经头前向左划弧运转，掌心渐渐向外翻转，右手向下、向左划弧运转，掌心渐渐转向内；视线随左手运转。

③右云开步：上体右转，重心右移；左脚向左横开一步，脚尖向前；右手经头前向右划弧运转，掌心逐渐由内转向外，左手向下、向右划弧，停于右肩前，掌心渐渐翻转向内；视

线随右手运转。
　　④左云收步：同②左云收步。
　　⑤右云开步：同③右云开步。
　　⑥左云收步：同②左云收步。

图6-86　云手

十一、单鞭（图6-87）

　　①转体勾手：上体右转，重心右移。左脚跟提起；右手向上、向右划弧，至右前方掌心翻转变勾手；左手向下、向右划弧至右肩前，掌心转向内。眼视勾手。
　　②弓步推掌：同第九式中的弓步推掌。

十二、高探马（图6-88）

　　①跟步翻手：后脚向前收拢半步；右手勾手松开，两手翻转向上，肘关节微屈。
　　②虚步推掌：上体稍右转，重心后移，上体左转；左脚稍向前移成左虚步；右手经头侧向前推出，左臂屈收至腹前，掌心向上。

图6-87　单鞭　　　　　　　　　　图6-88　高探马

十三、右蹬脚（图6-89）

　　①穿手上步：上体稍左转；左脚提收向左前方迈出，脚跟着地；右手稍向后收，左手经右手背上方向前穿出，两手交叉，左掌心斜向上，右掌心斜向下。
　　②分手弓步：上体稍右转；重心前移成左弓步；两手向两侧划弧分开，掌心皆向外；眼

视右手。

③抱手收脚：右脚成丁步；两手向腹前划弧相交合抱，举至胸前，右手在外，两掌心皆转向内。

④分手蹬脚：左腿支撑，右腿屈膝上提，脚跟用力慢慢向前上方蹬出，脚尖上勾，膝关节伸直，右腿与右臂上下相对，方向为右前方约30°；两手手心向外撑开，两臂展于身体两侧，肘关节微屈，腕与肩平；眼视右手。

图6-89 右蹬脚

十四、双峰贯耳（图6-90）

①屈膝并手：右小腿屈膝回收；左手向体前划弧，与右手并行落于右膝上方，掌心皆翻转向上。

②弓步贯掌：右脚下落向右前方上步成右弓步；两手握拳经两腰侧向上、向前划弧摆至头前，两臂半屈成钳形，两拳相对，同头宽，拳眼斜向下。

图6-90 双峰贯耳

十五、转身左蹬脚（图6-91）

①转体分手：重心后移，上体左转；左腿屈坐，右脚尖内扣；两拳松开，左手向左划弧，两手平举于身体两侧，掌心向外；眼视左手。

②抱手收脚：重心右移，右腿屈膝后坐，左脚收至右脚内侧成丁步；两手向下划弧交叉合抱，举至胸前，左手在外，两手心皆向内。

③分手蹬脚：同第十三式中的分手蹬脚，但左右相反。

图6-91　转身左蹬脚

十六、左下势独立（图6-92）

①收脚勾手：上体右转；左腿屈收于右小腿内侧；右臂稍内合，右手变勾手，左手划弧摆至右肩前，掌心向右；眼视勾手。

②仆步穿掌：上体左转；右腿屈膝，左腿向左前方伸出成左仆步；左手经右肋沿左腿内侧向左穿出，掌心向前，指尖向左；眼视左手。

③弓步起身：重心移向左腿成左弓步；左手前穿并向上挑起，右勾手内旋，置于身后。

④独立挑掌：上体左转；重心前移，右腿屈膝提起成左独立步；左手下落按于左胯旁，右勾手下落变掌，向体前挑起，掌心向左，高与眼平，右臂半屈成弧。

图6-92　左下势独立

十七、右下势独立（图6-93）

①落脚勾手：上体左转；左脚以脚掌为轴随之扭转，右脚落于左脚右前方，脚前掌着地；左手变勾手向上提举于身体左侧，高与肩平，右手划弧摆至左肩前，掌心向左；

眼视勾手。

②仆步穿掌：同第十六式中的仆步穿掌，但左右相反。

③弓步起身：同第十六式中的弓步起身，但左右相反。

④独立挑掌，同第十六式中的独立挑掌，但左右相反。

图6-93　右下势独立

十八、左右穿梭（图6-94）

（1）右穿梭

①落脚抱球：上体左转；左脚向左前方落步，脚尖外撇；两手成左抱球状。

②弓步架推：上体右转。右脚向右前方上步成右弓步。右手向前上方划弧，翻转上举，架于右额前上方；左手向后下方划弧，经肋前推至体前，高与鼻平。眼视左手。

（2）左穿梭

①抱球收脚：上体右转；重心稍后移，右脚尖外撇，左脚收成丁步；两手在右肋前上下相抱。

②弓步架推：同（1）中的弓步架推，但左右相反。

图6-94　左右穿梭

十九、海底针（图6-95）

①跟步提手：上体右转。右脚向前收拢半步，随之重心后移，右腿屈坐。右手下落屈臂提抽至耳侧，掌心向左，指尖向前。左手向右划弧下落至腹前，掌心向下，指尖斜向右。

②虚步插掌：上体左转向前俯身；左脚稍前移成左虚步；右手向前下方斜插，左手经膝前划弧搂过，按至左大腿侧；眼视右手。

图6-95　海底针

二十、闪通臂（图6-96）

①提手收脚：上体右转；左脚收至右脚内侧；右手提至胸前，左手屈臂收举，指尖贴近右腕内侧。

②弓步推掌：左脚向前上步成左弓步；左手推至体前，右手撑于头侧上方，掌心斜向上，两手分展；眼视左手。

图6-96　闪通臂

二十一、转身搬拦捶（图6-97）

①转体扣脚：身体右转，重心后移，右腿屈坐，左脚尖内扣；右手摆至体右侧，左手摆至头左侧，掌心均向外；眼视右手。

②坐腿握拳：重心左移，左腿屈坐，右腿自然伸直；右手握拳向下、向左划弧停于左肋前，拳心向下，左手举于左额前；眼向前平视。

③踩脚搬拳：右脚提收至左脚内侧，再向前迈出，脚跟着地，脚尖外撇。右拳经胸前向前搬压，拳心向上，高与胸平，肘部微屈；左手经右前臂外侧下落，按于左胯旁。眼视右拳。

④转体收拳：上体右转，重心前移。右拳向右划弧至体侧，拳心向下；左臂外旋，向体前划弧，掌心斜向上。

⑤上步拦掌：左脚向前上步，脚跟着地；左掌拦至体前，掌心向右，右拳翻转收至腰间，拳心向上；眼视左掌。

⑥弓步打拳：上体左转，重心前移成左弓步。右拳向前打出，肘微屈，拳眼向上；左手微收，掌指附于右前臂内侧，掌心向右。

图6-97　转身搬拦捶

二十二、如封似闭（图6-98）

①穿手翻掌：左手翻转向上，从右前臂下向前穿出；同时右拳变掌，也翻转向上，两手交叉举于体前。

②后坐收掌：重心后移，两臂屈收后引，两手分开收至胸前，与胸同宽，掌心斜相对；眼视前方。

③弓步按掌：重心前移成左弓步；两掌经胸前弧线向前推出，高与肩平，宽与肩同。

图6-98 如封似闭

二十三、十字手（图6-99）

①转体扣脚：上体右转，重心右移，右腿屈坐，左脚尖内扣；右手向右摆至头前，两手心皆向外；眼视右手。

②弓腿分手：上体继续右转，右脚尖外撇侧弓，右手继续划弧至身体右侧，两臂侧平举，手心皆向外；眼视右手。

③交叉搭手：上体左转，重心左移，左腿屈膝侧弓，右脚尖内扣，两手划弧下落，交叉上举成斜十字形，右手在外，手心皆向内。

④收脚合抱：上体转正，右脚提起收拢半步，两腿慢慢直立，两手交叉合抱于胸前。

图6-99 十字手

二十四、收势（图6-100）

①翻掌分手：两臂内旋，两手翻转向下分开，两臂慢慢下落停于身体两侧；眼视前方。

②并脚还原：左脚轻轻收回，恢复成预备姿势。

扫一扫查看演示

图6-100　收势

第六节　健身气功·八段锦

预备势

①双脚并步站立；两臂自然垂在身体两侧；目视前方。

②松腰沉髋，身体重心移至右腿，左脚向左侧开步，脚尖朝前，与肩同宽；目视前方。

③双臂内旋，两掌同时向身体两侧举起，掌心朝后，两掌与髋同高；目视前方。

④双腿膝关节微屈；双臂外旋，向前弧形合抱于小腹前，掌心向内，手指间距10厘米；目视前方。

一、两手托天理三焦（图6-101）

①双腿慢慢伸直；同时，双掌上托至胸前，随着两臂内旋向上托起，掌心向上；抬头，目视双掌。

②两臂继续上托至肘关节伸直；此时，下颌内收，动作停顿2~3秒；目视前方。

③重心缓缓下降，双腿膝关节微屈；同时，十指慢慢分开，双臂从身体两侧弧形下落，双掌捧于腹前，掌心向下；目视前方。

本式向上托举和下落为1遍，共计做6遍。

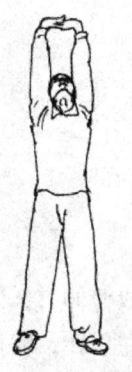

图6-101　两手托天理三焦

二、左右开弓似射雕（图6-102）

①身体重心右移，左脚向左侧开立步站立；同时，双掌交叉于胸前，掌心朝内，左掌在外。

②双腿缓缓屈膝成马步；同时，右掌屈指成"爪"，向右拉伸至右肩，左掌成八字掌，左臂内旋，向左侧推出，与肩同高，坐腕，掌心向左，好似拉弓射箭；目视左掌方向。

③重心右移；同时，右手五指伸开成掌，向上、向右划弧，与肩同高，指尖朝上，掌心斜向前；目视右掌。

④重心继续右移，左脚回收成并步站立；同时，双掌分别由两侧下落，捧于腹前，指尖相对；目视前方。

本式一左一右为1遍，做3遍。第3遍最后一动时，右脚回收成开立步站立，与肩同宽，膝关节微屈，两掌分别由身体两侧下落，捧于腹前，指尖相对，掌心向上；目视前方。

三、调理脾胃须单举（图6-103）

①双腿逐渐伸直；同时，左掌向上托起，左臂外旋经胸前内旋上举到头的左上方，肘关节微屈，力达掌根，掌心向上，指尖朝右；右臂内旋下按到右髋旁，肘关节微屈，力达掌根，掌心向下，指尖朝前；目视前方。

②身体重心慢慢下降，双腿膝关节微屈；同时，左臂屈肘内旋，左掌经胸前下落于腹前，掌心向上；右臂外旋，右掌向上捧于腹前，两掌指尖相对，距离约10厘米，掌心向上；目视前方。

本式动作一左一右为1遍，方向相反，做3遍。第3遍最后一动时，两腿膝关节微屈；同时，右臂屈肘，右掌下按于右髋旁，掌心向下，掌指向前；目视前方。

图6-102　左右开弓似射雕

图6-103　调理脾胃须单举

四、五劳七伤往后瞧（图6-104）

①接上式。双腿逐渐伸直；同时，双臂伸直，掌心向后，指尖朝下；目视前方。

②双臂充分外旋，掌心朝外，头向左后转，略停；目视左斜后方。

③身体重心微微下降，膝关节微屈，松腰沉髋；同时，双臂内旋下按至髋旁，掌心向

下，指尖朝前；目视前方。

本式一左一右为1遍，做3遍。第3遍最后一动时，两腿膝关节微屈；同时，两掌捧于腹前，指尖相对，掌心向上。

五、摇头摆尾去心火（图6-105）

①身体重心左移，右脚向右开立步站立，双腿膝关节伸直；同时，两掌上托至胸前时内旋，再继续上托至头上方，肘关节微屈，掌心向上，指尖相对；目视前方。

②双腿慢慢屈膝半蹲成马步；同时，双臂从两侧下落，两掌扶在膝关节上方，肘关节微屈；目视前方。

③身体重心微微向上移，而后右移；上体先向右倾，随后俯身；目视右脚。

④身体重心逐渐左移；同时上体由右逐渐向前、向左旋转；目视右脚。

⑤身体重心右移成马步；同时，头向上抬起，上体直立，随后下颌微收；目视前方。

本式一左一右为1遍，做3遍。第3遍结束后，身体重心左移，右脚回收成开立步站立，与肩同宽；同时，双掌向外经身体两侧上举，掌心相对；目视前方。随后松腰沉髋，重心慢慢下降。膝关节微屈，双掌经胸前下按至腹前，掌心向下，指尖相对；目视前方。

图6-104　五劳七伤往后瞧

图6-105　摇头摆尾去心火

六、两手攀足固肾腰（图6-106）

①双腿伸直站立，与肩同宽；同时，上臂外旋，两掌向前、向上举起，肘关节伸直，指尖向上，掌心朝前；目视前方。

②双臂屈肘下按于胸前，掌心向下，指尖相对；目视前方。

③双臂继续外旋，两掌掌指顺着腋下向后插；目视前方。掌心沿着脊柱两侧、臀部、腿后摩运至脚面；抬头，目视前下方。

④双掌沿地面前伸，随后用手臂带动上体起立，两臂伸直上举，掌心向前；目视前方。

本式一上一下为1遍，做6遍。做完6遍后，随后重心缓缓下降，膝关节微屈；同时，双掌向前下方按至髋两侧，掌心向下，指尖朝前；目视前方。

图6-106　两手攀足固肾腰

七、攒拳怒目增气力（图6-107）

①身体重心右移，左脚向左开步，双腿缓慢屈膝半蹲成马步；同时，两掌握固抱于腰侧，拳眼朝上；目视前方。
②左拳缓慢用力向前冲出，与肩同高，拳眼朝上；怒目瞪眼，目视左拳冲出方向。
③左臂内旋，左拳变掌，虎口朝下；随后左臂外旋，左掌掌心朝上时握固，肘关节微屈；目视左拳。
④屈肘，回收左拳至左腰侧，拳眼朝上；目视前方。
本式一左一右为1遍，做3遍。做完3遍后，身体重心右移，左脚回收成并步站立；同时，两拳变掌，自然垂于体侧；目视前方。

八、背后七颠百病消（图6-108）

①两脚跟提起；头向上顶起，动作略停；目视前方。
②两脚跟下落，轻轻向下震脚；目视前方。
本式一起一落为1遍，做7遍。

图6-107　攒拳怒目增气力

图6-108　背后七颠百病消

收势

①两臂内旋，向两侧摆起，与髋同高，掌心向后；目视前方。
②两臂屈肘，两掌相叠置于丹田处（男性左手在内，女性右手在内）；目视前方。
③两臂自然下落，两掌轻贴于腿外侧；目视前方。

扫一扫查看演示

第七章　其他项目

第一节　游泳

游泳运动是一种凭借自身肢体动作和水的相互作用力，在水上漂浮前进，或在水中潜游而进行的有意识技能活动。

在现代游泳产生和发展过程中，逐渐形成了自由泳、仰泳、蛙泳和蝶泳等正式比赛的竞技游泳姿势，并制定了相应的比赛项目及规则。

现代游泳运动起源于英国，早在17世纪60年代，英国不少地区的游泳活动就开展得相当活跃。1828年，英国在利物浦乔治码头修造了第一个室内游泳池，这种游泳池到19世纪30年代，在英国各地相继出现。

在举行第1届现代奥林匹克运动会时，就把游泳列为竞赛项目之一。

穆祥雄：突破壁垒　永不言弃

中国泳坛传奇运动员穆祥雄曾三次打破男子100米蛙泳世界纪录，成为第一个打破游泳世界纪录的中国运动员，被誉为"蛙王"。1956年国际泳联规定正式比赛不准使用潜泳，因为潜泳对运动员身体损害较大，不符合奥林匹克精神，而且对原世界纪录不予承认。虽然国际泳联的这一项规定，遏制了穆祥雄的潜泳优势，但是他始终没有灰心丧气，而是改变技术动作，再次赢得了冠军。在20世纪50年代，那个大多数西方国家联合起来孤立中国的时候，穆祥雄面对不公正待遇，无所畏惧，勇往直前，凭借实力打破了一切规则铸就的壁垒。

扫一扫
查看完整故事

1908年，在英国伦敦举办第4届奥运会时，成立了国际业余游泳联合会（简称国际游联），审定了游泳各项目的世界纪录，并制定了国际游泳比赛规则，规定比赛距离单位统一用"米"。比赛项目自由泳设100米、400米、1500米和4×200米接力；仰泳设100米；增设200米蛙泳项目。

1912年，在瑞典斯德哥尔摩举行的第5届奥运会上，首次把女子游泳列入比赛项目，设女子100米自由泳和4×100米自由泳接力。在1952年第15届奥运会上，国际游联决定把蛙泳和蝶泳分为两个项目比赛。从此，竞技游泳发展成四种泳式。至1996年第26届奥运会和2000年第27届奥运会，游泳比赛项目达到32项，游泳成为奥运会比赛金牌数仅次于田径的大项。

游泳作为一种生活技巧，自身的生存就会有保障，不但可以自救，还可以救人。因此，世界上不少国家将游泳列为大学生必修的运动项目。另外，经常进行游泳锻炼能提高人的心肺功能，有效地增强体质。

一、游泳基本技术

竞技游泳可分自由泳、仰泳、蛙泳、蝶泳四种泳式。下面仅介绍自由泳和蛙泳的技术。

（一）自由泳

自由泳又称爬泳。游泳时身体俯卧水中，依靠两臂轮换划水，两腿上下交替打水向前游进。这种姿势的两臂轮换划水很像爬行，所以称为爬泳。

1. 自由泳的动作要领

（1）身体姿势。身体平直地俯卧在水中，身体纵轴与水平面保持3°~5°，微微抬起，其中平姿势能缩小前进时截面，有助于减少阻力，颈部自然后屈与水平面成20°~30°，两眼注视前下方（图7-1）。两臂轮换前伸向后划水，两腿上下交替打水。身体保持平直，既不要收腹提臀，也不要挺胸塌腰，但在游进中身体可以绕纵轴有节奏地转动，这种转动一般为35°~45°（图7-2）。

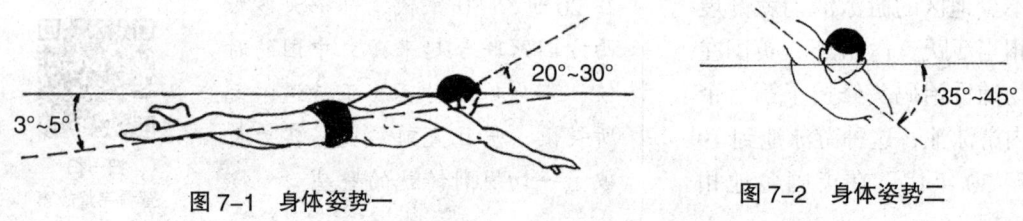

图7-1　身体姿势一　　　　　　　图7-2　身体姿势二

（2）腿部动作。自由泳的打腿，主要使身体保持平衡，有利于划水，在整个自由泳的配合技术中有着重要的作用。

自由泳的打腿是两腿不停地上下交替摆动。向下时，腿自然伸直，用髋关节发力，大腿带动小腿，打水时两腿间的差距为30~45厘米。向下打水时，动作要快而有力，向上提腿时应放松一些。向下打水时，由于惯性作用，此时小腿仍继续向上移动，而使膝关节有些屈曲，其屈曲度一般为140°~160°（图7-3）。打水时，脚尖自然伸直，在向下打水时，两脚应自然向里转一些（图7-4）。

打水的次数，根据个人的特点来决定。一般是一个完整的划臂动作配合6次打水，但也有人采用4次打水和2次打水。

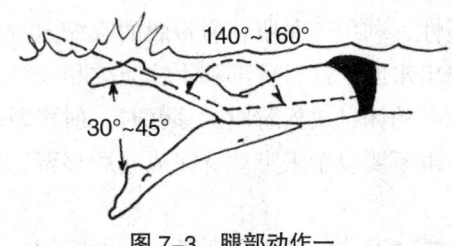

图 7-3 腿部动作一

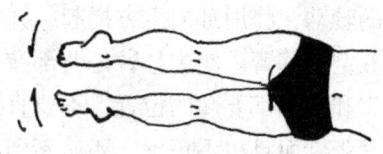

图 7-4 腿部动作二

(3) 臂部动作。自由泳的手臂动作是产生推进力的主要动力。整个手臂动作可分为入水、抱水、划水、出水和空中移臂五个不可分割的部分。它们之间没有明显的界限，而是一个完整的动作。

①入水。在完成空中移臂后，手应向前，自然放松地入水，入水点一般在身体纵轴和肩关节的前方延长线之间。入水时手指自然伸直并拢，通过臂内旋使肘关节抬高，屈成 130°~150°角，使肘关节处于最高点，掌心斜向外下方。这种姿势阻力较小（图 7-5）。

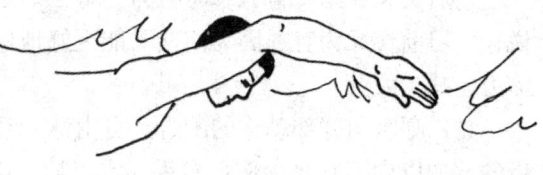

图 7-5 入水

②抱水。臂入水后，手掌从向斜外下方转向斜内后方，并开始屈腕、屈肘，并保持高抬肘的姿势。抱水时，上臂和水平面约为 30°角，前臂与水平面约为 60°角，手掌接近垂直对水，肘关节屈成 150°左右角，整个手臂像抱个圆球似的（图 7-6）。

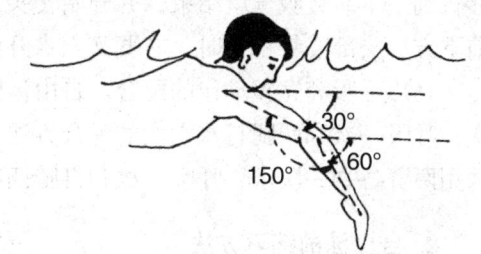

图 7-6 抱水

③划水。划水是整个臂部动作产生推进力的主要环节。在抱水的基础上，划水时臂与水面成 35°~45°角（图 7-7）。开始划水时，屈肘 100°~120°（图 7-8）。

此时前臂移动快于上臂，当前臂划至肩下垂直面时，屈肘 90°~120°。前臂迅速向后推水至侧腿旁，结束划水。在划水过程中，手掌略抠（图 7-9）。

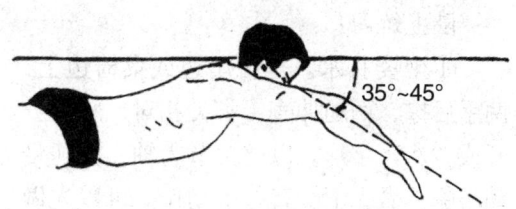

图 7-7 划水动作一

图 7-8 划水动作二

图 7-9 划水动作三

④出水。划水结束后,臂借助推水后的速度惯性,利用三角肌、肩带肌的收缩及身体沿纵轴的转动,将肘部向上方提起,并迅速将臂部提出水面,这时臂部和手腕应柔和放松。

⑤空中移臂。空中移臂是臂部在一个划水周期中的休息放松阶段。移臂时,肘稍屈,保持比肩和手部都要高的位置,不要直臂侧向挥摆,也不要以手来带动臂完成屈肘移臂,这样动作紧张,而且也不正确,还达不到放松的目的。

(4) 两臂配合。自由泳两臂是否协调配合是前进速度均匀性的重要条件。两臂配合,通常有以下三种方法。

①前交叉:指一臂入水时,另一臂处在滑下阶段,这是一种待滑行阶段的技术。

②中交叉:指一臂入水时,另一臂已经进入划水阶段的中间部分。

③后交叉:指一臂入水时,另一臂已经进入划水阶段的后半部分。一般对游泳爱好者来说,学习前交叉为宜,因为前交叉能更好地保持身体平衡,掌握呼吸技术较容易,也可节省体力,减少疲劳。

(5) 呼吸与臂部动作的配合。自由泳的呼吸是利用头向左侧或右侧的转动,用嘴进行呼吸的。如以向右呼吸为例:右手入水以后,嘴和鼻开始慢慢地呼气,划至肩下向右侧转头,呼气量开始增加,当右臂推水即将结束,呼气量进一步加大。右臂出水时,马上张嘴吸气。移臂到一半时,吸气就结束,并开始转头复原。此时,又闭气,继续转头和移臂,脸部转向前下方。头部姿势稳定时,右臂又入水开始下一次划水。如此反复循环进行呼吸。

(6) 呼吸和完整动作的配合。自由泳腿、臂、呼吸的配合动作,一般采用两手各划水一次,呼吸一次和两腿打水六次的配合方法。为了充分发挥手臂的作用,提高游进速度,也有采用两臂各划一次水,呼吸一次和打腿四次的配合方法。

2. 自由泳的练习方法

(1) 腿部动作练习。

陆上练习:

①坐姿打水。坐在岸边或桌椅边上,两手后撑,两腿伸直,脚尖相对,脚跟分开成"八"字形。以髋关节为轴,大腿带动小腿,做上下交替打水动作。可以先做慢打水,再做快打水的练习。

②坐池边打水。两脚放入水中打水,要求同上。

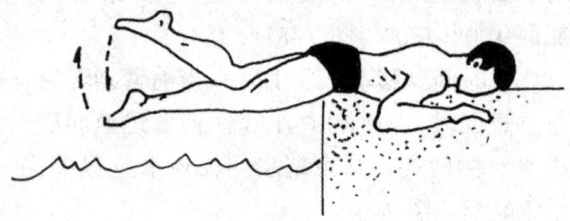

图 7-10 俯卧陆上打水

③俯卧在池边或长凳上打水。两臂前伸或屈曲抱住物体,两腿自然并拢伸直,做上下打水动作(图 7-10)。

水中练习:

①扶池槽打水。俯卧水面抓住水槽可采用快速打水或慢速打水的方法。要求打水时,脚不出水面(图 7-11)。

图 7-11 俯卧扶池槽打水

也可用仰卧的方法,两手抓住水槽,身体仰卧水面,用仰泳腿部动作的练习,体会自由泳打水的方法,但必须注意膝盖不能露出水面(图7-12)。

②手扶浮板或救生圈打水。方法要领同上。

③脚蹬池壁滑行打水。打水方法按腿部动作要领做。

④练习者由同伴拉着,做打水练习。

(2)臂部动作练习。

陆上练习:

①身体站立,上体前屈两臂伸直平举,做单臂的抱水、划水、出水、空中移臂、入水的模仿动作。

②双臂的配合。原地站立,上体前屈,两臂伸直前平举做左(右)臂抱水、划水、左(右)臂出水、空中移臂入水。

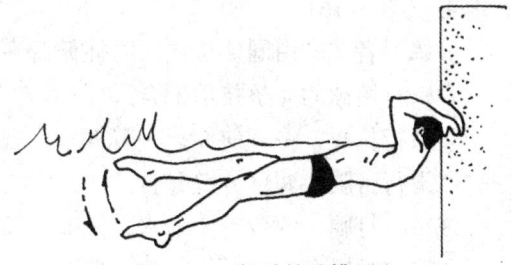

图7-12 仰卧扶池槽打水

水上练习:

①站立水中,上体前倾,做手臂的划水练习。动作按臂部动作要领做(图7-13)。

②上体前倾入水做水中走动的动作练习(图7-14)。

③水中两腿夹板做臂的划水练习。

④自己蹬池壁滑行后,做手臂划水的练习。

(3)呼吸动作。

陆上练习:

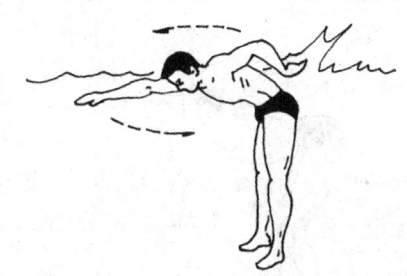

图7-13 水中站立划水

①臂腿配合:体前屈站立,两臂前伸,做脚尖不离地两膝轮流前屈的踏步,并与二次划水配合。口令配合即1~3踏步,同时左臂划水一次;4~6踏步,同时右臂划水一次。

②单臂与呼吸配合:体前屈站立,做抱水动作,同时慢呼气,并向后划水、转头、用力呼气和吸气,然后做出水、入水动作。头转正时闭气。

③双臂和呼吸配合:体前屈站立,口令配合即1~3踏步,右臂划水一次,并配合呼吸、闭气、吐气、还原;4~6踏步,左臂划水一次,同时吸气、闭气、吐气、还原。

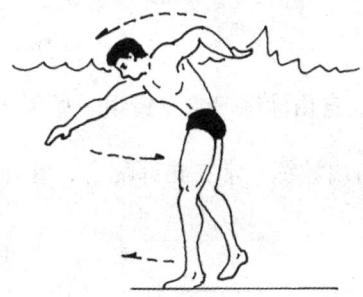

图7-14 水中走动划水

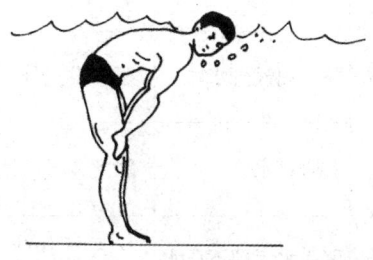

图7-15 水中呼吸练习一

水中练习:

①体前屈:脸部入水,在水中做呼气动作;转头时,用力吐气;吸气时,下颌靠近肩部;闭气还原(图7-15)。

②站立水中，上体前屈成水平姿势，头部放在水里。开始时，可以练习一臂划水与呼吸的配合；再练习两臂同时划水与呼吸的配合；也可以模仿向前游泳的姿势，两脚向前走动进行练习（图 7-16）。

③练习者双脚由同伴扶住，身体俯卧在水中，做呼吸与两臂配合的动作（图 7-17）。

（4）自由泳的完整技术配合。

①滑行打腿，一臂前伸，一臂划水。划时不要太快，但划水路线要长，以推水为主。

②滑行打腿，两臂分解配合。

③滑行打腿，两臂轮流划水，做前交叉配合。

④臂与呼吸配合，滑行打腿，单臂划水，向同侧转头呼吸。掌握后再做两侧呼吸。

⑤完整配合游。距离可以逐渐加长，在长游中改进和提高技术水平。

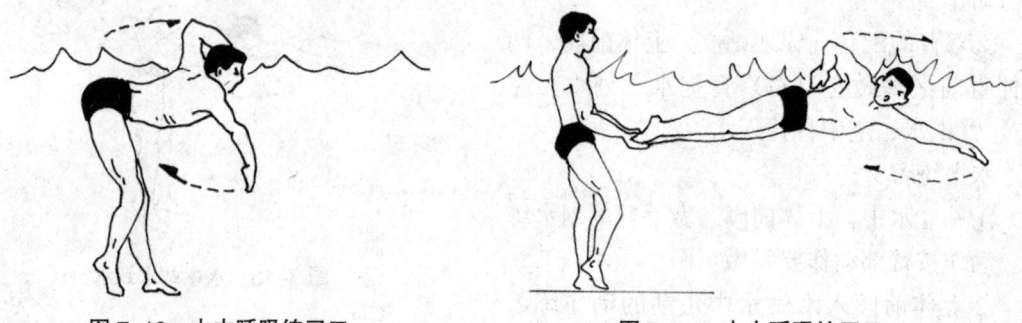

图 7-16　水中呼吸练习二　　　　　图 7-17　水中呼吸练习三

3. 自由泳练习常见错误、原因及纠正方法

自由泳练习常在腿部配合、臂部配合、完整配合方面出现问题，具体如表 7-1 所示。

表 7-1　自由泳练习常见错误、原因及纠正方法

部位	常见错误	原因	纠正方法
腿部配合	小腿打水	1. 动作要领不清 2. 过于屈膝	1. 明确动作要领 2. 先用直腿打水，来体会大腿带动小腿打水
腿部配合	腿部屈髋打水	躯干没充分展开或收腰	1. 多做陆上模仿练习，注意大腿上抬或用直腿打水 2. 水中练习要展髋，打腿时大腿上摆
腿部配合	勾脚打水	踝关节灵活性差	1. 要求绷直脚尖打水 2. 多做踝关节灵活性练习
臂部配合	臂入水后向下压水	1. 直臂入水 2. 过早用力划水	1. 入水时手指先入水，肘高于手 2. 入水后臂向前下方伸，抓到水后再划水
臂部配合	手在肩外侧划水和划水路线短	1. 手入水点偏外侧，并向外侧划水 2. 没有推水动作	1. 强调屈臂，手沿身体中线做 S 形划水可要求在肩前入水，划水时从腹下抱向同侧大腿处推水 2. 可用矫枉过正法，要求在身体中线处入水，超过中线向后划水，划水结束时手触同侧大腿

(续表)

部位	常见错误	原因	纠正方法
完整配合	划水结束时，身体下沉和手出水困难	划水结束时，掌心向上，没有向后推水	要求划水后程以掌心向后推水，利用惯性提肘带动臂出水前移
	不协调	1. 动作过分紧张 2. 下肢沉或呼吸无节奏	1. 放松慢游，逐渐增加游程 2. 多次划水加呼吸
	抬头吸气	1. 动作概念不清楚 2. 怕呛、喝水、不敢抬头	1. 明确转头吸气 2. 吸气时绕纵轴转动
	吸不进气	不会呼吸或不会在水中吐气	1. 在水中做呼吸的基本动作 2. 强调水中吐气 3. 掌握转头吸气的时机，口将出水时猛吐、深吸气

（二）蛙泳

1. 蛙泳的动作要领

（1）身体姿势。游蛙泳时，身体水平俯卧于水中，两臂向前伸直，两腿自然向后伸直并拢，同时上体稍挺起，头略抬，使身体和前进方向成5°~10°角。这种流线型的姿势，既能减少前进的阻力，又可以充分发挥手、臂、腿的作用，加快游速（图7-18）。

（2）腿部动作。腿部蹬水动作是蛙泳推动身体前进和加快游速的主要动力。腿部技术有宽蹬和窄蹬两种，近年来大多数运动员都采用窄收窄蹬的技术，特点是：窄蹬腿，大腿收得少，收腿路线短，迎面阻力小，动作比较简单、易学。

蛙泳动作可分为滑行、收腿、翻脚和蹬水四个阶段。

①滑行。滑行是蛙泳的开始姿势，当身体借助惯性力高速向前滑行时，两腿并拢向后伸直，身体成水平姿势，下肢放松，只靠腿部肌肉的适当收缩，把脚跟稍稍提向水面，为收腿做好准备（图7-19）。

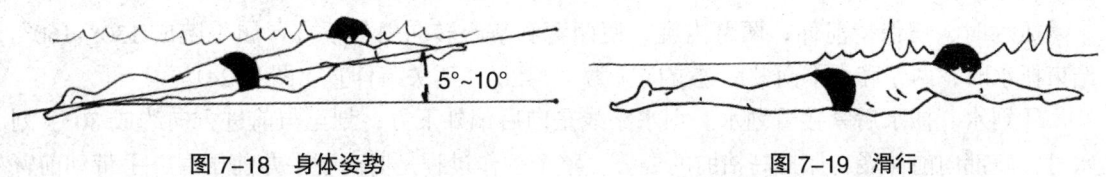

图7-18　身体姿势　　　　　　　图7-19　滑行

②收腿。收腿是蹬腿的准备动作，路线要短，阻力要小，要为蹬水创造有利条件。收腿时两腿稍微内旋，使脚跟分开，膝关节随腿的下沉向前边收边分。收腿结束时，大

腿和躯干之间角度为130°~140°，小腿尽量靠近臀部（图7-20），并藏于大腿的投影之中，两膝的距离约与肩同宽，两脚掌几乎是平行向前收，依靠小腿的内旋使脚跟分开与臀部同宽（图7-21）。

③翻脚。翻脚实质上是从收腿到蹬水的一个过程，是收腿的继续、蹬水的开始。蹬水效果的好坏，一般取决于翻脚技术是否正确。

为了延长蹬水的路线，随着收腿的结束，两脚应继续向臀部靠紧，大腿内旋使两膝内压的同时小腿向外翻，接着脚尖也向两侧外翻，使脚掌内侧正对蹬水方向。整个翻脚由内收腿、压膝、翻脚三个连贯动作组成（图7-22）。应当强调压膝是指大腿内旋，带动小腿外翻的过程。

④蹬水。蛙泳蹬水就像蹬池壁一样，要使蹬水方向向后由髋部发力，带动膝关节和踝关节，然后相继伸直。如用窄蹬动作，能利用小腿内侧和脚掌内侧的合理对水，造成向前的推进作用力。另外，蹬水翻脚时大腿内旋造成膝内压，能带动小腿和脚向后蹬水，使蹬水形成一个有力的鞭状打水动作（图7-23）。

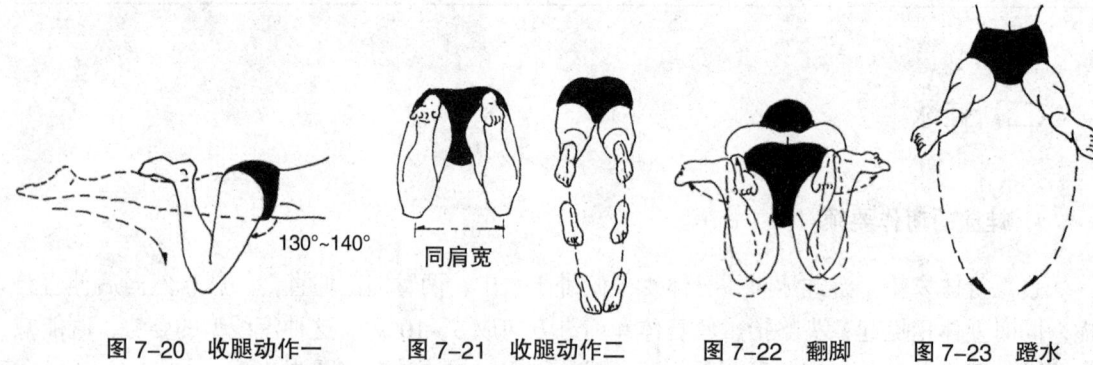

图7-20 收腿动作一　　图7-21 收腿动作二　　图7-22 翻脚　　图7-23 蹬水

为了延长有效的蹬水动作路线，踝关节的伸直，要在两腿蹬直之后进行，而不要过早地伸直，否则会缩短蹬水的有效距离。因此，踝关节的灵活性对提高蹬水效果特别重要。

（3）臂部动作。蛙泳的臂部动作可分为滑行、抓水、划水、收手、伸臂五个连续的动作。

①滑行。伸臂结束后，身体向前滑行，这时两臂向前伸直，手指并拢，掌心向下，两手尽量接近水面，使身体在较高的位置上保持稳定，整个身体成流线型。

②抓水。滑行后进入划水前的动作，如果立即进入划水动作，其动作方向会向外下方，不仅不利于推进身体，还会造成身体过分起伏，所以从滑行到划水之间要有一个准备划水的抓水动作。

抓水时，肩保持前伸，两臂内旋，使两臂和掌心转向斜外下方，屈手腕成130°~160°。结束抓水时，两臂和水平面及前进方向应为15°~20°，肘关节伸直（图7-24）。

③划水。抓水后紧接着划水。划水路线是向后偏外下方，划至与前进方向约成80°。划水时，肩部向前伸展，保持高抬肘的姿势。整个动作过程是肘高于手并前于肩，手带动前臂和上臂向后划水的过程中，肘关节的角度为120°~130°（图7-25）。

划水是用手掌加速内拨的动作，这个动作带动前臂收至超过垂直部位并开始降时，掌心从外后转向内急促拨水而结束划水，这也是蛙泳划水最有效的阶段。

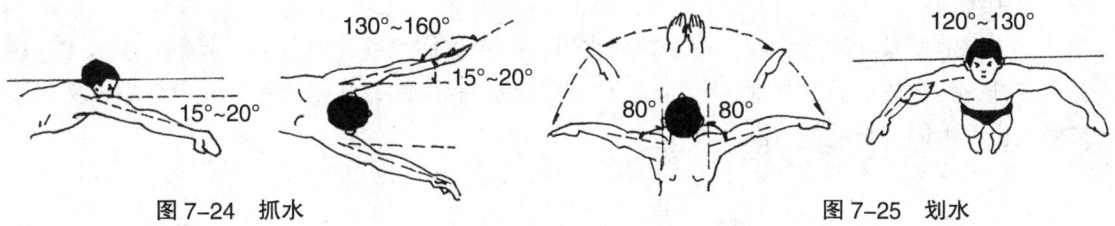

图 7-24 抓水　　　　　　　　　图 7-25 划水

④收手。划水结束即开始收手。收手就是结束划水后,手掌在向内上移动的同时,上臂外旋,向前推肘的动作过程。收手时,要尽量把两臂收在身体的投影之中,以发挥划水造成的推进惯性作用,减少水对臂前移的阻力(图 7-26)。

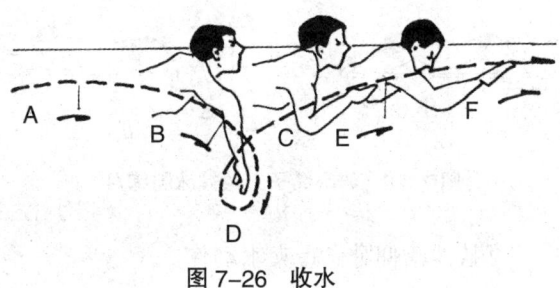

图 7-26 收水

⑤伸臂。收手后继续推肘伸臂。推肘不是先伸肘关节,而是伸肩关节的同时伸肘关节。两手先向前上、再向前伸。两臂伸直后即恢复成滑行姿势。伸臂时不能有停顿的动作。

(4) 呼吸和完整动作的配合。蛙泳的呼吸方法有两种:一种是早吸气,一种是晚吸气。早吸气是两臂抓水时抬头用力呼气,在划水过程中吸气,在收手过程中闭气低头,伸臂滑行时吐气。晚吸气是划水几乎结束时才开始抬头用力呼气,在两臂结束划水和收手过程中,身体达到最高点时吸气,结束收手时闭气低头,伸臂的后段直至划水过程中慢慢吐气(图 7-27)。

一般优秀运动员多采用晚吸气的方法,因为这种方法能保持身体平衡,动作连贯,前进速度均匀,对提高成绩很有帮助。但是晚吸气动作要求严格,吸气时间比较短促。

图 7-27 呼吸与完整动作配合

一般游泳爱好者和初学者,先从早吸气的方法开始学习为好,它比较简单、易学。

2. 蛙泳的练习方法

(1) 腿部动作练习。

陆上练习:

①模仿蛙泳腿。坐在凳上或水池边,上体稍后仰,两手撑在体后,两腿伸直并拢,髋关节展开,做蛙泳腿的收腿、翻脚、蹬夹水和停止动作。练习时,可先分解做,再连贯做。动作练习要求:收腿时大腿带动小腿,边收边分,翻脚时脚向蹬水方向,膝稍内压;蹬夹水时应向后弧形蹬夹;停止时两腿并拢伸直放松。

②俯卧在凳子上做蛙泳腿练习。先做分解动作,再做连贯的完整动作。要求边想边做,开始可以由同伴帮助体会和纠正动作。重点体会翻脚和蹬夹水的路线及动作的节奏(图 7-28)。

③单腿练习:一脚站立,一脚收腿。然后用手搬脚上翻,做蹬夹水练习。

水中练习：

①支撑池壁做蛙泳腿练习。一手抓住水槽，一手撑住池壁，使身体浮起平卧于水中，髋关节展开，两腿放松后伸并拢，然后做收、翻、蹬夹和停的蛙泳腿动作。先分解做，然后连贯做，也可由同伴帮助做（图7-29）。

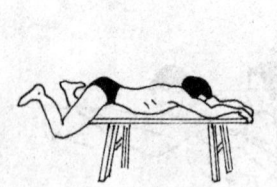 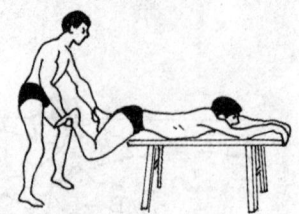

图7-28　俯卧凳子上做蛙泳腿练习

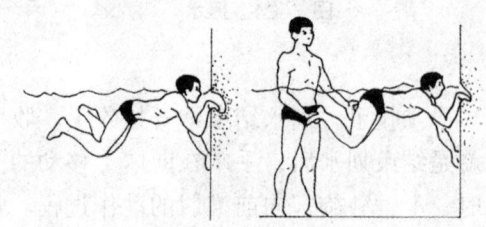

图7-29　支撑池壁做蛙泳腿练习

②扶池槽仰卧做蹬夹水动作。
③扶池槽俯卧做蹬夹水动作。
④扶池槽仰卧或俯卧做蹬夹水的动作，由同伴辅助或纠正。
⑤在水中由同伴托住腰腹后，做腿的蹬夹水动作。
⑥用救生圈或救生衣使身体浮起后，做蹬夹水动作。
⑦双手扶木板或其他浮体的前端，练习收、翻、蹬夹和停的腿部动作。
⑧由同伴拉着前伸的手，牵引着做腿部的完整练习。
⑨自己蹬池壁滑行后，做蛙泳腿的练习。

（2）手臂动作练习。

陆上练习：

①原地站立，做手臂的划、收、伸动作。两手上举后向下侧划，划至肩前停止，然后两臂向胸前回收，并经胸、面部前方上举还原。要求划水时掌心向外侧下方，手内收时用力压摸水，动作完成后两臂向前伸直。

②原地站立，上体前屈，两臂前伸，掌心向下，做蛙泳划水动作。

水中练习：

①在水中原地站立，上体前屈成水平姿势。然后两掌心向下前伸于水中，做划、收、伸的动作。可先分解做，然后再连贯做。

②在水中上体前倾，走动中做两臂划、收、伸的连贯动作。

③由同伴托扶腰腹，使身体成水平姿势，在水中做手臂的划、收、伸动作。

④用救生衣或救生圈保护，在水中做划臂动作。

⑤自己蹬池壁，在滑行中做双臂的划水连贯动作。

（3）蛙泳的呼吸练习。

陆上练习：

①原地站立，双臂上举，当双臂左右分开时，抬头呼吸，随之低头，双手还原。

②原地站立，上体前屈成水平姿势，两臂前伸，掌心向下，当两臂向左右分开时，即抬头呼吸，随之划水时低头。

水中练习：

①在水中原地站立，上体前倾，头没入水中，两臂在水中伸直，当两臂向左右分开时，即抬头呼吸，随之划水低头。

②在水中练习走动的呼吸动作。由保护人帮助夹抱着双腿，使身体俯卧于水面，然后听保护人口令做吐气、吸气的呼吸练习。

（4）完整配合技术的练习。

陆上练习：原地站立，双臂上举，开始划臂并呼吸，继而低头继续划水，收手时单腿抬腿。臂伸直时，蹬夹腿。

水中练习：

①在同伴托扶下练习完整的配合技术，并可根据保护人的口令做划手、呼吸、低头划水、收手收腿、伸臂蹬夹的动作。

②采用浮体物（如救生衣、救生圈等）练习完整配合技术。练习时可以自己默念着划手、吸气、收手、收腿、伸臂、蹬腿等动作过程。

③漂浮成俯卧后做一次划臂、两次或三次蹬腿、一次呼吸的配合动作。保护人可在旁边指导。

④做一次划水、一次呼吸、一次蹬腿的练习。动作要求慢而正确，不要太急，要放松。

⑤双人或多人的蛙泳练习。前面找一个游得较好的人带领游蛙泳，后面的人扶住前面人的腰做蛙泳的蹬水和呼吸练习。

3. 蛙泳练习常见错误、原因及纠正方法

蛙泳练习常在腿部配合、臂部配合、完整配合方面出现问题，具体如表7-2所示。

表7-2 蛙泳练习常见错误、原因及纠正方法

部位	常见错误	原因	纠正方法
腿部配合	蹬腿时不翻脚	1. 动作概念不清 2. 不会翻脚 3. 蹬脚时绷脚尖	1. 明确概念及动作要领 2. 陆上反复做翻脚练习，注意翻脚时的肌肉感觉 3. 勾脚蹬水或由同伴帮助体会正确蹬水动作
	不收腿蹬得过宽，蹬夹脱节或只蹬不夹	1. 动作概念不清 2. 收腿时，两膝向外张	1. 明确概念，陆上多做模仿练习 2. 用矫枉过正法，要求收腿时两膝有意内扣，或同伴用两手限制其外张
	收、蹬腿时脚的部位太低	1. 头和上体抬得过高 2. 收腿时两大腿收得过多，小腿未和水面垂直 3. 腰部肌肉过于放松	1. 低头、提臀，腰腹肌肉适当紧张，使身体平浮于水面 2. 大腿向里收与躯干夹角应大于90°，积极收小腿，脚有意识地向臀部移 3. 腰、腹肌肉适当紧张，蹬时先伸髋
	收、蹬时臀部上下起伏	收腿时头肩过低，收腹提臀	1. 头、肩稍抬起，腰腹肌适当紧张，使身体展平，收腿时大腿带小腿慢收 2. 蹬腿时躯干不动，用大腿推动小腿向后走向
	收腿过快	1. 动作概念不清 2. 收腿时过分用力而且过快 3. 动作节奏未掌握好	1. 明确概念和动作要领，多做陆上或水中模仿练习 2. 强调慢收腿，肌肉放松 3. 强调慢收腿，夹蹬时适当快些

(续表)

部位	常见错误	原因	纠正方法
臂部配合	划水时手掌平摸，划不到水	1. 明确动作概念和要领 2. 划水时沉肘，前臂与水平面平行	1. 明确概念和动作要领 2. 划水时掌心向侧外，高肘屈臂小幅度划水 3. 加强手臂力量的练习
	划水路线太宽，超过了肩的延长线	1. 动作概念和要领不清 2. 急于通过划水推动身体前进，收手太慢	1. 动作概念和要领不清 2. 采用小划臂或腋下放一限制杆的办法
完整配合	完整配合划臂的同时蹬腿	1. 动作概念和要领不清 2. 配合节奏紊乱 3. 急于划臂	1. 明确概念和要领 2. 多做模仿练习。先划臂后蹬腿，一次一次地做，不要急于求成 3. 划手时腿伸直，蹬腿时手臂伸直，逐渐过渡到正确配合。一次一次按伸、蹬、漂的节奏去练习
	伸臂、蹬腿同时	1. 动作配合概念不清 2. 划臂的同时蹬腿 3. 收腿太早、太急 4. 收手时在胸前有停顿现象	1. 心中默念先伸臂后蹬腿 2. 心中默念先伸臂、再蹬夹腿、水中漂一会儿 3. 小划臂，伸臂后停一会儿
	吸不到气	1. 吸气前未吐气 2. 抬头太早，吸气时间短	1. 必须在水中吐出气 2. 在盛水的脸盆或水中原地做水中吐气、抬头吸气练习 3. 先抬头再划臂或划臂同时抬头深吸气

二、游泳安全知识与救护

（一）游泳安全知识

游泳是一项深受大学生喜爱的体育活动，也是高等院校学生的一门重要技术技能课程。到游泳池游泳或上课都必须注意安全，自觉遵守游泳安全和卫生守则，防止发生意外事故和传染疾病。

1. 加强安全意识

游泳教师在每次上课时都要强调安全问题，并且在备课时要充分准备安全教育内容和安全措施，学生必须切实遵守安全规定。游泳场（馆）必须加强安全管理，按规定配备合格的救生员和救生器材，认真制定安全制度并严格执行。

游泳活动最好有组织地进行，或三五结伴前往，不要独自行动，尤其是在天然水域更不能独自游泳。游泳时要互相关心，互相照顾，同去同回，中间离开时应有所交代。上游泳课时，教师需严密组织和观察，经常检查人数，安全措施要落实。

2. 选择安全的游泳场所

尽量选择人工游泳场馆。人工游泳场馆的管理比较规范,池水经常消毒、排污和过滤,清晰度较高,深水和浅水有明显标志。

3. 游泳前严格体检

游泳前进行身体检查,主要是防止患病者游泳时发生事故,同时也避免疾病相互传染。凡患有心脏病、高血压、癫痫、活动性肺结核、传染性肝炎、皮肤病、红眼病、精神病、中耳炎、发烧、开放性创伤,都不宜游泳。女生月经期游泳要采取卫生措施,未采取措施不宜下水。

4. 饮酒、饱食后或饥饿、过度疲劳时不能游泳

酒后游泳容易发生溺水事故。饱食后游泳会减少消化器官的血液供应,使消化器官功能降低,影响食物的消化和吸收。另外,由于水的温度和压力会使胃肠的蠕动功能受到影响,容易引起胃痉挛,出现胃痛或呕吐。因此,饭后一般需相隔半小时到一小时后再下水。饥饿时游泳也不好,因为空腹时人体血糖含量下降,游泳时容易发生头晕或四肢无力现象,甚至有昏厥的可能。在剧烈运动或大强度体力劳动后,身体已经感觉疲劳,肌肉的收缩及反应减弱,动作不易协调,如果马上游泳就会造成疲劳的积累,容易引起抽筋,发生溺水事故。

5. 游泳前要做好准备活动

准备活动可提高神经系统的兴奋性,增强心血管系统和呼吸系统的功能,加快血液循环和新陈代谢,可使肌肉的力量和弹性增强,身体各关节的活动范围相应加大,灵活性也有所提高。这些变化,有利于身体更好更快地适应游泳运动的需要,同时对防止抽筋、拉伤也有积极的作用。

准备活动一般以做操、陆地模仿、跑步及拉长肌肉和韧带的练习为好。特别要活动颈、腰、髋、膝、踝、腕各部分关节。

6. 量力而行不逞能

游泳时,初学者应在浅水区域活动。已会游泳者也要量力而行,不要好胜逞能,应合理安排运动量,当自感身体有异常反应,如头晕、胃痛、恶心或呕吐时应立即上岸休息,恢复后再下水。

游泳时要避免一切危险动作,如在浅水区跳水、相互打闹、过长时间地憋气潜泳、在湿滑的池边奔跑追逐等,均应避免。

7. 自救和呼救

游泳时,如遇抽筋,应保持冷静,不要慌张,应立即上岸或在水中自我解救抽筋部位,与此同时,也可呼救,以求周围的人及时来帮助、救护。如发现他人抽筋或溺水,应迅速呼喊,有能力者马上对其进行救护。

8. 遵守公共卫生，文明游泳

游泳时应讲文明，不要穿内衣下水，不宜穿白色、浅黄色等浅色泳装游泳。自觉遵守公共卫生，不向水中吐痰、便溺和抛弃杂物，以免污染水质，损害自身和他人的健康。

（二）水上救护

1. 观察与判断

"看水"和"现场急救"是水上救护中的两个主要环节。所谓看水，即观察水面情况，分析事故性质，判断营救措施。

（1）溺水事故的成因。游泳时，游泳者因以下原因，往往导致溺水事故。

①技术因素：指不会游泳或刚学会但技术掌握尚不熟练，以致在体力不支、水情变化或受人冲撞等情况下，导致溺水。

②生理、病理因素：指患有不宜游泳的疾病（如心脏病等）和在饥饿、过饱、过冷、过度疲劳等情况下游泳，从而引起病理性并发症和生理性低血糖、中暑、抽搐症等导致溺水。

③环境因素：指对游泳场所的情况不清楚（如水深、水底和天然游泳场的水流、水草、旋涡等），盲目游泳而导致溺水。

④伤害因素：指违反游泳场所对游泳者的规定（如浅水区不准跳水、深水区定向游等），以及在江河中撞鱼、船、物致伤而导致溺水。

⑤缺乏知识因素：指对安全和救生知识不了解（如抽筋、呛水等常识知识）而导致溺水。

⑥心理因素：指怕水、心情紧张，若稍有意外，就惊慌失措而导致溺水。

⑦组织管理因素：指游泳场所的组织管理不当（如体检、救生力量配备、场地管理中的防范措施等不合规定）而导致溺水。

（2）观察方法（在游泳池）。

观察的任务是贯彻"立足于防"，要有"不怕一万，就怕万一"的责任感。观察的一般方法如下。

①救生人员必须思想高度集中，认真负责地、不间断地扫视（或环视）水域。必须定人、定点划分观察区域，做到"突出重点（主责区）、照顾全面（交叉观察，互相补漏）"。

②观察方法上（在扫视水域时）必须掌握"池面与池底、池面与岸边、点与面"三个结合。

③观察时，既要看清池面上有无游泳技术勉强的溺水"苗子"，同时又必须看清水面下和池底有无溺水者。

④在扫视池边水域时，既要看清池边水域有无溺水"苗子"，又要观察池岸上有无脸色苍白、呆坐及卧在岸边的游泳者。

⑤观察区划分（责任区）一般有两种方法：一是"直线切割法"，即将游泳池用直线大致平均地划割成几个长方形水域；二是"弧形切割法"，即以救生台为圆心，以 10~15 米为半径切割水域，以弧形水域为主责区。

（3）判断方法（游泳池常规判断）。

①开场时的意外事故：由于游泳者怀着急于下水为快的心情，开场铃一响就争先恐后，

一拥而进，多数人进池后乱蹦乱跳，容易造成互相挤倒、压倒，发生意外事故。

②深浅交界处的意外事故：深浅交界处，一些似会不会者一般集中在这里，是救生中的"危险段"。

③深水区下水口的意外事故：这一地区汇集的是能游一点的、在对角线中束缚"胆量"的，但基本上属于不会游的人，他们一遇他人干扰，容易发生意外事故。

④跳水中的意外事故：不具备跳水条件的游泳池中，游泳者做跑跳、反跳及翻腾动作导致身体触池壁，发生击伤、昏迷等意外事故。

⑤游泳违纪发生的意外事故：如在池内打闹、乱抓乱摸、"没顶"后久沉不起、潜泳后俯在水底，或在水中静止不动者，均可作为意外事故的警号。

2. 间接救护技术

间接救护是救护者利用救生器材，对较清醒的溺者施救的一种技术。游泳场所一般都应备有救生圈、竹竿、木板、泡沫块、轮胎、绳子及输氧设备等。下面介绍几种常用的救护器材和使用方法。

(1) 救生圈。最好在救生圈上系好一条绳子，当发现溺水者时，可将救生圈掷给溺者。如在江河里，就向溺者的上游掷去，溺者得到救生圈后，将他拖至岸边。

(2) 竹竿。溺者离岸、船较近时，可将竹竿伸给溺者，切勿捅戳。待溺者抓住后将其拖至岸边或船边。

(3) 绳子。在绳索的一头系一漂浮物，将绳子盘成圆形，救护者握住绳子的一端，然后将盘起来的绳子掷在溺者的前方，使溺者握住绳子上岸。

(4) 木板（包括一切可浮物）。在没有其他救护器材的情况下，木板也可作为救护器材。将木板掷给溺者，亦可扶木板游向溺者，然后将溺者拖带上岸。

3. 直接救护技术

直接救护技术是救护者不借助任何救生器材，徒手对溺者施救的一种技术。直接救护技术大致可分为入水前的观察、入水、游近溺者、水中解脱、拖运、上岸、岸上急救等过程。

(1) 入水前的观察。当发现溺水者，立刻迅速扫视水域，判辨溺者与自己的距离方位。在江河湖海中还要注意水流方向、水面宽窄、水底性质等因素。救护者要遵循入水后尽快游近溺者进行施救的原则，迅速选择入水地点。

(2) 入水。指救护者在发现溺水情况后，由岸（船）边跳入水中准备赴救的过程。入水方法大致分两种。

①在熟悉的水域或游泳池，可用鱼跃式（头先入水）的出发动作。其优点是速度快。

②在不熟悉的水域，可用"八一"式（脚先入水）的动作。动作要领是起跳后两臂侧前举，一腿前伸微屈，一腿稍向后屈。当身体接近水面时，两腿夹水，手臂迅速压水。这种入水方法的优点是不会使身体下沉过多，并能防止碰到石头或暗桩，而且基本使头部不入水，以便看清目标。

(3) 游近溺者。指救护者在入水后迅速靠拢和控制溺水者做好拖带准备的过程。一般采用速度较快的抬头自由泳，亦可采用头不入水的蛙泳，以便观察溺者。

当游到离溺者 2~3 米处，深吸一口气采用潜深技术接近溺者，以保证自身体力。如溺者面向自己，则潜入水中，游到溺者身旁，两手扶住他的髋部，将他转至背向自己，然后进行拖运。另一种方法是正面游近溺者后，用左(右)手握住他的左(右)手，用力向左(右)边一拉，借助惯性使溺者身体转 180°背向自己，然后进行拖运。如溺者背向自己，可直接游近溺者，急停后，一手托其腋，使其口鼻露出水面，一手夹其胸做好拖带准备，并有效控制对方。

在水质混浊的游泳场所，则应有意识地由正面转向溺者的一侧，看清并及时抓住溺者在水面上挣扎的近侧手，边拉边做夹胸动作控制对方。

(4) 水中解脱。指救护者在接近或寻找溺者时被溺者抱住后施行解脱，并进行有效控制溺者的一项专门技术。由于水中挣扎的溺者，一旦抓住任何东西就不会轻易松手，所以救护人员需要掌握一定的解脱方法，以防万一。解脱时一般应利用反关节和杠杆的原理，动作要迅速、熟练、突然。下面介绍几种常见的水中解脱方法。

①虎口解脱法。虎口是指溺者拇指与食指之间的部位。当救护者的臂部（臂或双臂）任何部位被抓住时，都可用这种方法进行解脱。当溺者两手从上抓住救护者的两手腕时，救护者可握紧双拳向溺者的拇指方向外旋、肘内收来解脱。如果溺者从下抓住救护者的两手腕，则紧握拳向溺者虎口方向内旋、肘关节向外展，即能解脱。

当溺者两手从下抓住救护者的一只手腕时，救护者可一手握紧拳头，另一手从溺者的两臂中间穿出，握住自己拳头突然从虎口下拉，即可解脱。

②托肘解脱法。救护者向上推托溺水者肘关节而施行的一种解脱方法。

当救护者被溺者从后面抱住颈部：救护者首先握住溺者靠近自己胸前的一只手腕，另一手从下向上托溺者同侧臂的肘关节使之转体，然后低头，并向上推溺者的肘关节，使救护者头部从溺者腋下钻出来。离开溺者肘关节后，乘势将溺者的手腕拉至背后，另一手扶住溺者的前胸，进行拖运。

当救护者被溺者从前面抱住颈部：救护者用左（右）手推溺者的左（右）肘关节，右（左）手握住溺者的同一手腕并向下拉，然后，头从溺者的两臂中间钻出来。这时握住溺者的手腕从他腋下向后扭转拉到背后，同时另一手放开推溺者肘关节的手，并托住溺者的下颌进行拖运。

③推扭解脱法。救护者推扭溺者头部所施行的一种解脱方法。

当救护者被溺者从前方拦腰抱住：救护者一手按住溺者的后脑勺，另一手托住溺者的下颌，向外扭转他的头，并顺势把溺者转至背向自己，然后进行拖运。

④扳指解脱法。救护者扳动溺者大拇指所施行的一种解脱方法。

当救护者被溺者从后方拦腰抱住：救护者用右手抓住溺者右手的一指，用左手抓住溺者左手的一指，分别向右左用力拉开，然后放开溺者的一只手，乘势转至溺者背后进行拖运。

⑤外撑解脱法。救护者利用两手掌相对屈肘外撑所施行的一种解脱方法。

当救护者被溺者从背后连同两臂拦腰抱住：救护者两腿用力向下蹬夹水，连同溺者一起在水中升高身体位置。当头出水后深吸口气，然后突然下沉，同时用两臂向外撑的方法进行解脱。随后转到溺者背后进行拖运。

(5) 拖运。拖运是指救护者采用侧泳或反蛙泳进行水上运送溺者的一项专门技术。拖运时为防止溺者因不明被救而强行挣扎，一般均采用夹胸拖带法。但应注意救护者及被拖运者的口、鼻必须露出水面。夹胸臂不可贴近溺者的喉部。拖运分侧泳和反蛙泳两种技术。

①侧泳拖运法。指救护者侧卧水中，一手扶住溺者，一手在体侧划水，两腿做侧泳蹬剪水的动作前进。拖运有两种方法：一种是一臂伸直托住溺者的后脑，一手在体侧划水，两腿做侧泳蹬剪水的动作；另一种是一手抄腋下，同侧髋部紧贴溺者的背部，另一手在体侧划水，两腿做侧泳蹬剪水动作。

②反蛙泳拖运法。指一手或两手扶住溺者，以反蛙泳腿的动作使身体前进。拖运有两种方法：一种是仰卧水面，两臂伸直，两手扶住溺者的两颊，腿做反蛙泳动作使身体前进；另一种是仰卧水面、双臂伸直以两手的四指挟着溺者的两腋窝下，大拇指放在肩胛骨上，腿做反蛙泳动作使身体前进。

（6）上岸。看到处于昏迷状态的溺者，可先将其拖运到岸边，再将其拖上岸以便抢救。这在浅滩或斜坡的河岸比较方便，如果在游泳池或陡坡，上岸就比较困难。下面介绍两种在游泳池上岸的方法。

①池边上岸方法。救护者先用右手握住溺者的右臂，将其右手先放到岸边，用右手和两腿的力量支撑上岸。然后迅速用右手拉住溺者的右手腕（溺者背靠池壁），再用左手拉住其左手腕，将溺者沉入水（头不要没入水中），借溺者身体向上的浮力，把他提拉上来，并立即进行抢救。

②扶梯上岸方法。将溺者拖运至梯前，背在自己的右肩上，两手握住扶梯，稳步上岸。当溺者的臀部移到池边时，慢慢放下，随后将右脚踏在池边上，右手托住溺者的颈部，左手抓住扶梯，弯腰向前，慢慢将溺者放倒，立即进行抢救。

（7）岸上急救。将溺者救上岸以后，首先观察溺者的病状，再根据情况做人工呼吸或做心脏按压，同时找救护车。

①观察病状。确认意识：握握手或大声喊叫，溺者若有意识就会反握握手者的手，或有回应，也有时眼皮眨动。此法大致可确认有无意识，如果仍无反应时，可用手拧一拧看，看其有无"痛"的反应。确认呼吸情况：把脸贴在溺者的鼻、口，感觉其呼吸的交流。同时观察胸腹部，若有呼吸，腹部就有上下起伏。

确认脉搏：一般可切手腕的动脉，切不到此脉时，就切颈动脉。成年人的正常脉率为60~80次/分。当脉搏只有30次/分左右时（无脉或微跳时），应立刻做心脏按压。

②人工呼吸（口对口的呼吸）。当溺者救上岸后，心脏还在跳动，应立刻进行人工呼吸。在进行人工呼吸前，先要清除溺者口鼻中的异物，保持呼吸道的通畅。有活动的假牙应取出，以免坠入气管内。如溺者牙关紧闭，救护者从他后面，用两手大拇指由后向前顶住溺者的下颌关节，并用力向前推，同时用两手的食指与中指向下搬颌骨就可搬开溺者的牙关。

③心脏按压。当溺者失去知觉时，将心脏按压和人工呼吸同时进行很重要。心脏按压法包括：俯卧压背法、仰卧举臂压胸法、侧卧压胸法和胸外压放心脏法。这里介绍常用的胸外压放心脏法。

胸外压放心脏法：此法使用于溺者无心跳或心跳极微弱时。具体方法：溺者仰卧，救护者跪在溺者身旁，将一手掌置于溺者的胸骨下端，另一手掌覆在上，两手掌重叠在一起，两臂伸直，借助身体的重力，稳健有力地向下垂直加压，压力集中在手掌根部，使溺者胸骨下陷3~4厘米，压缩心脏，然后抬起手腕，使胸廓扩张，心脏舒张。这样有节奏地进行，成人每分钟 60~80 次,直至心脏再跳动或确已死亡为止。

4. 自我救护

在游泳中,当发生抽筋时必须保持镇静,不要慌张,可呼救也可自救。在水中自我解救抽筋部位的方法,主要是拉长抽筋的肌肉,使收缩的肌肉松弛和伸展。自救的方法如下:

①手指抽筋:将手握拳,然后用力张开,这样迅速反复做几次,直到抽筋消除为止。

②小腿或脚趾抽筋:先吸一口气仰浮水面,用抽筋肢体对侧的手握住抽筋肢体的脚趾,并用力向身体方向拉。同时用同侧手掌压在抽筋肢体的膝盖上,帮助抽筋腿伸直。

③大腿抽筋:可同样采用拉长抽筋肌肉的办法解救。

三、游泳比赛基本规则

游泳比赛基本规则

第二节　定向运动

一、定向运动概述

(一) 定向运动的起源

19 世纪末 20 世纪初,欧洲北部斯堪的纳维亚半岛广阔而崎岖的土地上覆盖着一望无际的森林,散布着无数湖泊。城镇、村庄稀疏散落,人们的交通主要是依靠那些隐现在林中湖畔的弯弯曲曲的小路。在这样的地理环境中生活需要地图和指北针,经常在斯堪的纳维亚半岛山林中行动的军队,便成了开展定向运动的先驱。1918 年,瑞典的童子军领袖吉兰特组织了一次"寻宝游戏",这便是定向运动的雏形。由于活动组织方法简便,不仅对提高野外判定方向的能力及学习使用地图有好处,还能够培养和锻炼人的勇敢顽强精神,提高智力、体力水平,也不需要像其他体育项目那样在场地与器材上支付大量经费,娱乐性与实用性兼备,因此日益受到军队的重视,并且很快地在民间流传开来。自从 1919 年第一次正式的定向运动比赛在斯堪的纳维亚半岛举行之后,这个项目在北欧得到了迅速发展,并很快普及到世界各地。定向运动也由初期单一的比赛形式逐步演变为包括各种各样的比赛或娱乐项目在内的综合性体育活动。

(二)定向运动的发展

1. 定向运动在世界的发展

20世纪30年代,定向运动已经在芬兰、挪威、瑞典、丹麦立足,并且于1932年举行了第一次世界性的定向运动比赛。到1940年,仅瑞典就有38万人参加这项运动。1948年第一张定向专用地图、1950年第一张彩色定向专用地图均出自挪威的定向比赛中。两张地图的出现有力地促进了定向运动在世界上的扩展。1961年5月,在丹麦首都哥本哈根成立了国际定向运动联合会(International Orienteering Federation,简称国际定联),同时还确定了正式的比赛项目,制定了一系列的比赛规则与技术规范。组织机构的建立与完善促进了定向赛制的发展。

组织机构的建立与完善也促进了定向运动赛制的规范化和标准化。1969年,国际定联发布了第一部国际定向运动制图规范(ISOM1969),此后又对ISOM不断地进行补充和完善,先后发布了ISOM1975、ISOM1982、ISOM1990、ISOM2000,直到今天的ISOM。

1978年,国际定联在世界定向锦标赛中首次应用了国际检查点说明符号。检查点说明符号的应用减少了路线选择的偶然性,使路线选择技能在比赛中变得更加重要,比赛也变得更加公平。此后,国际定联又发布了国际检查点说明符号1990年版和2004年版。1978年,国际定联得到国际奥委会承认,1998年日本举行的冬季奥林匹克运动会上定向运动成为比赛项目。1994年世界杯赛中电子打卡系统第一次被应用,由此改变了路线设计的部分规则,使比赛路线更加复杂和有趣,同时也提高了定向运动对场地的适应性和比赛的公平性。

目前,经过百余年的发展,定向运动由初期单一的比赛形式逐步演变为包括多种比赛和娱乐项目在内的综合性群众体育活动。截止到2012年,国际定向运动联合会已经拥有73个成员国。1995年成立的世界公园定向运动组织(Park World Tour,PWT)也正在发展壮大,1996年世界公园定向组织成功地举办了第一届世界公园定向巡回赛(The Park World Tour Series,PWT)。

2. 定向运动在中国的发展

定向运动1979年传入我国香港,1983年传入我国内地。1992年7月,国际定向联合会批准中国以"中国定向运动委员会"名义加入该组织,成为正式会员国。1995年"中国定向运动委员会"正式更名为"中国定向运动协会",简称"中国定协",英文译名"Orienteermg Association of China",缩写为"OAC"。1994年,原国家体委和中国定向运动委员会决定举行每年一届的全国定向运动锦标赛,并于当年9月26日在北京举行了首届全国定向锦标赛。1998年,OAC还在北京举办了"98亚太地区定向锦标赛"。

1999年6月国家作出全面推进素质教育决定以后,定向运动开始在全国大、中学校加速发展,2003年发生的四个事件标志着定向运动在我国已进入快速发展时期:中国定向协会决定组建国家队;定向运动被确认为2004年上海全国体育大会正式比赛项目;定向运动被确定为2004年新学年开始实施的《全国普通高等学校体育教学本科专业课程方案》中主干课程的教学内容；隶属于教育部学生体育协会的"中国学生定向协会"（Student Orienteering Association of China，SOCN）在浙江成立。2004年，全国学生定向锦标赛和全国定向锦标赛分别开始举行。

（三）定向运动的定义、分类与形式

1.定向运动的定义

定向运动（orienteering）是指运动员借助定向地图和指北针，按组织者规定的顺序方式，自我选择行进路线并到访地图上所标示的地面检查点，以通过全程检查点，用时较短者或在规定时间找到检查点得分较多者为胜的一种体育运动。

2.定向运动的分类

（1）按运动工具的不同分类：
①徒步定向：如传统定向越野跑、接力定向、积分定向、夜间定向、五日定向、公园定向等。
②工具定向：如滑雪定向、山地自行车定向、摩托车定向等。
（2）按年龄不同分类：
按年龄不同可分为青年组、老年组和少年组。
（3）按性别不同分类：
定向运动按性别的不同可分为男子组和女子组。
（4）按技术不同分类：
定向运动按技术水平的不同可分为初级组（体验组和家庭组）、高级组和精英组。
（5）按参加人数不同分类：
定向运动按参加人数的不同可分为个人单项、个人双项和集体项。

3. 定向运动在现实生活中的活动形式

（1）定向越野（Cross-Country Orienteering）。它是组织方法比较简便、开展最为广泛的一种定向活动。比赛的成败在于识图的能力大小和野外奔跑能力的强弱，因此适于各种年龄、性别的人参加，是国际定向运动联合会（IOF，以下简称国际定联）正式承认的比赛项目之一。

（2）接力定向（Relay Orienteering）。是团体之间的定向越野比赛项目之一，通常两人或三人以上，比赛路线分为若干段，每名队员完成其中指定一段后尽快返回（接棒区），以触手方式进行交棒（不用接力棒）。其成绩好坏直接与团队精神及队员体能发挥好坏有关，比赛中每名选手完成其中一段，各段参赛选手的成绩相加为该团队的总成绩，以时间最短完成全部赛程者为胜。

（3）滑雪定向（Ski Orienteering）。可按个人、团队等形式进行比赛，与徒步定向的区别是借助滑雪装备。

（4）夜间定向（Night Orienteering）。是一种高难度的比赛形式，由于是夜间行进，不仅增加了比赛的难度,增强了吸引力和刺激性,选手需要了解更多的地形学。

(5) 记分定向(ScoreOrienteering)。通常以个人方式进行,它是在比赛区域内预先设置许多检查点,并根据地形的难易程度、距离远近、点的位置相互关系不同而赋予每个检查点以不同分值,选手必须在规定时间内自行寻找若干或全部的点,以积分最高为优胜。

(6) 五日(或多日)定向(O-Ringen)。比赛共进行五天(多天),比赛路线若干,每次都单独记录下个人成绩,最后再算总成绩,除设置许多点外,还设有若干营地可供休息参观及文娱活动,参赛者必须具备野外生存知识。

(7) 校园(公园)定向(School Orienteering)。校园(公园)定向就是在校园内(公园)进行的定向活动。

(8) 百米定向(100-Meterso for ientcering)。在大约100米×100米的场地内进行比赛。在比赛过程中,观众可以看到运动员比赛的全过程(赛场内还可伴有音乐)。运动员在出发区得到一张地图,并且在赛前分析地形、做路线选择。比赛区、起点和终点是有严格界限的,未出发运动员不能够看到其他运动员的比赛过程。比赛地图采用1:500的地图,等高距为1米。地图标注非常细致,一般150~400米设置5~13个点。

(9) 特里姆定向(Trim Orienteering)。在一定的区域内设置许多永久性检查点,不规定完成时间,以寻找到点数的多少给予鼓励。

按不同交通工具可分为自行车定向、摩托车定向、汽车定向、划船定向、滑雪定向、骑马定向等形式。

(四) 定向运动的主要赛事

1. 国际主要定向赛事

(1) 世界定向锦标赛(WOC)。目前世界上设置项目最全、最具竞争力的赛事。比赛设徒步定向、滑雪定向、山地自行车定向和轮椅定向等项目。其中徒步定向始于1966年,每两年一届,2003年起改为每年一届。

(2) 世界青少年定向锦标赛(JWOC)。为年龄在19~20岁的选手举办的比赛。赛事始于1986年,1990年开始有了正式比赛,每年举办一届,比赛分男女两组进行。

(3) 世界元老定向锦标赛(WMOC)。为35岁以上选手举办的比赛。赛事始于1998年(1983年以前用其他赛名进行),每年举办一届,所有会员国与个人均可参加(每年约4000参赛者)。设有男、女35~39岁组,男、女40~44岁组,男、女45~49岁组,男、女50岁以上等组别。该赛事在我国曾被称为"世界大师定向锦标赛"。

(4) 世界杯定向赛(WC)。始于1983年,基本以个人方式参与,设有标准距离、短距离和公园定向。每两年一届(非世锦赛年),2004年以后改为每年一届(作为世锦赛的选拔赛)。

(5) 世界定向排位赛(WRE)。始于1998年,该赛事为各国协会提供举办高水平国际赛事的机会,通过排位,累计积分。

(6) 世界公园定向巡回赛(PWT)。比赛设若干站,在世界各地城市或公园巡回举行,设总奖金和总排名，只有世界前 25 名的男女运动员有资格参赛。比赛始于 1996 年，每年一届。

(7) 瑞典五日定向节（O-Ringen5-days）。世界上规模最大的定向运动赛事和定向旅游节。

(8) 芬兰 24 小时定向接力赛（Jukpla）。世界上规模最大的定向接力赛。每年 6 月在芬兰白昼地区持续比赛 24 小时，比赛设男子组（7 棒）和女子组（4 棒）。

(9) 瑞典 10 公里夜间定向接力赛（Tiomila）。世界上最刺激的夜间定向接力赛，每年 4 月末在瑞典举行。

(10) 世界大学生定向锦标赛（World University Orienteering Championships）。比赛始于 1978 年，每两年举行一届。

(11) 世界中学生定向锦标赛（World Schools Orienteering Championships）。比赛始于 1998 年，每两年举行一届。

2. 主要国内定向赛事

(1) 全国大学生运动会定向锦标赛。我国级别最高的定向赛事之一。2004 年首次被列为正式比赛项目，并于 2007 年列为全国大学生运动会正式比赛项目。

(2) 全国定向锦标赛。我国规模最大、影响最大的高水平定向赛事。比赛始于 1994 年，每年一届。早期参赛单位以学校为主，现在户外俱乐部、测绘系统、部队系统、行业体协等都广泛参与。

(3) 全国定向冠军赛。我国级别最高的定向赛事之一。只有在全国定向锦标赛上成绩优异的运动员才有资格参加。比赛始于 2004 年，每年一届。

(4) 全国学生定向锦标赛。我国教育系统规模最大的高水平定向赛事。比赛始于 2002 年，每年一届，全国初中三年级及以上的学生可以以学校为单位参加。

(5) 全国城市定向系列赛。为了推广和普及定向运动，在全国各城市举办的定向系列赛事。比赛始于 2002 年，不定期举行。

(6) 全国体育大会定向运动赛。四年一届的全国体育大会是我国非奥运项目的最高级别的体育盛会。

二、定向运动的基本技能

(一) 野外辨别方向

1. 利用指北针

判定方位时，将指北针平放，待磁针静止后，磁针 N 极所指方向就是北，若面向北则左为西，右为东（图 7-30）。

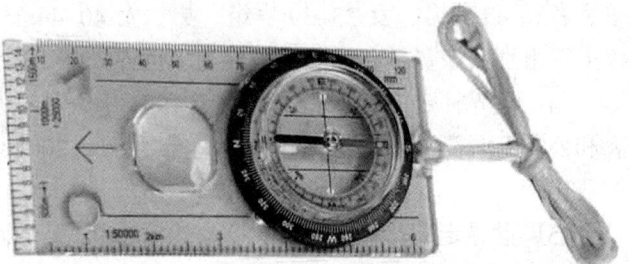

图 7-30 指北针

2. 利用北极星判定

北极星是最靠近北天极的一颗恒星，夜间找到北极星就找到了北方。北极星的位置可根据大熊星座判断，大熊星座甲、乙两星的连线延长五倍甲乙两星距离处，有一颗较亮的星就是北极星，仙后星座主要由五颗明亮的星组成，在缺口方向约为缺口宽度的两倍处，就可找到北极星（图7-31）。

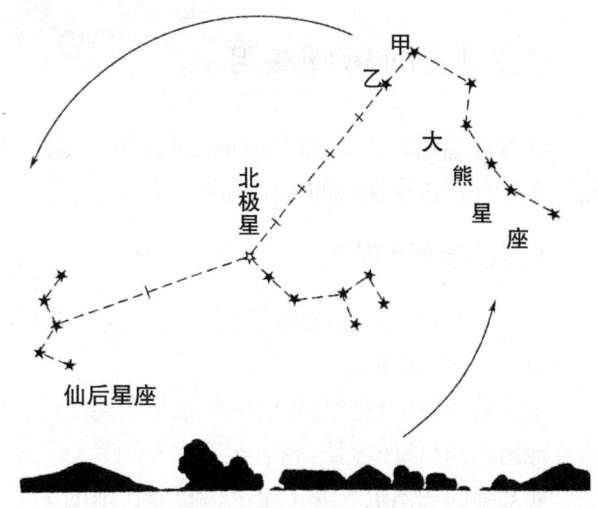

图 7-31　北极星判方位

3. 利用太阳与时表的关系判定

一般说来，在当地时间 6 时左右太阳东升，12 时在正南，18 时左右西下，根据这一规律便可判定大概的方向。利用太阳和时表判定方位的要领是：时数折半（每日以前 24 小时计算）对准太阳，"刻度 12"指的便是北方。如现在是上午 10 时折半是 5 时，则应以表盘中心与"5"字的延长线对准太阳，刻度 12 指的方向为北方（将表平放）。若现在是下午 2 时（即 14 时）40 分，折半是 7 时 20 分，则将"7"字后两格处的延长线对向太阳，刻度 12 指的方向为北方（图 7-32）。

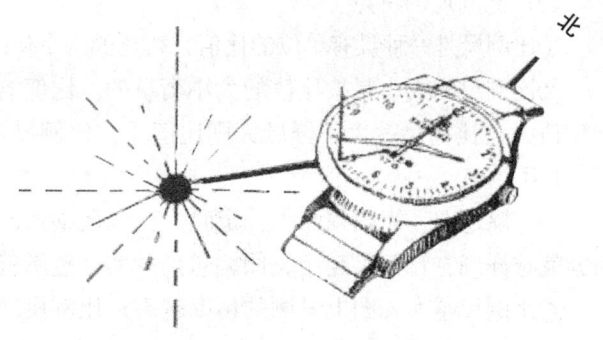

图 7-32　太阳与时表判方位

4. 利用自然条件判定

有些地物由于受阳光气候等自然条件的影响，形成了某种特征，可利用这些特征来概略判定方位。

①独立大树，通常南面的枝叶较茂密，树皮较光滑，北面的枝叶较稀疏，树皮较粗糙。有时还长青苔，从树的年轮看，通常北面的间隔小，南面的间隔大。

②突出地面的地物，如土堤、土堆、建筑物、田埂等。南面干燥，青草茂密，北面潮湿，易生青苔。凹陷物体如土坑、沟渠以及林中空地特征则相反。冬季田埂、土堤和建筑物等通常南面积雪融化快，北面积雪融化慢。

③我国大部分地区，尤其是北方大的庙宇、宝塔的正门、农村房屋的门窗多朝南开，而草原上的蒙古包门多朝向东南。

（二）地图的识别和使用

与其他地图相比，国际定向越野使用的地图（以下简称越野图）是一种更为清晰易读，便于在野外行进中使用的专用地图。

1. 越野图的比例尺

比例尺是地图上最重要的参数之一。要想学会识别、使用越野图，首先应懂得地图比例尺。

（1）比例尺的概念。

图上某线段的长度与相应实地水平距离之比，叫地图比例尺。

地图比例尺=图上长÷相应实地水平距离

如某幅图的图上长为 1 厘米，相应实地的水平距离为 15000 厘米，则这幅地图是将实地缩小 15000 倍绘制的，1 与 15000 之比就是该图比例尺，叫 1:15000 或 1:1.5 万地图。

（2）比例尺的特点。

①比例尺是一种没有单位的比值，相比的两个量的单位必须相同，单位不同不能成比；

②比例尺的大小是按比值的大小衡量的。比值的大小，可按比例尺分母来确定，分母小则比值大，比例尺就大；分母大则比值小，比例尺就小。如 1:1 万大于 1:1.5 万，1:25 万小于 1:1 万；

③一幅地图，当图幅面积一定时，比例尺越大，其包括的实地范围就越小，图上显示的内容就越详细；比例尺越小，图幅包括的实地范围就越大，图上显示的内容就越简略；

④比例尺越大，图上量测的精度越高；比例尺越小，图上量测的精度也就越低。

2. 图上距离的量算

（1）用直尺量读。

当利用刻有"直线比例尺"的指北针量读时，可根据刻在尺上的数值在图上直接读出相应实地的距离。当利用"厘米尺"量读时，要先从图上量取所求两点间的长度，然后乘以该图比例尺分母，即得出相应的水平距离（需将结果换算为米或公里）。实地距离=图上长×比例尺分母，如在 1:1.5 万越野图上量得某两点间的距离为 3 毫米（0.3 厘米），则实地水平距离为：3 毫米×15000=45000 毫米（45 米）当量算某两点间的弯曲（如公路）距离时，可将曲线切分成若干短直线，然后分段量算并相加。

（2）估算法。

估算法又叫心算法，这种方法在定向越野比赛中最有实用价值。掌握估算法需要具备下述能力。

①包括图上的距离和实地的距离：能够辨别 0.5 毫米以上。

②能够精确地目估距离，在图上，尺寸的差异；在实地，目估距离的误差不超过该距离总长度的 1/10，如某两点间的准确距离为 100 米，目估出的距离应在 90~110 米。

③熟知几种图上常用的尺寸单位与相应实地水平距离的对应关系。例如，在 1:1.5 万图上，1 毫米相当实地 15 米；2 毫米相当实地 30 米，1 厘米相当实地 150 米（表 7-3）。

表 7-3　几种基本尺寸相当于实地的水平距离

基本尺寸 \ 比例尺	1:10000	1:15000	1:20000
0.5mm	5m	7.5m	10m
1mm	10m	15m	20m
2mm	20m	30m	40m
5mm	50m	75m	100m
10m	100m	150m	200m

(3) 图上量算距离应注意的问题。

从越野图上量得的距离，不论是直线还是曲线，都是两点间的水平距离。如果实地的地形平坦，图上所量距离接近于实地水平距离；如果实地两点间的地形起伏，则两点间的实际距离大于图上量得的水平距离。因此，在计算行进里程时，必须根据地形的起伏情况进行具体分析，将图上量得的距离加上适当改正数。表 7-4 是根据在不同坡度的道路上经实验得出的改正数。在有些地区（如深切割的山地），实际改正数可能会大于该表中所列的数据。

表 7-4　水平距离改正数

坡	加改正数（%）	坡度	加改正数（%）
0°~5°	3	20°~25°	40
5°~10°	10	25°~30°	50
10°~15°	20	30°~35°	65
15°~20°	30	35°~40°	80

如果对行进的里程只求概略地了解，可以根据下列经验数据进行改正，如表 7-5 所示。

表 7-5　不同地形的改正数

地形类别	加改正数（%）
平坦地（有微起伏）	10~15
丘陵地（比高 100 米以下）	15~20
一般山地（比高 100~200 米）	20~30

3. 越野图的注记

越野图的注记主要分为三类。

(1) 地名注记。

在越野图上，地名的表示并不重要，除非对运动员判定方向与确定站立点非常有用，地名（包括村镇、河流、高地等）一般不表示。

(2) 高度注记。

高度注记分为等高线注记（注在等高线上）、高程注记（地面高程注记绘有测注点"."，水面高程注记旁则不绘测注点）和比高注记三种。

(3) 图外说明注记。

越野图图外说明注记包括比例尺、等高距、图名、图例、出版单位、出版时间、成图方法、用图要求等。有时越野图上还会印有检查卡片、检查点说明表、赞助人广告等。

4. 越野图的符号

识别越野图的符号对于正确使用越野图十分重要。识别符号不能靠机械地记忆，需要了解它们的制定原则，了解符号的图形、色彩和表意之间的逻辑联系，这样才能根据符号联想出每一种地面物体的外形、特点和它的专门功能。

(1) 符号的分类与颜色。

如同其他地形图一样，越野图也要求完整而详细地表示地貌、水系、建筑物、道路、植被和境界，即所谓"地图的六大要素"。根据定向越野比赛的特殊需要，国际定联将越野图的符号分成五类。

①地貌，用棕色表示。这类符号还包括小丘、小洼地、土崖、冲沟、陡坡、土垣等表示地面详细形态的专门符号。

②岩石与石块，用黑色表示。岩石与石块是地貌的特殊形式，它们既可以为读图与确定点位提供有用的参照物，又可以向运动员表明是危险还是可奔跑通行的情况。为使它们明显地区别于其他地貌符号，这一类符号使用了黑色。

③水系与淤泥地（沼泽地），用蓝色表示。这类符号包括露天的明水系和水生或沼泽生的植物。

④植被，用白色或空白、黄色和绿色普染表示。植被情况的详细区分和全面表示非常重要。植被按下列基本原则表示：

——白色（空白）指一般性起伏地上的树林的密度适度，地面上无阻碍行进的灌木或杂草丛，可以按正常速度奔跑的地区。

——黄色指空旷的地域。分为空旷地、半空旷地及凌乱的空旷地。

——绿色指树林中密度较大的地区。按可跑性分为慢跑、难跑、通行困难三种类型。慢跑：使正常跑速降低20%~50%；难跑：使正常跑速降低50%~80%；通行困难：使正常跑速降低80%~100%。上述可跑性的区分均取决于树林的生态，如树种、密度及矮树、草丛、蕨类、荆棘、荨麻等的生长情况。

⑤人工地物，用黑色表示包括各种道路、房屋、栅栏、境界等地图符号。

(2) 符号的等级。

根据各类符号在世界各国定向越野图上出现的频率，同时为了促进全世界定向越野地图的标准化，国际定联将越野图的符号分成三个级别：

A——适用于各种国际比赛和世界锦标赛；

B——可以用于一定地形类别之中；

C——在特殊地形中补充A级和B级的非国际通用符号。

在国际定联1982年制定的《国际定向运动图制图规范》（*Drawing Specifications for International Orienteering Maps*）中，A级符号列出73个，B级符号列出25个，C级符号未做统一规定。

(3) 符号的大小与相互关系。

为了完整而详细地表示出地形，同时又能保证越野图的清晰、易读，国际定联规定了越野图符号的最小尺寸，以及相互靠近符号的关系的处理原则与最小间隔。符号的大小、线条的粗细、符号间最小距离的规定，都是以日光条件下的正常视力和地图制印能力为依据制定的。通常：

①岩石类符号、河流与沟渠类符号,最短不小于 0.6mm;

②虚线符号,至少应有两段;

③点状符号,至少应有两个点;

④淤泥地最小面积应为两条 0.5mm 长的线;

⑤蓝、绿、灰、黄的普染色块和黑色的网点,图上最小面积为 0.5mm²;蓝、绿、黄色的网点最小面积为 1.0mm²。

⑥同颜色的两条线间的最小距离,如黑与黑、棕与棕之间,为 0.15mm;

⑦两条蓝色线之间的最小距离为 0.25mm。

当若干小而重要的地物紧靠在一起,即使用最小尺寸的符号表示,符号大小也超过了实地地物的大小时,这些符号仅保持了它们相互间位置关系的正确性,实际的准确位置已经做了合理的移动。

(4) 符号的图形特点(不包括 C 级符号)。

无论何种地物,它们在实地的平面形状特点都可以被理解为面状的、线状的和点状的。在这一点上我们发现,图上各种符号的图形特点与实地地物的形状特点之间具有惊人的相似之处,并且一一对应。

①面状的。这类符号在实地的面积通常较大,包括树林、湖泊、宽河、淤泥地、建筑群等,它们用依比例尺描绘的符号或轮廓符号表示。我们可以在图上直接量算出地物在实地的长宽和面积,因此有些教科书称这类符号为"依比例尺表示的符号"。

②线状的。这类符号包括小河、公路、铁路、窄林道、石垣等,它们的长度是依比例尺缩绘在图上的,宽度则没有依比例尺表示,因此这类符号又被称作"半依比例尺表示的符号"。

③点状的。这类符号在实地的面积或体积通常较小,但它们的外形或功能却具有明显的方位作用,是运动员在行进中的重要参照物。例如水坑、石块、塔形建筑物、水井等,用不依比例尺描绘的图案符号或点状符号表示。在图上,点状的符号本身并不指明地物的大小或它所占有的面积,因此不能进行量算。这类符号拥有自己的"定位点",即地物在实地的精确位置。点状的符号又被称为"不依比例尺表示的符号"。

(5) 认识符号需要注意的问题。

在越野图上,对于一组属性相近的地物,通常只规定一个基本符号,然后根据这些符号的不同分类,分别使用不同的颜色。在识别符号时,不要搞混。

为了表示某些同类地物之间的差别,一般只将它们的基本符号做一些局部的改变或方向调整,在认识这些符号时应特别仔细,注意符号本身或其与周围地形之间的细微差别(表 7-6)。

表 7-6 同类地物的符号区分

符号举例	符号名称	符号特点	颜色
	不能通过的陡崖	边缘线粗	黑
	能通过的陡崖	边缘线细	黑
	围栏	单齿线	黑
	高围栏	双齿线	黑
	岩坑	缺口朝上	黑
	山洞	缺口朝下坡方向	黑

当若干同类符号以某种有规律的排列方式来表示地物时,它们所反映的只是地物的性质和范围,并不代表地物的个数和精确位置。某些地物,虽然它们的性质相同,但当它们的长度、宽度或直径不同时,图形特点将会改变——"在一定条件下相互转化"(表7-7)。

这就说明,面状地物、线状地物或点状地物,虽然它们的符号在图上的区别比较明显,但在实地,除非具有足够的经验,否则就不易看出它们的区别。

表7-7 同类符号的图形特点转化

现地地物	转化条件	符号及其名称	图形特点
池塘	图上大于1mm²	湖泊	面状的
	实地直径小于5m	水坑	点状的
河流	实地宽度在5m以上	宽河	面状的
	实地宽度2~5m	小河	线状的

4. 地图上的等高线和等高距

等高线是指地形高度的差距。它们表示哪里有山、哪里有坑谷,以及地形的陡缓。在很多公园图中,等高线较少,但也有很多公园和森林图中,等高线较多,且高度各异。因此读懂等高线很重要,因为它在很大程度上影响路线的选择。相邻两条等高线之间的距离在地图上用等高距表示,通常为2~5米。不同地图,等高距不同。同一幅图上采用同一等高距。等高线显示地貌的特点:一是在同一条等高线上的各高度相等并各自闭合;二是在同一幅图上,等高线多山就高,等高线少山就低。三是等高线间隔大的坡度缓,间隔小的坡度大;四是图上等高线的弯曲形状和相应实地地貌的形状相似(图7-33)。

等高线的种类和作用:等高线按其作用不同,分为四种(图7-34)。首曲线用于显示地貌的基本形态;间曲线用于显示曲线所不能显示的局部地貌;助曲线用于显示间曲线还不能显示的局部地貌;计曲线是便于在图上计算高程,从高程面算起,每逢等高距五倍处的首曲线描绘成粗实线。

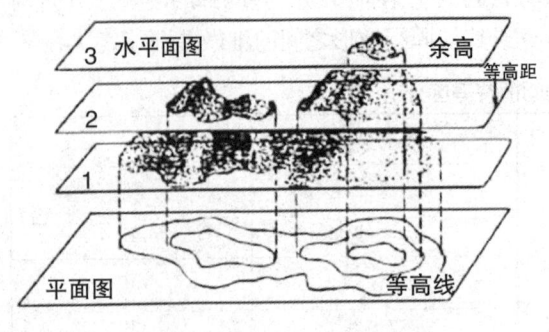

图7-33 等高线与地貌

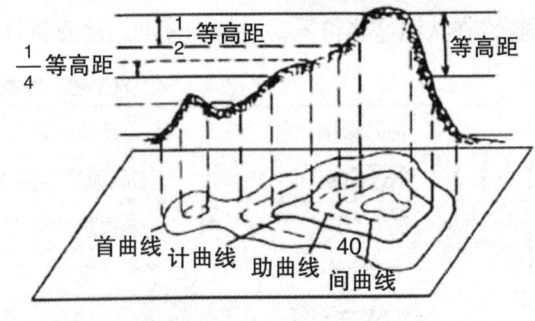

图7-34 等高线的种类

5. 地貌识别

在地形图上,通过等高线和地貌符号,来识别地貌的各种形态。

(1) 山顶。是以等高线中最小环圈表示,有时用示坡线表示斜坡方向,绘在环圈外侧(图7-35a)。

(2) 凹地。除环圈形等高线表示外,还必须在环圈内侧绘有示坡线,示坡线在等高线内侧(图7-35a)。

(3) 山背。等高线向外凸出部分表示山背,各等高线凸出部分顶点的连线为分水线(图7-35b)。

(4) 山谷。等高线向里凹入的部分表示山谷,各等高线凹入部分顶点的连接线为合水线(图7-35b)。

(5) 鞍部。图上用一对表示山脊和一对表示山谷的等高线显示(图7-36)。

(6) 山脊。由若干山顶,在鞍部连接的凸棱部分,山脊的最棱线为山脊线(图7-37)。

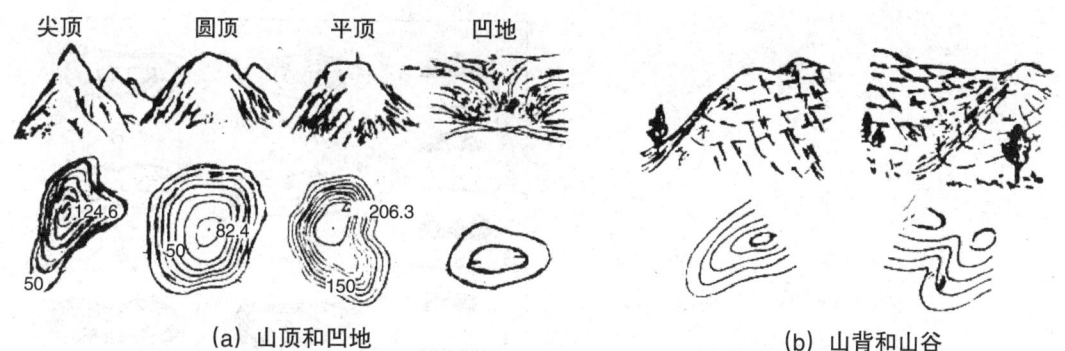

(a) 山顶和凹地　　　　　　　　(b) 山背和山谷

图 7-35　地貌识别

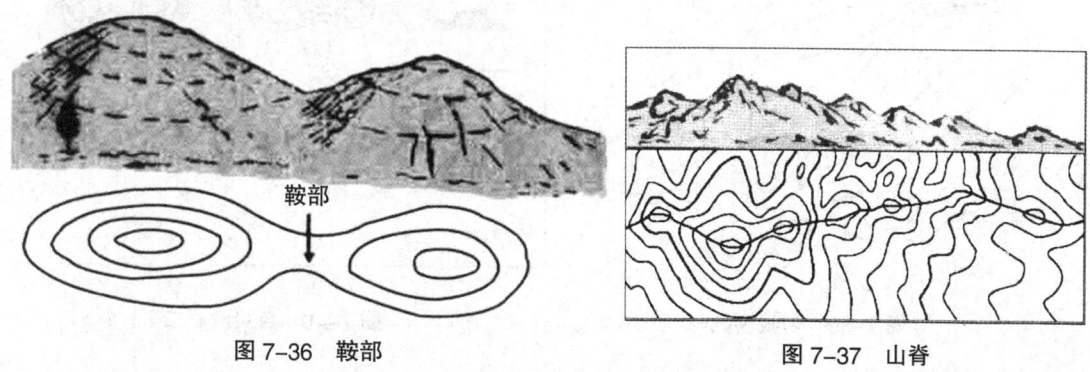

图 7-36　鞍部　　　　　　　　图 7-37　山脊

(7) 特殊地貌。指等高线无法显示的地貌。在地图上用特殊符号所示的地貌,如变形地、岩峰、露岩地等(图7-38)。

练习:自我测试(图7-39)。此等高线图上有一些标明数字的箭头,请试说出这些箭头指的方向是地势升高了,还是降低了或是保持同样的高度。

请把以下的八个图对号入座(图7-40)。

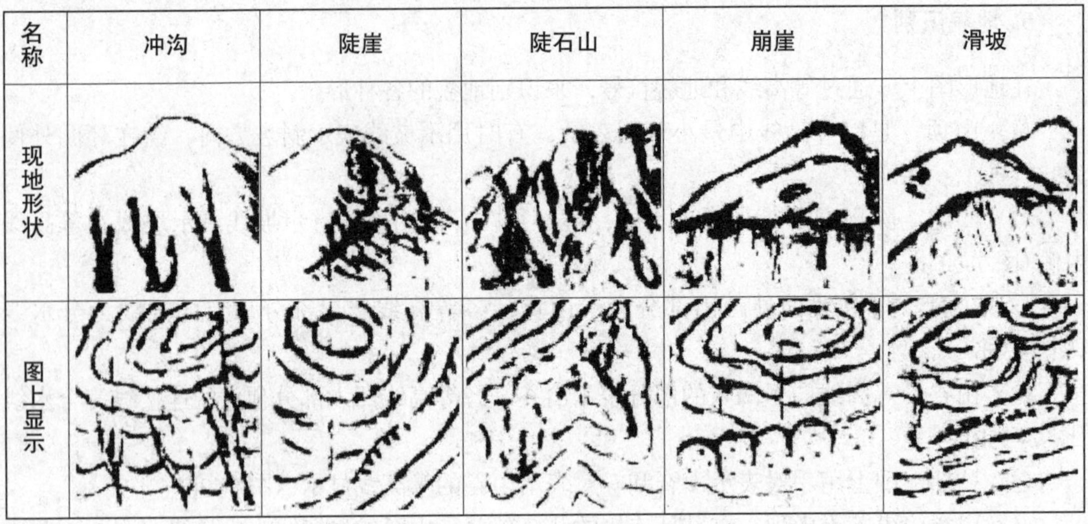

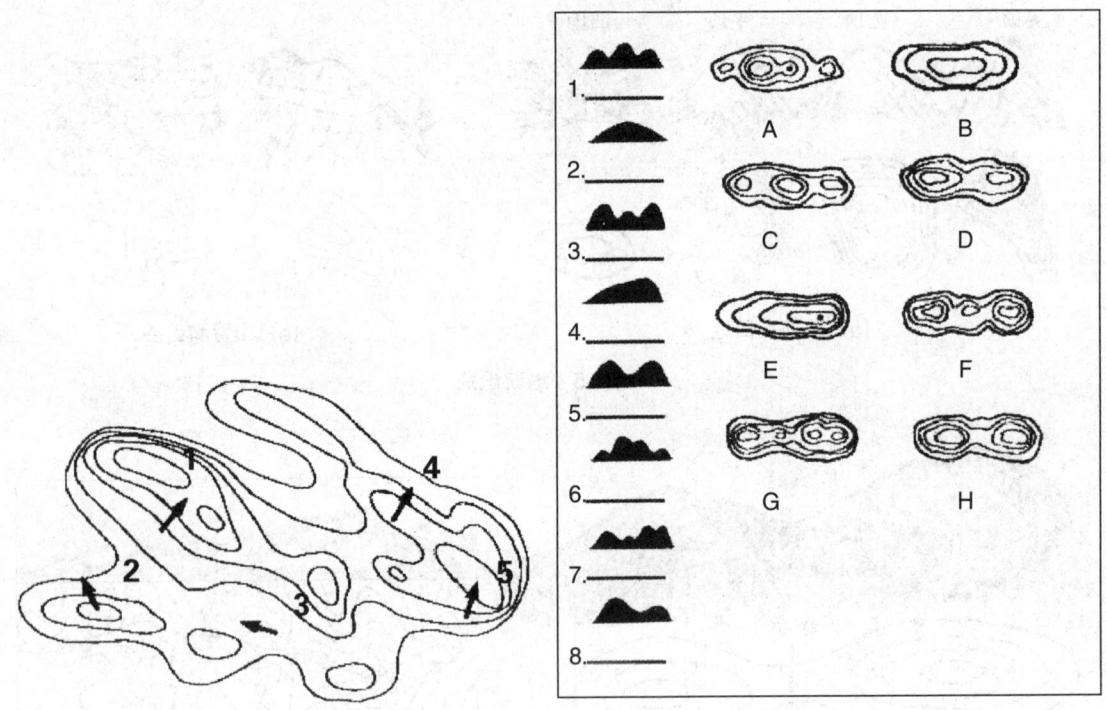

图 7-38 特殊地貌

图 7-39 自我测试一

图 7-40 自我测试二

6. 图上起伏的判定

判定起伏就是在地图上判定哪是上坡,哪是下坡。判定起伏时,首先要对判定的区域进行总的地势分析,在该区域内,找出明显的山顶,分析这些山顶之间的联系,找出山脊及其他主要分水线、合水线的走向,然后结合河流、溪沟的具体位置,判定出总的升降方向。在总的地势分析之后,进行具体分析时要注意基本的一点,即在地图上,凡属运动路线与某条等高线近似平行的是平路外，其他现象（与某条等高线越来越近或越来越远或相交）则不是上坡就是下坡。具体分析时，还可以从以下几个方面来考虑。

（1）根据高程注记判定。地图上有高程注记时，可以根据高程注记判定起伏。高程注记递增的为上坡方向，递减的为下坡方向；等高线上的高程注记同，字头朝向上坡方向，相反方向就是下坡方向。

练习：自我测试一

试述图7-41运动路线的起伏。

运动路线的起伏是：1—2为上坡；2—3为上坡；3—4为下坡。

（2）根据示坡线判定。示坡线与等高线连接的一端为上坡方向，另一端指向下坡方向。

（3）根据河流符号判定。当一组等高线在河流一侧，靠近河流的等高线低，远离河流的等高线高，即当离开河流一侧做横向运动或成一定角度运动时，就是上坡，相反方向运动就是下坡。当一组等高线横穿河流，上游等高线高，下游等高线低，即根据运动的方向，可判定出上坡或下坡。

练习：自我测试二

试述图7-42运动路线的起伏。

运动路线的起伏是：1—2为上坡；2—3为下坡；3—4为下坡。

（4）根据地貌的基本形态判定。地貌的一般特点是：山地高，平地低；山顶高，鞍部低；山背高，山谷低；山脊高，山脚低。根据地图上的等高线的图形识别出地貌的各种基本形态，结合具体运动路线，起伏则一目了然了。

练习：自我测试三

试述图7-43运动路线的起伏。

运动路线的起伏是：1—2为上坡；2—3为平路；3—4为下坡；4—5为上坡；5—6为上坡；6—7为下坡。

7. 图上坡度的判定

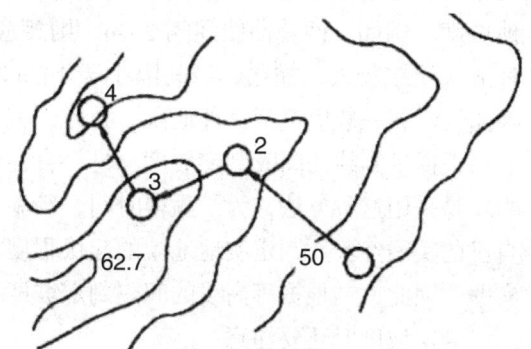

图7-41 自我测试一

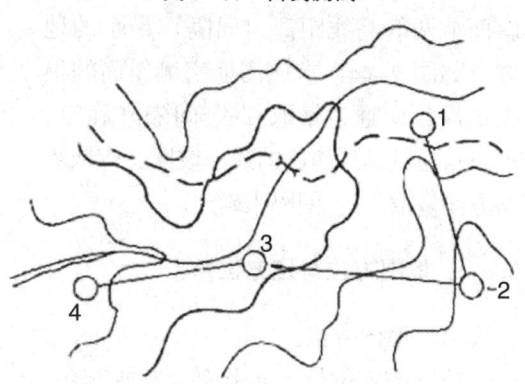

图7-42 自我测试二

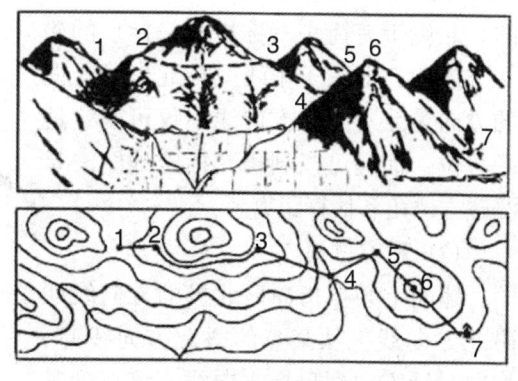

图7-43 自我测试三

坡度，即斜面相对水平面的倾斜程度。通常以角度或倾斜百分率（坡度正切数的百分比）表示。判定坡度，即判定一运动路线的某一局部或山体某一斜面的坡度为多少，或百分之几的坡度。

斜面坡度的大小对定向越野运动非常重要。运动员运动时要根据坡度的大小，结合自己的体力选择理想的运动路线，就必须学会在地图上判定坡度。

判定的方法是：根据等高线的间隔判定。现在以 1:10000 比例地图、等高距为 5m 时说明根据等高线间隔判定坡度的方法。如地图上相邻两条曲线（包括记曲线）间隔为 1mm，则相应实地坡度 27°，间隔大于 1mm 时，只要用 27° 除以间隔的毫米数，即可得到相应的实地坡度。例如，两首曲线间隔 2mm，则相应坡度 =27°÷2=13.5°。间隔小于 1mm 时，采用这种方法误差较大，加之，当间隔小于 1mm 时，实地坡度大于 27°，通行困难，运动员在选择路线时，一般应避开这种地段。因此，就不必具体判定其坡度大小。

根据等高线的间隔判定坡度，是一直在地图上较准确的判定方法，但参赛者在快速奔跑中不易采用这种方法，为了赢得时间，经验丰富的运动员，是根据等高线的疏密程度，结合自己的实践经验，判定实地地貌的起伏程度，从而确定出理想的运动路线。经验来源于多次实践，因此，"根据等高线的间隔判定坡度"可以作为判定坡度的基础训练。

判定坡度时还要注意：

求某斜面的最大坡度时应尽量取该斜面上两等高线距离（间隔）最小的地方。如图 7-44，求该高地南侧斜面的最大坡度，应通过量取"a"间隔来确定；求小路通过高地南侧的最小坡度，应依小路方向量取"b"间隔来确定。

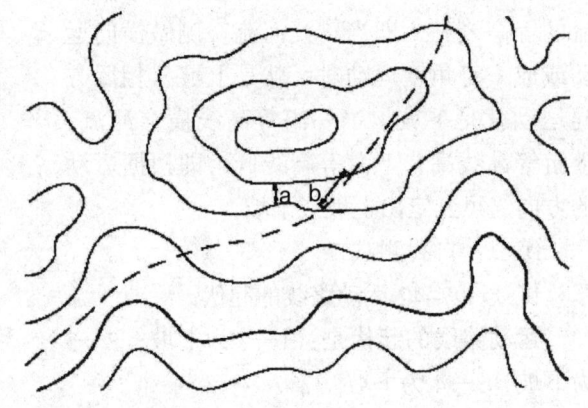

图 7-44 图上坡度的判定

8. 地图方位与磁方位角

（1）地图方位。

地图的方位是上北下南、左西右东，这是使用地图必须首先明确的。在专用定向越野地图上，绘有若干等距离平行的、北端带有箭头（称指北矢标）的磁北方向线，即磁子午线。指北矢标指向的方向为北。磁北方向线不仅可确定地图方位，而且可以利用其标定地图、量测磁方位角和估算距离。

（2）磁方位角。

地面上某点指向磁北极的方向线叫磁北方向线。从某点的磁北方向线起，按顺时针方向到目标方向线（该点到某一目标的延长线）之间的水平夹角叫磁方位角，如图 7-45 所示。

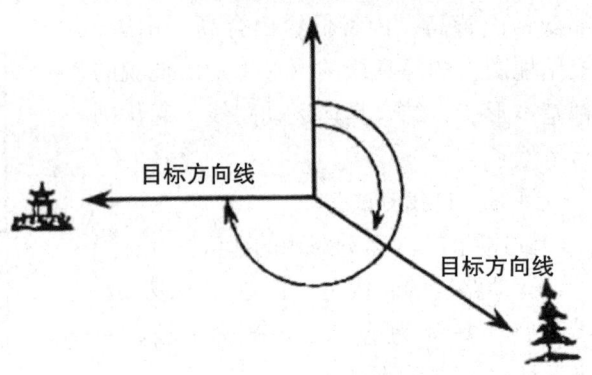

图 7-45 磁方位角的确定

①在地图上测磁方位角。

在定向越野运动途中，如从某站点向某目标点（包括检查点）运动，需要按磁方位角运动时，先要在地图上量测出从站立点到目标点的磁方位角。量测的步骤如下：

a. 利用指北针标定地图。标定地图就是使地图的方位与实地的方位一致，它是图上量测磁方位角的前提。标定地图时使指北针的长尺边或底盘上任一条标尺线与地图上任一条磁北方向线（使用复印地图时，为任一条坐标纵线）相切，且应使前进方向箭头（用六二式指北针时，为指北针准星）的方向与地图北方一致。转动地图，使磁针北端（涂有红色的一端）指向中心指示线（使用六二式指北针时，应使磁针北端指向零分划），此时，地图方位与实地方位一致，地图即已标定。地图的最正上方往往指北，那么，正下方指南，左西，右东。

b. 在标定地图的基础上，如图7-46，要测2号检查点（独立树南侧）到3号检查点（十字路口东南侧）的磁方位角。首先将指北针的长尺边或任一条标尺线切于这两点上，并使前进方向箭头朝向3号检查点方向（图7-46a），待磁针稳定（如图状况）后，转动方位罗盘，使定向针头与磁针北端重合，此时指北针中心指示线所对正的度数分划，即为2号检查点到3号检查点的磁方位角，如图所示是63°（图7-46b）。

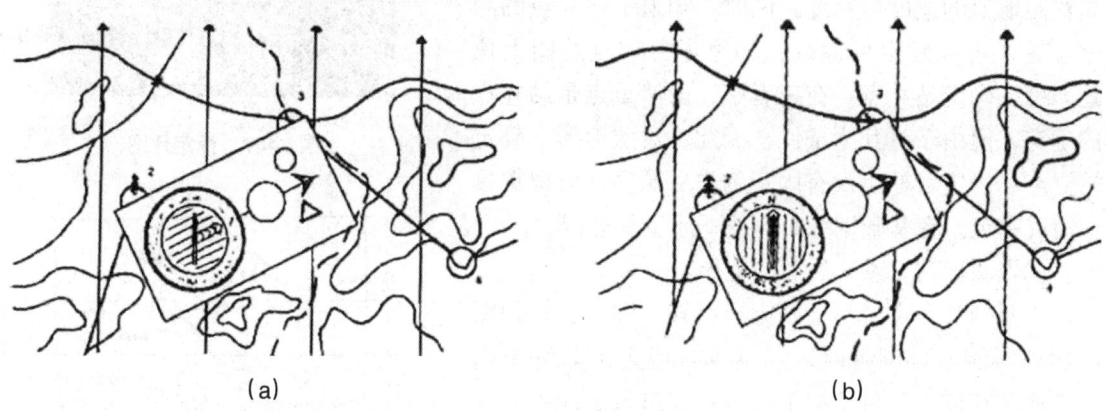

图7-46 磁方位角演示操作

②在实地测磁方位角。

在定向越野运动途中，需要用磁方位角交会法确定站立点时，要在实地量测磁方位角，即在实地测定从站立点到某一目标点的磁方位角。量测时，左手平持指北针（使用六二式指北针时，反光镜与分划盘约成45°），通过前进方向箭头（六二式指北针通过缺口与准星）瞄向目标，待磁针稳定后，转动方位罗盘，使定向箭头与磁针北端重合，此时指北针中心指示线所对正的度数，即为站立点到目标点的磁方位角（使用六二式指北针可直接读出磁方位角的大小）。

9. 图上与实地对照

识图是基础，用图是关键。地图与实地对照，就是将地图上的地物、地貌符号与实地的地物、地貌逐一对应。目的在于明确地图与实地的关系，通过查看地图，即可了解实地地物的分布状况、地貌的起伏程度，以及它们之间的相互关系、位置；还可以根据地图上标出的比赛路线，在实地选择出正确的运动方向及具体运动路线，并保证按预定的路线运动。地图与实地对照，通常按标定地图、对照地形、确定站点与确定目标点四个步骤进行。

（1）标定地图。

请看图7-47：这张图已被正确定向。大家可以清楚地看出：湖在图的右边；商店、学校、运动场在图的左边。因此,最简单的方法就是找到大而有明显特征的地物做标志。如建筑物、道路、湖泊等。

(2) 对照地形、确定站点与确定目标点。对照地形就是将地图与相应实地的地物、地貌进行逐一对照;确定站立点,就是在实地确定自己站立点在地图上的相应位置;确定目标点,就是确定实地某一目标在地图上相应的位置。

对照地形、确定站点和目标点,三者互为条件,有密切联系。通过对照地形,可以确定站立点和目标点;知道了站立点或某个目标点的图上位置,可以提高对照地形的速度与精度。同时,知道了站立点的图上位置,可以确定目标点;知道了目标点的图上位置,可以确定站立点。在三者中,虽然重点是站立点的确定,但由于可互为条件,因此,对照地形、确定站立点、确定目标点没有固定的先后顺序,可根据具体情况决定。在基础训练时应按下述步骤进行。

图 7-47　标定地图

①先明确站立点、后对照地形。

先明确站立点,是指站立点已知,即在进行地图与实地对照基础训练时,站立点一般先由教练员指出;通常在以下几种情况下出现:在进行定向越野模拟训练和比赛时,出发点(即出发点的站立点)已经在地图上标明;在越野运动中运动员已经明确站立点。后对照地形,是在站立点已知的前提下对照地形(图7-48)。

在初次进行野外地图与实地对照时,应利用已知站立点对照地形,先进行控制对照,即可对照大而明显的控制点,如较高的山顶,较明显的鞍部大的山背、山谷与明显的地物等,根据这些控制点所在地图上的相互位置,从而确定它们在实地的相应位置。这样可提高对照的精度和速度,控制对照的范围。进行控制对照的具体方法是光线法。如图7-49,从图上

图 7-48　地图与实地对照

可以看出,起控制作用的有山顶、独立房、独立石与大车路等。进行控制对照时,要确定图上这些控制点的实地位置,应在标定地图的基础上,用指北针长尺边分别切于图上站立点,并依次通过各控制点向实地瞄准,在直尺边的延长线上,根据站立点与每个控制点的距离、地形特征,即可在实地找到这些控制点。要确定实地这些控制点的图上位置时,标定地图后,则可用指北针长尺边切于图上站立点,分别向实地各控制点瞄准并画方向线,目测站立点至控制点的实地距离,依比例尺并根据控制点的地形特征,即可确定它们的图上位置。

在控制对照的基础上，再进行细部对照。进行细部对照时，以控制点为准进行分片对照；也可以由近至远、由左至右或由右至左进行对照。这时对照的重点是地貌，根据图上等高线的弯曲形状、间隔距离，结合等高线显示地貌的原理与特点，与实地地貌进行分析比较，反复验证，使地图与实地逐一对应。

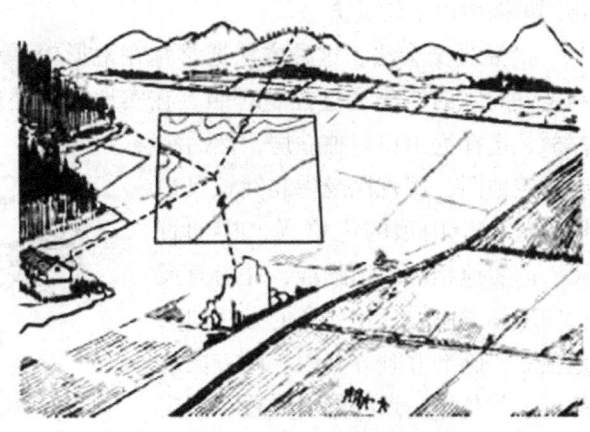

图 7-49 控制对照

对照地形时要注意：地图经过测绘和制图过程中的取舍，一些地貌的细部和少数次要地物在地图上有所省略，不要因追究这些而浪费时间与精力。同时，由于定向越野训练时，一般都使用专业定向越野图，这种地图大都测绘制图时间早，虽然实地地貌与地图差异不大，但地物变化大。因此，对照地形时要综合分析，以对照地貌为主。况且，对照地形的难点是地貌对照，只有把主要精力放在对照地貌上，才能收到较好的效果。

②先对照地形、后确定站立点。

这里所说的"先对照地形，后确定站立点"，是在站立点不明确的情况下，通过对照地形来确定站立点。如在对照地形有一定基础后，为提高训练效果而采用提高难度的办法时，教练员事先不指出站立点，让运动员通过对照地形来确定站立点；又如在实地运动（包括平时训练与实际比赛）中迷失方向时，也要通过对照地形才能确定站立点，明确运动方向与运动的具体路线。

确定站立点的主要方法是：依据实地站立点附近明显的地形特征，用综合分析的方法确定。用这种方法确定站立点时，先进行控制对照，确定各控制点的实地位置。这时的控制对照是在站立点不明确的情况下进行的，但站立点所在地图上的范围是应清楚的。控制对照时，应根据各控制点本身的特征及其相互关系，通过综合分析，反复验证，最终确定各控制点（当然不是全部）的图上位置之后，再根据站立点附近的控制点，结合站立点到控制点的方向距离，经过细部对照，即可确定此控制点的图上位置。如图 7-50，该运动员位于实地高地的南山背冲沟的东侧。确定站立点时，通过控制对照，确定该高地的图上位置。

用图较熟练者，在有一定起伏、通视较好的地段或在有明显地物、通视较好的平坦地，用上述方法确定站立点会取得满意的效果，而且方便迅速。初学者或在复杂的地段用上述方法不易确定

图 7-50 确定站立点实地方位

时，可采用以下辅助方法。

a. 后方交会法。这种方法通常是在地形较平坦、通视较好的地段上采用。用这种方法确定站立点时，先通过控制对照，在实地较远处选择两个地图上也有的明显地形点，如图7-51，选择远山顶与独立房，然后精确标定地图，用直尺或指北针长尺边切于地图上山顶的定位点，摆动直尺，向实地相应山顶瞄准，并沿直尺边向后画方向线；用同样的方法向实地独立房瞄准并画方向线，两方向线的交点就是站立点的图上位置。在定向越野运动途中，特别是在比赛运动途中，由于受时间的限制，一般都不可能采用直尺瞄准画线精确地确定站立点，只能用上述方法直接目测出方向线，确定出站立点的概略位置。如需要精确位置时，可在此基础上，用"综合分析法进一步确定"。

图 7-51　后方交会法

b. 截线法。这种方法是在线状地物上或一侧运动时采用。其要领是：标定地图后，在线状地物一侧较远处的实地，选择一个地图上也有的明显地形点，如图 7-52，运动员在水渠一侧运动，在水渠一侧较远处选择独立房为显眼地形点，将直尺切于图上独立房符号，摆动直尺，向实地独立房瞄准，直尺切于独立房的一侧与水渠符号的交点，就是站立点的图上位置。在定向越野运动途中，同样可以直接采用目测瞄准的方法确定。

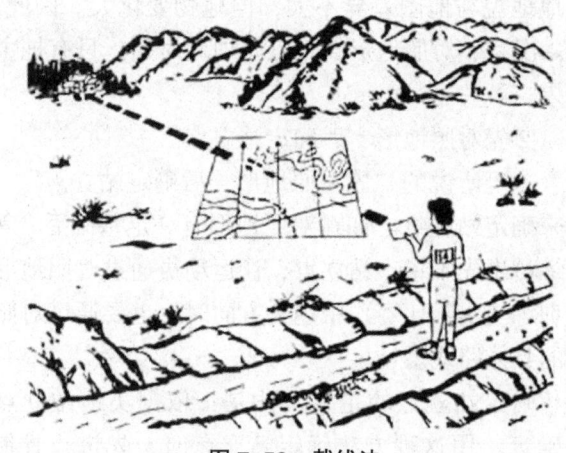

图 7-52　截线法

c. 磁方位角交会法。当在植被密集、通视不良的地段上运动时，由于地图与实地对照不便，加之看不到目标的实地位置，不能从图上找准目标，可采用磁方位角交会法确定站立点。其方法是：首先攀登到便于通视远方的树上，在远处选定两个地图上明显地形点，如图 7-53，结合实地站立点的局部地形特征确定出站立点较准确的图上位置。选择远处的独立树和三角点，并分别测出站立点到这

图 7-53　磁方位角交会法

两个目标点的磁方位角，在树下近旁标定地图，将指北针长尺边切于图上独立树和三角点符号的定位点上，分别以这两点为中心摆动指北针，并使磁针北端指向相应的位置，然后沿长尺边画出方向线，两方向线的交点即为站立点的图上位置。也可直接在树上概略标定地图，按磁方位角交会法用目测方向线的方法确定站立点的图上概略位置，然后采用以上三种方法确定站立点，两交会线的夹角应大于30°且小于50°。否则误差较大。需要精确确定站立点时，可找两个以上明显的地形进行瞄线交会。

③确定目标点

在进行地图与实地对照基础训练时，以及在运动途中需要明确运动方向和运动的具体路线时，都需要确定目标点的图上位置，其方法除光线法外，主要用分析法确定，即在已知的站立点标定地图，以站立点为准，向目标点瞄准并画方向线。利用此法确定明显目标精度较高，但确定一般目标点时，由于站立点的距离不易确定，因而容易失误。因此，要在此基础上，根据目标点所在实地的细部地形特征，分析比较确定其图上位置。在快速奔跑中，可用目测瞄准，结合目标点所在实地位置的细部特征确定。

从上述确定站立点与目标点的具体方法中可以看出：站立点和目标点的确定互为条件。已知站立点可以确定目标点；已知目标点可以确定站立点。当站立点已知，要确定目标点时，用"分析法"确定；当目标点已知，要确定站立点时，可用后方交会法、截线法或磁方位角交会法确定。

三、越野路线的选择

"既果断又细心，能够迅速选择最佳的行进路线"，这是运动员在比赛中取胜的重要手段。当竞争对手之间实力比较接近的时候，能否掌握这个技能就成了关键。由于选择最佳行进路线的能力是建立在掌握其他定向越野技能，尤其是识图用图能力基础之上的，是体能与技能在比赛中的综合运用，因此可以说：选择路线是更高一层意义上的技能或称"尖端"技能。

（一）选择路线的标准

什么是最佳行进路线？简单地说应该是：省体力；省时间；最安全；便于发挥自己的技能或体能优势。

（二）选择路线的基本问题

当遇到高地、陡坡、围栏之类的障碍时，是翻越还是绕行？
当遇到密林、沼泽、水塘之类的障碍时，是通过还是绕行？

(三) 选择路线要遵循的原则

(1) 有路不越野。应尽量选择沿道路行进，这是因为：
①在道路上容易确定站立点，使运动员更具信心；
②地面相对光滑、平坦，有利于提高奔跑速度。
(2) 走高不走低。如果不得不越野，应尽量在高处（如山脊、山背）行进，避免在低处（如山谷、凹地）行进，原因如下。
①地势高，展望好，便于确定站立点和保持行进方向；
②高处通风、干燥，荆棘、杂草、虫害及其他危险少；
③人们都习惯在高处行走。因此，像在山脊这样的地方，常常会有放牧、砍柴的人踏出的小路，利用它，便于提高行进速度。

(四) 选择路线的方法（举例）

实际上，依靠上述一般原则决定路线的选择是很不够的，只有让自己的"感觉"或"估计"变得更有科学根据，才有可能更快地提高定向越野成绩。分析与解决选择路线基本问题的方法有多种，下面仅介绍其中的一种——经验法。

某人以自己在道路上奔跑 300 米需要的时间 2 分钟（近似值），作为一个标准，通过多次实践，对自己奔跑的速度有了如下了解（表 7-8）。

表 7-8 路线选择的经验值

地形类别	每300米用时（分钟）	倍率	每2分钟的距离（米）
大路	2	1	300
杂草地	4	2	150
有灌木的树木	6	3	100
密林或荆棘丛	8	4	75

那么，他就可以用这样的方法解决问题：假定穿过密林的距离为 1（75 米），沿大路跑的距离为 4（300 米），则两种选择所用的时间相等；如果他的体力好而定向本领差，那他就应该选择沿大路跑。

对于其他选择，可以参照同样的方法进行。

四、越野跑的技术

(一) 越野跑的特点

定向越野的越野跑实际上是一种长距离的间歇式赛跑（在途中常常需要停下来看图或定向）。这种在野外清新环境中的奔跑，可以使肌肉的紧张与放松、身体的负荷与精神的专注不断地交替进行。在这种情况下，所有参加者的全身，特别是呼吸系统与心血管系统都将得到较大的锻炼。

（二）越野跑的基本要求

定向越野的越野跑同其他长跑项目一样，要求一方面能够尽可能地减少人体能量的消耗，维持一定的跑速；另一方面又能根据比赛的情况，具有加速度的能力。因此，下述要求应使运动员在训练阶段努力掌握，并在比赛过程中始终注意。

（1）姿势。主要采用身体微向前倾或正直的姿势。要尽量使身体各部分（头、躯干、臂、臀、腿、足）的动作协调配合，并且善于利用跑中产生的支撑反作用力与惯性不断前进，使身体保持平稳，提高跑的效果。

（2）呼吸。最好利用鼻子与半张开的嘴（用舌尖舔住上颚）共同呼吸。除了在跑中出现生理"极点"现象时可以变化呼吸的频率与深度（即用多呼气的方法提高气体的交换率）外，一般情况下应自然、有适当的深度并有节奏地呼吸。

（3）体力分配。按选择的路段，或按比赛的阶段（起点、途中、终点），或以自身体能状况的不同确定。通过工作阶段（肌肉的紧张）和休息阶段（肌肉的放松）适时交替的方法，达到既跑得快，又跑得省力的目的。

（4）速度。一般来讲速度不宜过快。过快或在途中加速太猛不仅会影响体力的正常发挥，而且会严重地影响判断力。有人曾做过试验：同样难度的数学题，在奔跑中需要用比在静止时多几倍的时间才能算出来；如果再加速，需要的时间不仅会更长，错误也会更多。但对于一名有经验的运动员来说，当地形有利（如参照物多、道路平坦等）时，则应尽可能地快跑。

（5）节奏。有节奏的动作不仅能节省身体能量的消耗，而且能达到最适宜的动作协调。协调而富有节奏的动作，能给人以轻松自如的感觉和美的享受。

（6）距离感。在越野跑中保持一定的距离感是必要的，它不仅可以帮助提高找点的速度，也有利于体力的计划与分配。

在野外，用同样的步速节奏奔跑，但由于地形的变化，步长（距离）的区别却较大。如果没有测量过自己的步长，可参考表7-9按常规慢跑测出的数据。

表7-9 不同地形的步长

地形类别	每100米的步数（复步）
平坦道路	50
草地	56
疏林	66
密林	83
上坡（视坡度）	100（以上）
下坡（视坡度）	35（以下）

间歇时的正确方法：除非是迷失了方向，在间歇时采取放松性的慢跑要比走好，走又比站着或坐着好。

(三) 常见地形上越野跑的技术

越野跑时，由于跑的地点和环境在变化，所以跑的技术也要因条件的改变而随之变化。下面介绍的仅是在几种常见地形上的越野跑技术：

在道路上时，采用基本上与中、长距离跑相同的技术，并尽量注意在路面平坦的地方奔跑。

在草地上时，用全脚掌着地，同时留心向前下方看，以免陷入坑洼或碰在石头上。

上坡时，上体应前倾，大腿高抬一些，并用前脚掌着地，小步跑上去。遇到较陡的斜坡，可改用走步的方法或用"之"字形跑法（走法），必要时可用单手或双手辅助攀登。

下坡时，上体应稍后倾，并以全脚掌或脚跟着地的方法行进，遇到较陡的下坡或坡面很滑的斜坡，可用侧脚掌着地，甚至采用蹲状的并用手在体后牵拉（草、树）、撑（地）的方式行进。到达下坡的末端（一般 8~10 米），便顺坡势疾跑至平地。

从稍高的地方（1.50 米以下）往下跳时，可用跨步跳的动作：踏在高处的腿（支撑腿）必须弯曲，另一条腿跳下。落地时，一腿则向前下方伸出，两脚着地并以深屈膝来缓和冲击的力量。同时，两脚应稍微前后分开，以便继续前跑。从很高的地方往下跳时，应设法降低下跳的高差，根据情况采用坐地双手撑跳下或侧身单手撑跳下的方法。落地时要注意两腿深屈。

在树林中奔跑时，注意不要被树枝、树叶、藤蔓等刮伤，特别要防止被树枝戳伤眼睛。此时一般都用一手或两手随时护住脸部。

遇到小的沟渠、壕坑、矮的灌木丛或倒伏树木时，要增加跑速，大步跨跳而过。在落地的同时，上体稍向前倾，以便保护腰部，同时易于继续前跑。在通过较宽的（2.5~4 米）的沟渠时，需用 15~25 米的加速跑，采用大跨步跳和跳远的方法越过。应注意做好落地动作，防止后倒。遇到大的倒伏树木、其他矮障碍物，可以用踏过它们的方法越过。遇到较高的障碍物（不超过 2 米），如矮围栏、土垣等，可用正面助跑蹲跳和一手或双手支撑的方法翻越。

通过独木桥等狭窄悬空的障碍物时，应采取使脚面外转成"八"字的跑法。如果这类障碍物很长，就不应跑，而应平稳地走过。

第三节 瑜伽

一、起源

瑜伽（Yoga）一词来自印度梵文的英译，原意是"结合"或"相应"。瑜伽是古代印度哲学的一个派别，它不仅属于哲学和宗教的范畴，还包括身体方面，着重于调整气息与静坐等修行方法。瑜伽距今已有五千多年的历史。古代印度人在对大自然中动物及植物进行仔细观察后，创立了八万多个瑜伽姿势。随着时间的推移，这些动作逐渐演变与精练，到现在留存下来的只有几百个了。

瑜伽在南北朝时期传入中国，后来成为佛教界颇有影响的一派。目前，瑜伽正作为一种既传统又时尚的健身方式,为越来越多的健身人士所接受。瑜伽有若干派系,主要有哈达瑜伽、阿斯汤加瑜伽、流瑜伽、热瑜伽、力量瑜伽和冥想瑜伽等。

二、特点

瑜伽信徒认为,所谓健康就是没有疾病和衰老。瑜伽主张祛除所有疾病的根本原因,而不是像一般的医学方法那样只是祛除症状。瑜伽教给人们自然的治愈法,教导人从不健康的生活习惯中解脱出来,回归到自然的生活中去。

瑜伽规定了各种训练法,如道德的修炼、肉体的净化、体位法、呼吸法、松弛法、自然饮食法以及冥想法等。瑜伽主要由脊柱运动、伸展和自然运动组成,经常进行瑜伽锻炼可以使紧张的身心放松下来,可以预防和缓解许多身心疾病。瑜伽还注重身体各部分的平衡发展,强调每个动作都要集中意识来做,故动作缓慢,男女老幼皆适。

三、主要练习简介

(一) 基本姿势

1. 全身伸展

坐在地上,右腿向前伸直,左腿屈膝,左脚触右膝内侧,身体慢慢向前伸展,直到双手碰到右腿为止,低头;然后换腿做同一个动作。

该练习可以帮助缓解背部、腿部肌肉僵硬和疼痛。

2. 猫的姿势

四肢着地,头朝下,臀部和膝盖成一条线,肩膀和双手成一条线,手掌向下按在地上,背部慢慢弓起,像猫一样(图7-54)。坚持几秒钟,然后慢慢地抬起头,背部下陷。

该练习使脊背下部放松,作用于生殖器官并帮助缓解痛经,还可以减轻关节炎、加快血液循环。

图 7-54 猫的姿势

3. 莲花坐

两脚相对、双腿屈曲坐在地上,两手握住双脚,背部挺直,腿呈半莲花状(图7-55)。该练习协调新陈代谢,作用于胃部、膀胱、肝脏和神经系统。

4. 交叉双腿和双臂

双腿交叉坐在地上,交叉双臂,两手各搭在左右肩膀上。该练习对哮喘、呼吸不规则及高血压有一定疗效。

图 7-55 莲花坐

5. 沉思坐姿势

坐在地上，交叉双腿。背部挺直，双手放在膝盖上，食指和拇指捏成"0"形（图 7-56）。该练习作用于大脑下端、神经系统、鼻、眼，也有助于治疗头痛。

6. 倒立

如果感觉太难，双脚放置高于肩的墙上或高凳上。该练习有助于治疗失眠症、减缓压力及平复过度兴奋的神经，但注意月经期间不要练习这一动作。

7. 放松的姿势

后背挺直，双臂轻松地置于身体两侧，呼气，向前伸展全身，前额向下，直至碰到膝盖前的地面为止，保持 6~10 秒。这一姿势伸展了脊柱、腰骶部、脖颈和手臂，是镇静和放松的绝好方法。

图 7-56 沉思坐姿势

（二）健美练习

健美练习的基本姿势有以下 6 种（图 7-57~图 7-62）。

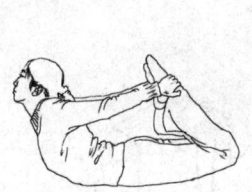
图 7-57 弓式

图 7-58 半脊柱扭转

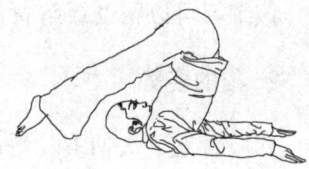
图 7-59 犁式

图 7-60 简易舞王式

图 7-61 幻椅变体

图 7-62 脊柱扭转式

四、瑜伽主要方法

(一) 庞达三收束法

庞达三收束法是收颜、收腹和会阴收缩的同步练习,方法十分简单。
①开始,打坐,两手轻按在膝上。
②闭眼,放松,一次瑜伽呼吸,当呼气完毕时闭息。
③闭息的同时收颌,提升收腹,收缩会阴,三步同时进行(下巴紧紧抵着胸骨,腹部尽量向内向上提升,用力收缩上提会阴)。尽量保持,直至不能闭息为止,慢慢抬头,放松腹部,放松会阴。
④恢复呼吸。

(二) 调息法

调息是一种瑜伽修习者不可跨越的练习方式。调息可以简单地解释为通过对呼吸的某种控制使练习者更好地进入平稳宁静的状态。瑜伽调息包括呼气、吸气和屏息。

(三) 冷调息

用嘴巴缓缓吸气,再通过两个鼻孔徐徐呼气。这样逐渐使全身平静,同时放松神经系统。这种调息法非常容易掌握,烦躁时可以练习它。
每日练习不要超过 30 次。练习过程不要讲话,不要思考问题,不要在吵闹环境中练习。
对于患有高血压的人,每次练习只限于做 10 个回合,直到血压降低为止。心脏病患者不应做此练习,或先征询医生的意见。

(四) 瑜伽冥想法

"冥想"的意思是意念和意境的结合,冥想可以帮助练习者的精神进入高境界,有助于身心的协调。语音冥想法是瑜伽冥想的主体。

五、训练安排

瑜伽练习不需要做太多准备;只要熟悉瑜伽,随时随地都可以练习。初学者需要注意以下问题。

（一）练习前的准备

①环境安静幽雅，调节好适宜的温度，如果是在室内练习，先通风换气保证空气清新，以便静心和集中注意力。

②灯光偏向自然、柔和为益，或者可用烛光、熏香炉。

③熏香的气味淡雅、纯净，易于镇静神经。

④练习前，排尽体内废物，简单淋浴。

⑤换上宽松、柔软、便于身体舒展、伸拉的服装。严禁穿塑体紧身内衣练习，最好不戴文胸。在不凉的环境中，赤脚练习较好。不戴任何装饰物，保持脸部洁净。

⑥准备垫子和毛巾。

（二）瑜伽练习时段

①最有效的时间是在正餐后 3 小时练习。

②清晨洗漱后，早餐前或工间午休，就寝前 1 小时练习也是很好的。

③排尽体内毒素、废物（上完洗手间），简单淋浴后，再进行练习。

④饱腹和食物尚未消化时最好避免练习。

（三）瑜伽练习时动作提示

①防止生拉硬拽，造成不必要的损伤。每个动作达到自己力所能及的程度即可。

②将正确、完整的瑜伽式呼吸贯穿练习的全过程。正确掌握一呼一吸后，再进行悬息的练习。

③意念归于一点，效果会愈加显著。

④每个动作缓慢柔和、步骤明晰。

⑤练习时，骨骼发出"咯咯"的声响是正常的，但若感到突然的剧痛，就要立刻停止活动，按摩放松。

⑥左右对称练习瑜伽姿势，使机体得到平衡发展。

⑦每个动作结束后；进行及时调息，彻底放松，以帮助达到最好的效果。

（四）瑜伽练习的心理提示

①将瑜伽当作娱乐。不要一味地追求高难度的姿势，强迫自己在短时间内达到演示者的程度。

②不要盲目追求高难度动作。务必在教练员指导下逐步练习。

③瑜伽的奥妙要亲身体会才能有所了解。坚持时间越长，效果越显著。

（五）瑜伽的饮食

瑜伽饮食是不可或缺的要素。

（1）练习前 3 小时不进正餐，半小时前不大量饮水（除特殊要求外）；练习结束 15~30 分钟后，饮富含维生素的果汁或纯净水 1 杯，帮助补充水分，排除毒素。

（2）以素食为主，新鲜的"绿色的"蔬果沙拉是较好的选择。摄入蔬果类植物性食物与肉类动物性食物的比例应以 3:1 为好。

（3）少食或者避免食用刺激性强的食物。如过冷过热、辛辣、油炸、腌制、含防腐剂或甜食类食品应尽量避免。

（4）"水"促进机体代谢，增进身体的纯净度，保证一天 8 杯优质的水。

（5）饮食过程情绪平和，速度适中。

第四节 健美操

一、健美操的分类与特点

健美操是一项以有氧运动为基础，以健、力、美为特征，融体操、舞蹈、音乐为一体的身体练习。它既是健身美体、陶冶情操的大众健身方式，又是竞技运动的一个项目。健美操以其自身固有的价值和魅力，风靡全世界，深受大众的喜爱。

（一）健美操的分类

目前，健美操种类繁多，分类方法也各不相同。根据健美操的目的和任务，可以将其分为健身健美操和竞技健美操两大类。

1. 健身健美操

健身健美操也称为"大众健美操"，其主要目的在于健身。由于其动作简单易学，活泼流畅，节奏感强，并按一定顺序来锻炼身体的各个部位，颇具实效性和针对性。因此，适合各个年龄段和不同层次的人锻炼。

2. 竞技健美操

竞技健美操是根据比赛规则与规程的要求组编的、具有较高技术难度及艺术性、以竞技为主要目的的健美操。由于其动作难度、运动强度和密度较大，技术复杂，且有规定时间和特定动作的要求，因此主要适合青年男女练习。竞技健美操比赛共设 5 个项目：男子单人、女子单人、混合双人、三人和集体六人健美操。

(二) 健美操的特点

1. 集健美和健身于一体

健美操是以健身为基础，为使人体健康、健美地发展而编排的。它是一项既注重外在美的锻炼，又强调内在美的培养的人体运动方式，对人的身心影响较为全面。

2. 鲜明的节奏感和韵律感

健美操是一种必须在音乐的伴奏下才能进行的身体练习，音乐是健美操的灵魂。健美操的音乐多取材于迪斯科、爵士和摇滚等现代音乐，以及具有鲜明节奏感和韵律感等特点的民族乐曲，从而使健美操富有鲜明的节奏感和韵律感。

3. 动作的多变性和协调性

健美操的每节操很少是单个部位的局部动作，大多为多部位的同步运动。例如，在完成大幅度的上肢动作时，常伴有腰、髋、膝、踝和头部等的动作。这不仅可使身体各部位的活动次数大幅增加，而且还能有效地改善和提高人们身体的协调性。

4. 广泛的群众性

健美操是一项富有趣味性的运动，它符合现代人追求健美、自娱自乐的需要。同时由于其练习形式多样，各种人群都能从中找到适合自己的练习方式，因而，健美操是男女老幼所青睐的一项运动。此外，由于健美操不受气候的影响，对场地、器材条件的要求也不高，因此这项运动具有广泛的群众性。

二、基本动作

健美操基本动作练习是按照人体生理解剖结构分部位进行练习，因此可以有重点地、系统地改善和发展身体的各个部位。掌握基本动作就可以为尽快地掌握复杂动作和成套动作打好基础。

(一) 手型

健美操手型主要有掌和拳两种（图 7-63）。

1. 掌：包括分掌和合掌。

（1）分掌：五指用力分开，手腕保持一定的紧张程度。

（2）合掌：五指并拢伸直。

2. 拳：五指弯曲紧握，大拇指紧扣食指和中指的第二指节。

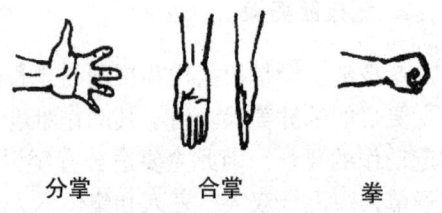

图 7-63 健美操手型

(二) 身体各部位基本动作

1. 头、颈部动作

头、颈部动作由屈、转、绕和绕环等动作组成（图7-64）。

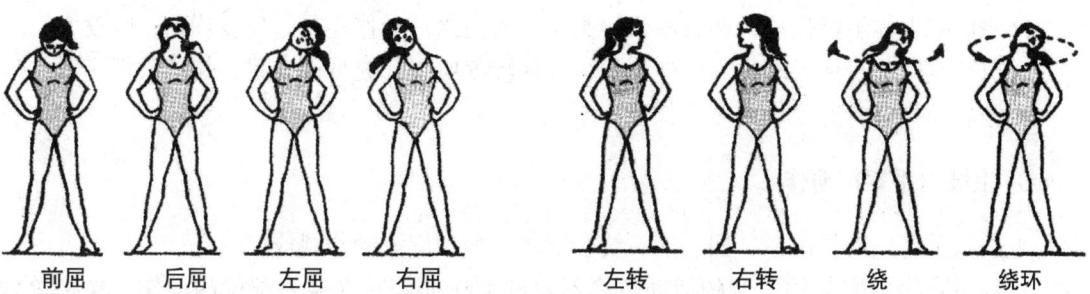

图7-64 头、颈部动作

(1) 屈：指头颈关节角度的弯曲，包括前、后、左、右屈。
(2) 转：指头颈部绕身体垂直轴的转动，包括左、右转。
(3) 绕和绕环：指头以颈为轴心的弧形和圆形运动，包括左、右绕和左、右绕环。

动作要求：做各种形式头颈动作时，上体保持正直，速度要慢，头颈移动的方向要准确，颈部被动肌群充分伸展。

2. 肩部动作

肩部动作由提肩、沉肩、绕肩、肩绕环和振肩等动作组成（图7-65）。

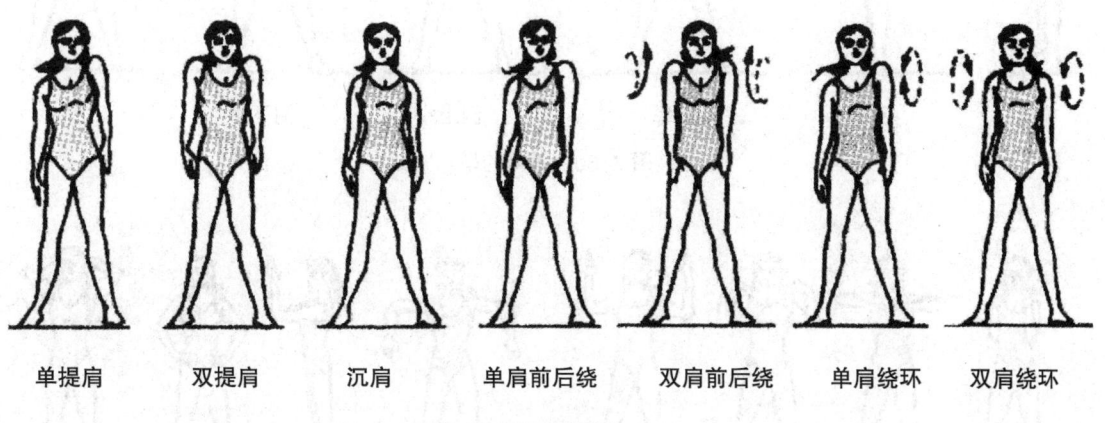

图7-65 肩部动作

(1) 提肩：指肩胛骨做向上的运动，包括单肩、双肩的同时提和依次提。
(2) 绕肩：指以肩关节为轴做小于360°的弧形运动，包括单肩向前、后绕，双肩同时或依次向前、后绕。

（3）肩绕环：指以肩关节为轴做360°及360°以上的圆形运动，包括单肩向前、后绕环，双肩同时或依次向前、后绕环。

（4）振肩：指固定上体，肩急速向前或向后的摆动，包括双肩同时前、后振和依次前、后振。

动作要求：

①提肩时尽力向上，沉肩时尽力向下，动作幅度大而有力。

②绕肩时上体不能摆动，两臂放松，头颈不能前探；动作连贯，速度均匀，幅度大。

③肩环绕时，身体远端尽力向外延伸，绕环幅度要大，充分而连贯，速度放慢。

④振肩动作要有速度、力度和弹性。

3. 上肢（手臂）动作

上肢（手臂）动作由举、屈、摆、绕、绕环、振和旋等动作组成。

（1）举：指以肩为轴，臂的活动范围不超过180°而停止在某一部位的动作，包括单臂和双臂的前、后、侧举，以及不同中间方向的举，如侧上举、侧下举和上举（图7-66）。

（2）屈：指肘关节产生了一定的弯曲角度，包括胸前屈、胸前平屈、肩侧屈、肩上侧屈、肩下侧屈、肩上前屈、腰间屈和头后屈（图7-67）。

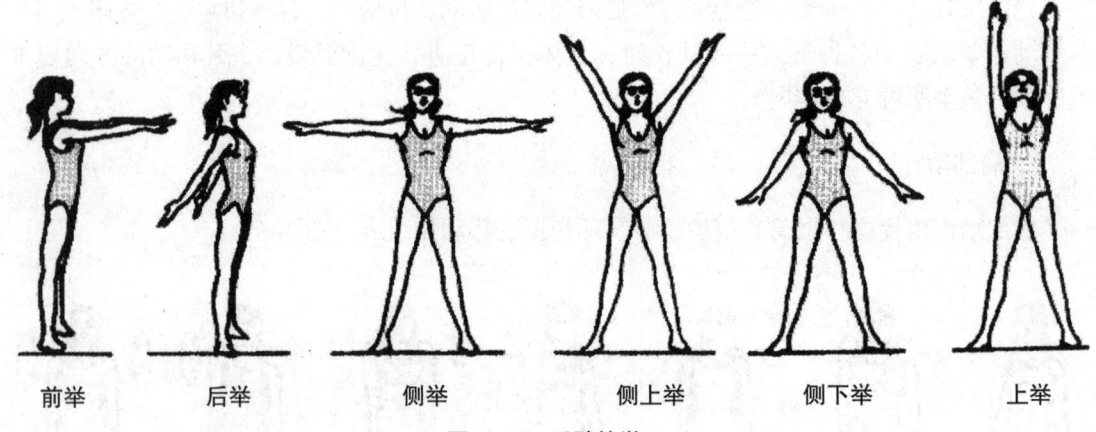

图 7-66　手臂的举

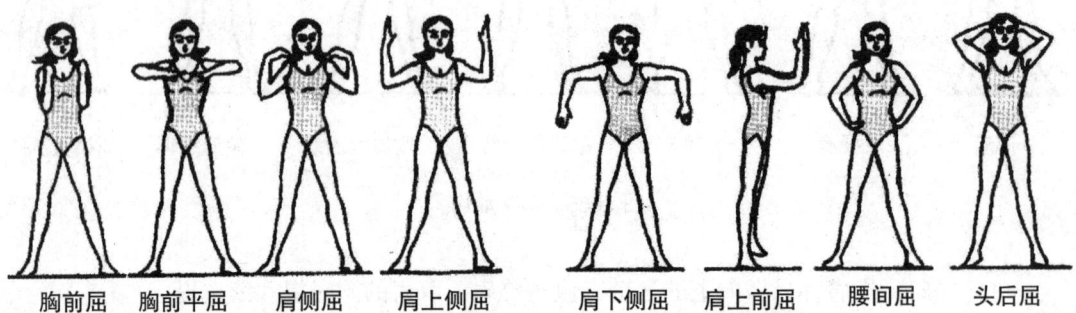

图 7-67　屈臂

(3) 摆：指以肩或肘关节为轴，向身体各方向做钟摆式运动（图 7-68a），包括单臂和双臂同时或依次向前、后、左、右摆。

(4) 绕：指双臂或单臂向内、外、前、后做 180°以上 360°以下的弧形运动（图 7-68b 所示为双臂向内外绕）。

(5) 绕环：指以肩关节为轴，双臂或单臂做 360°及 360°以上的圆形运动，包括向前、向后、向内的绕环（图 7-68c 和图 7-68d 所示为单臂前后绕环和双臂前后绕环）。

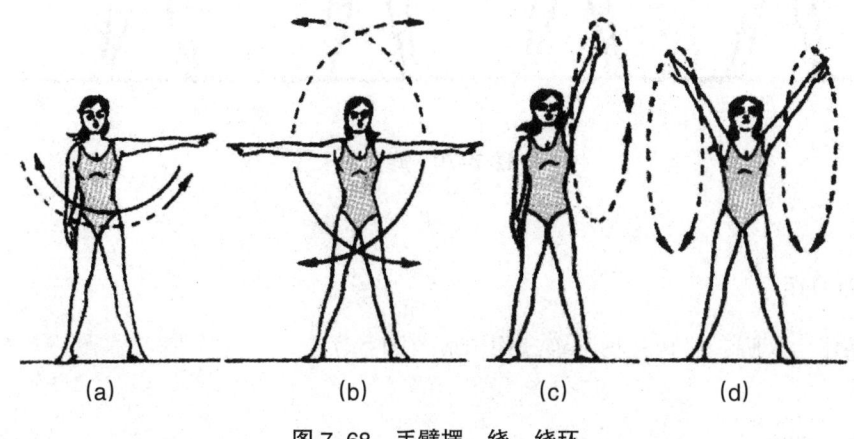

图 7-68 手臂摆、绕、绕环

(6) 振：指以肩为轴，手臂用力摆至最大幅度，包括侧举后振、上举后振和下举后振（图 7-69）。

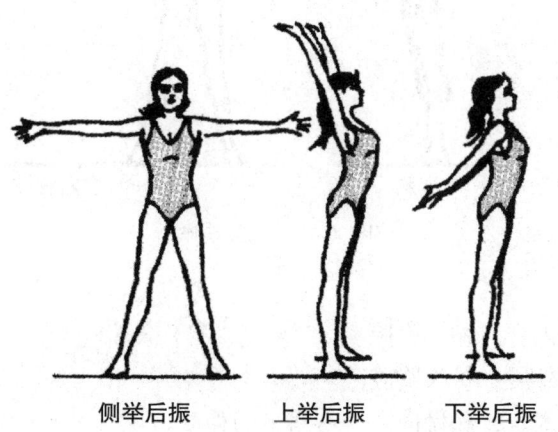

图 7-69 振臂

(7) 旋：指以肩或肘为轴做臂的旋内或旋外动作（图 7-70）。

动作要求：

①做臂的举、屈伸时，肩下沉。

②做臂的摆动时，起与落要保持弧形。

③上体保持正直，位置准确，幅度要大，力达身体最远端。

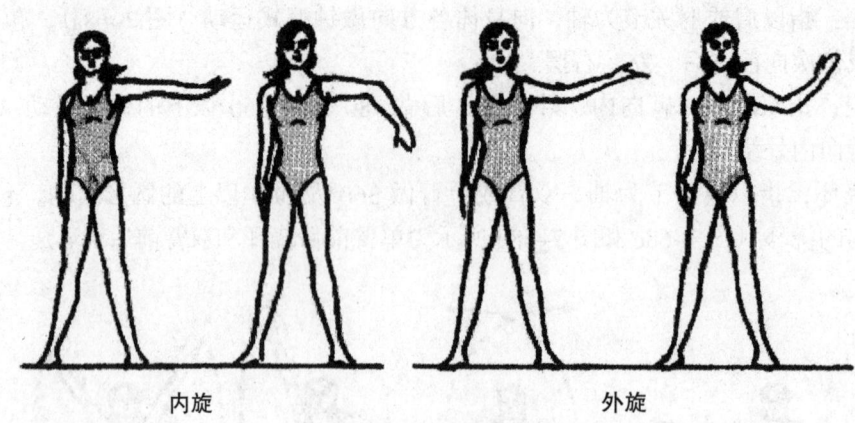

图 7-70 旋臂

4. 胸部动作

胸部动作由含胸、展胸和移胸等动作组成（图 7-71）。

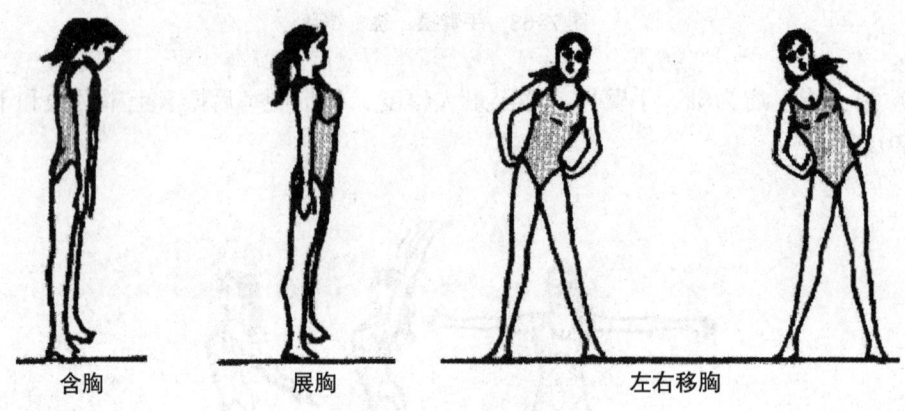

图 7-71 胸部动作

（1）含胸：指两肩内合，缩小胸腔。
（2）展胸：指两肩外展，扩大胸腔。
（3）移胸：指髋部固定，胸做向左、右水平的移动。
动作要求：练习时，收腹、立腰。含、展、移胸要达到最大极限。

5. 腰部动作

腰部动作由屈、转、绕和绕环等动作组成（图 7-72）。
（1）屈：指下肢固定，上体沿矢状轴和水平轴的运动，包括前、后、左、右屈。
（2）转：指下肢固定，上体沿垂直轴的扭转，包括左、右转。
（3）绕和绕环：指下肢固定，上体沿垂直轴做弧形和圆形运动，包括左、右绕和绕环。

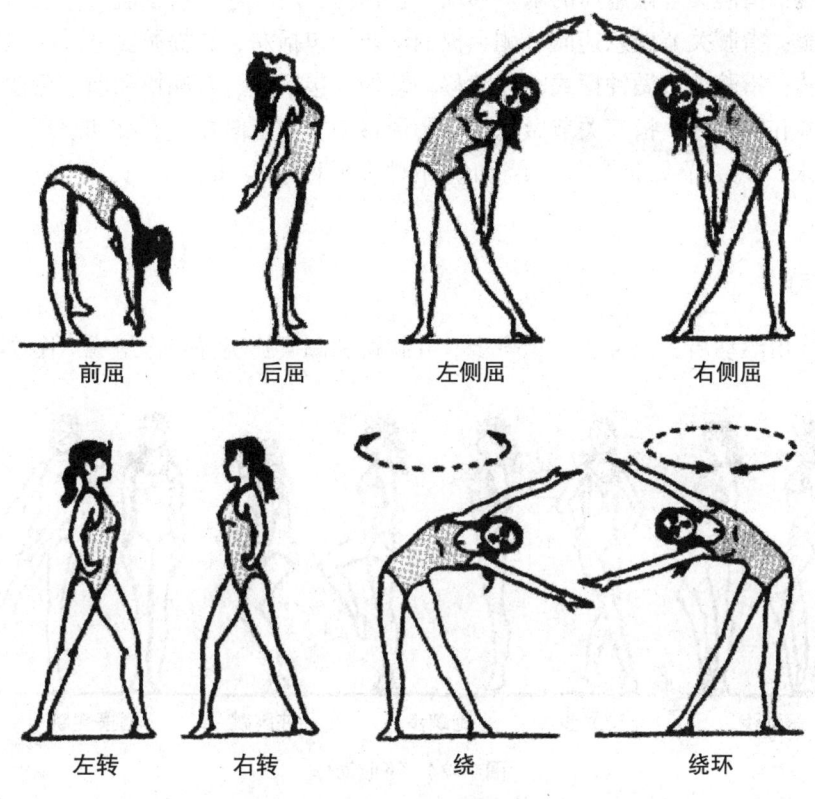

图 7-72 腰部动作

动作要求:
①练习时,身体远端尽力向外延伸,绕环幅度要大,充分而连贯,速度放慢。
②腰前屈、转时,上体立直。

6. 髋部动作

髋部动作由顶髋、提髋、摆髋、绕髋和髋绕环等动作组成,如图 7-73 所示。

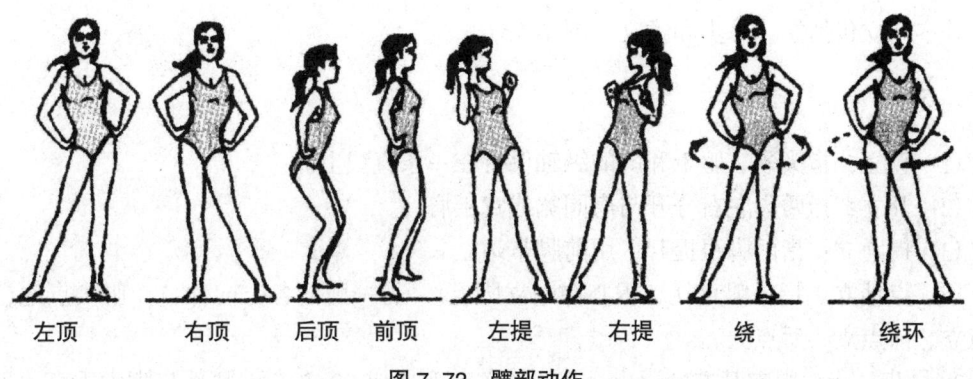

图 7-73 髋部动作

(1) 顶髋：指髋关节做急速的水平移动，包括前、后、左、右顶髋。
(2) 提髋：指髋关节做急速向一侧上提的动作，包括左、右提髋。
(3) 摆髋：指髋关节做钟摆式的连续移动动作，包括左、右侧摆和前、后摆。
(4) 绕髋和髋绕环：指髋关节做弧形、圆形移动，包括向左、右绕和绕环。

动作要求：髋关节做顶、提、绕和绕环时应平稳、柔和、协调，稍带弹性，上体要放松。

7. 下肢动作

下肢动作由滚动步、交叉步、跑跳步、并腿跳和侧摆腿跳等动作组成（图7-74）。

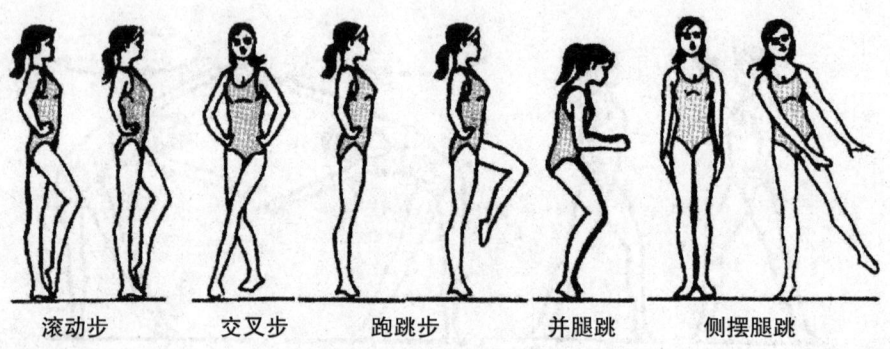

图7-74 下肢动作

(1) 滚动步：两脚同时交替做由前脚尖至全掌依次落地动作。
(2) 交叉步：一脚向另一脚前或后交叉行进。
(3) 跑跳步：两脚交替进行，跑后支撑阶段有一次跳的过程。
(4) 并腿跳：双腿并拢，直膝或屈膝跳。
(5) 侧摆腿跳：单腿跳起，同时另一腿向外侧摆动。

动作要求：跳跃要轻松自如，有弹性，注意呼吸配合。

（三）基本站立

基本站立包括立、弓步和跪立（图7-75）。

1. 立

(1) 直立：指头颈、躯干和脚的纵轴保持在一条直线上。
(2) 开立：指两脚左右分开与肩同宽或宽于肩。
(3) 提踵立：指两脚跟提起，用前脚掌站立。
(4) 点地立：指一腿直立（重心在站立脚上），另一腿向各方向伸直，脚尖点地，包括侧点立、前点立、后点立。

2. 弓步

指一腿向某方向迈出一步，膝关节弯曲成90°左右，膝部与脚尖垂直，另一腿伸直，包括左、右腿的前、侧、后弓步。

3. 跪立：指大腿与小腿成直角的跪姿，包括双腿跪立和单腿跪立。

动作要求：

(1) 站立时，头正直，上体保持挺直、沉肩、挺胸、收腹、收臀、立腰、立背、直膝。

(2) 提踵立时，两腿内侧肌群用力收紧，起踵越高越好。

(3) 弓步时，前弓步和侧弓步的重心在两腿之间，后弓步的重心在后腿。

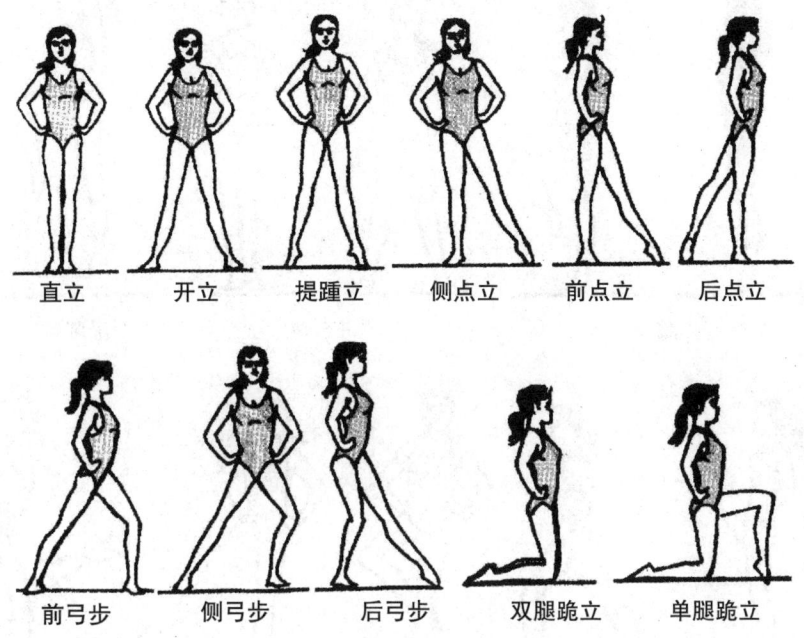

图 7-75　基本站立

（四）健美操规则规定的 7 个基本步伐

国际体操联合会健美操委员会出版的《竞技性健美操规则》中把健美操的步伐分为以下 7 大类：踏步、开合跳、吸腿跳、踢腿跳、弓步跳、弹踢腿跳和后踢腿跳（图 7-76）。

(1) 踏步：两脚交替不间断地做屈膝上提然后踏地的动作，包括脚尖不离地的踏步、脚离地的踏步和高抬腿的大幅度踏步。

(2) 开合跳：并腿跳至开立，分腿跳至并立。

(3) 吸腿跳：单腿跳起，同时另一腿屈膝向前、侧上提。

(4) 踢腿跳：单腿跳起，同时另一腿直腿向前、侧方向踢出，包括小幅度和大幅度的踢腿。

(5) 弓步跳：并腿跳起，落地时成前（侧、后）弓步。

(6) 弹踢腿跳：单腿跳起，同时另一腿经屈膝向前、侧方向弹踢。

(7) 后踢腿跳：两脚交替有短暂腾空过程（类似跑步），小腿向后屈。

动作要求：

(1) 踏步：落地时，由脚尖过渡到脚跟着地；屈膝时，胯微收。两臂前后自然摆动。

(2) 开合跳：分腿时，两腿自然外开，膝关节沿脚尖方向弯曲；落地时屈膝缓冲。

(3) 吸腿跳：大腿用力上提，小腿自然下垂。

(4) 踢腿跳：踢腿时，须加速用力，上体保持正直、立腰。
(5) 弓步跳：跳成弓步时，把握住身体重心。
(6) 弹踢腿跳：大腿抬起至一定角度后，小腿自然伸直，膝关节稍有控制。
(7) 后踢腿跳：髋和膝在一条线上，小腿叠于大腿。

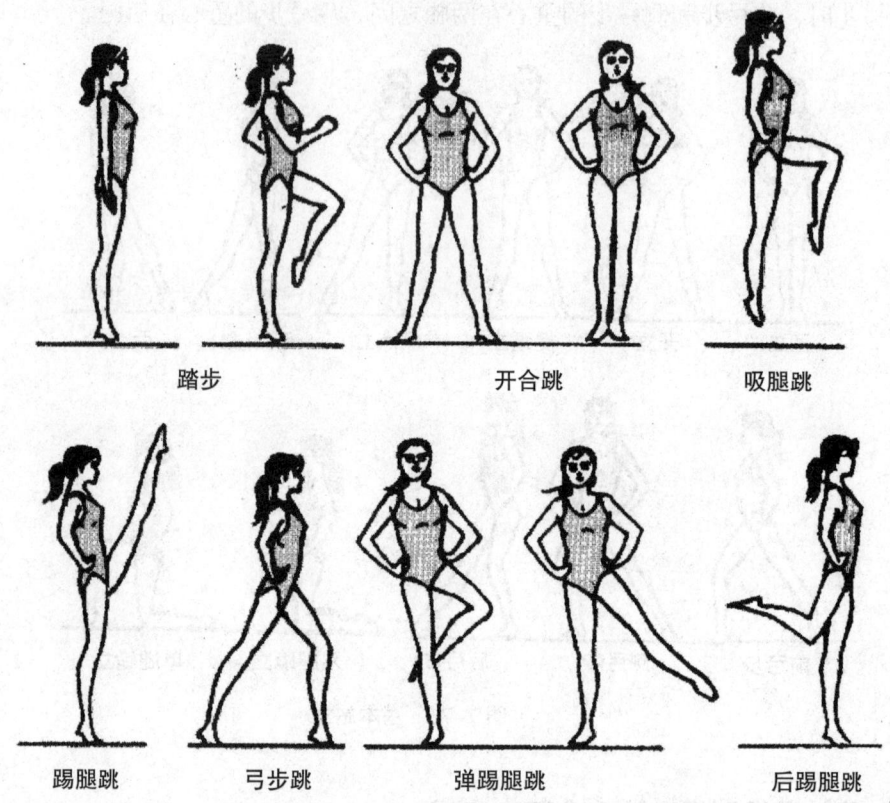

图 7-76　健美操基本步伐

第五节　毽球

一、毽球运动概述

毽球，俗称"踢毽子"，又叫"攒花""翔翎"等，在中国是一项流传很广，有着悠久历史的民族体育活动。经常进行这项活动，可以活动筋骨、促进健康。

据历史文献和出土文物证明，踢毽子起源于我国汉代，盛行于六朝、隋、唐。据唐代释道宣的《高僧传·魏嵩岳少林寺天竺僧佛陀传》中记载："沙门慧光年方十二，在天街井栏上，反踢蹀铸，一连五百，众人喧竞，异而观之。佛陀因见怪曰：'此儿逭戏有工。'"惠光可以站在狭窄的井栏上，连续反踢毽子五百次，可见他控制毽子落点的技术是十分熟练的，而佛陀踢毽子为边戏，亦表明作为一种游戏，踢毽子在当时社会已是较为流行。

踢毽子到了宋代又有了极大的发展，宋朝高承在《事物纪原》一书中对踢毽子有较详细的记载:"今时小儿以铅锡为钱,装以鸡羽,呼为毽子,三四成群走踢,有里外廉、拖抢、耸膝、突肚、佛顶珠、剪刀、拐子各色,亦蹴鞠之遗事也。"

明、清时期,踢毽子进一步发展,关于踢毽子的记载也就更多了。明代进士、我国历史上有名的散文学家刘侗在《帝京景物略》中写道:"杨柳儿青放空锤,杨柳儿死踢毽子。"踢毽子已成为民谚的内容,而且发展到数人同踢的技巧运动。至清末踢毽子已达到鼎盛时期,参加的人越来越多,不仅用来娱乐游戏、锻炼身体,而且还是一项竞赛活动,在社会上得到广泛的开展,北京、上海、广东、浙江、山东等省市都举行过规模较大的踢毽子比赛。同时期,学校以传统体育项目作为教材,其中踢毽子就是最受学生欢迎的一个项目。

1984年国家体委将毽球运动列入全国正式比赛项目,使古老的毽球跨入了一个新的发展阶段。1985年4月国家体委在苏州市举办了全国第一届毽球锦标赛,全国各地掀起了开展毽球运动的热潮。1988年2月正式成立中国毽球协会,1991年国家体委审定并颁布了第一本《规则》,此后又制定了《毽球竞赛裁判法》。毽球这一民族传统体育项目,不仅在国内得到迅速发展,而且很快传播到亚洲、欧洲、美洲等十几个国家和地区。1999年11月国际毽球联合会成立,目前有13个成员国。第一届世界毽球锦标赛2000年在匈牙利举行,此后国际毽联每年都举行一次世界毽球锦标赛,可见,毽球运动正一步步走向世界。

二、毽球基本技术

(一) 准备姿势与步法

1. 准备姿势

准备姿势一般分两种。

(1) 左右开位站势。这种站势使运动员能从静止状态快速转向左右移动的状态,尤其用在比赛的防守过程的站势当中。

(2) 前后开位站势。这种站势使运动员能从静止状态快速转向前后移动状态,较多应用在比赛过程中的接发球和防守当中。注意后脚跟离地,身体重心要向前移,随时保持静中带动的状态。

2. 步法

步法移动是毽球的基本技术之一。可以确保合适的踢球位置,提高踢球的准确性。步法移动一般有八种,分别为前上步、后撤步、滑步、交叉步、并步、跨步、转体上步、跑动步。

(二) 发球技术

运用各种合理技术,在本方发球区内,将球直接踢入对方场地的一种踢球动作。可分为脚内侧发球、脚背正面发球、脚外侧发球。

1. 脚内侧发球

动作要领：身体稍侧对球场，踢球脚异侧手持球上抛，球下落时，踢球脚抬大腿带小腿，用内足弓部位向前上方送髋推踢。

特点：击球稳定性好，落点准确性高，破坏性强。

2. 脚背正面发球

动作要领：身体正对球场，踢球脚异侧手持球上抛，球下落时，绷脚尖，用正脚背向前上方发力挑踢。

特点：落点准确性高，球飞行高度低，球飞行速度快。

3. 脚外侧发球

动作要领：身体稍侧对球场，踢球脚异侧手持球上抛，球下落时，绷脚尖，用脚外侧发力扫踢。

特点：球飞行速度快，攻击力强。

（三）起球技术

将对方踢入本方场地的球通过各种合理技术传给自己的同伴或为同伴创造进攻机会或将球直接踢入对方场地的一种击球动作。可分为脚内侧起球、脚外侧起球、脚背起球、腿部起球。

1. 脚内侧起球

动作要领：判断球的落点，快速移动至球的下方，支撑脚膝关节微屈，重心放在支撑脚，踢球脚膝关节向外张，大腿向外转动，稍有上摆，不要过大，髋和膝关节放松，小腿向上摆，踢毽时踝关节发力，脚放平，用内足弓部位踢球。

2. 脚外侧起球

动作要领：判断球的落点，快速移动至球的下方，要稍侧身，踢球脚向体侧甩踢小腿，勾脚尖，用脚外侧踢球。注意要想获得较低的托球点，必须要使支撑脚做适当的弯曲。还要注意身体重心应放在支撑脚上。

3. 脚背起球

动作要领：判断球的落点，快速移动至球的下方，支撑脚膝关节微屈，重心放在支撑脚，身体正对来球，用脚背正面踢球，注意绷脚尖和抖动脚腕发力击球。

4. 腿部起球

动作要领：在身体膝关节以上部位的踢球都叫触球。可以分为大腿触踢球、腹部触踢球、胸部触踢球、头部触踢球。大腿触踢球时，判断球的落点，快速移动至球的下方，支撑脚膝关节微屈，重心放在支撑脚，抬大腿迎球，放松小腿，用大腿正面前段击球。腹部触踢球、胸部触踢球、头部触踢球，都应注意触球时将腹部、胸部或头部要稍微向前去主动迎接球，并控制球落在自己的前方，然后用脚将球踢出。

(四) 攻球技术

攻球技术是指将高于网沿的球直接攻入对方场区的一种击球动作。可分为头攻球、踏球、倒勾。

1. 头攻球技术

动作要领：判断球的落点，调整好身体的位置，从限制区外助跑起跳，靠腰部、颈部发力在空中用额头的正面、侧面或头发将球击入对方场地。其特点是力量大、速度快、变向多。

2. 踏球技术

动作要领：判断球的落点，调整好身体的位置，向上抬腿后，向下发力，用前脚掌部位推压击球。脚踏攻球的特点是视野开阔、目的性强、球速快、变化多，既可以压踏前场又可以推踏后场，还可以抹吊近网。

3. 倒勾技术

动作要领：判断球的落点，调整好身体的位置，以大腿带动小腿向上摆动、加速发力。可攻出直线、斜线、外摆、内扫、轻吊和凌空等不同特性的球。斜线攻球，可以用站位方向的变化和脚尖内扣来达到变线攻球的目的。外摆攻球，要注意击球瞬间外翻脚腕，用转体和向外摆动腿来控制球的力量和落点。内扫攻球时应用脚尖部位或脚内侧向异侧腿前上方边转体边扫踢击球。轻吊攻球的起跳动作要和发力倒勾攻球时一样，只是在击球瞬间改用前脚掌部位，将球轻轻推托过网。特点是击球点高、球速快、力量大、易控制、变化多。

三、毽球基本战术

(一) 进攻战术

1. "一、二"配备

"一、二"阵容配备是在三个上场队员当中有一个是主攻手，两个是二传手。运用此阵容配备时，主攻手一般不参与接发球，两个二传手交替接发球和做二传，这种战术的进攻特点是分工明确、稳而不乱，尤其适用于有高大主攻手善打中一二和两次攻等高举高打的打法。

2. "二、一"配备

"二、一"阵容配备是在上场三个队员有一个主攻手、一个副攻手和一个二传手。"二、一"阵容配备中,主攻手一般也可以不参加接发球,由副攻手、二传手互换接做二传。这种战术的特点是攻球变化多又可以互相掩护,适用于打交叉、插上、掩护等进攻战术。

3. "三、三"配备

"三、三"阵容配备是在上场三个队员中三个都是攻球手又是二传手。"三、三"阵容配备场中队员接球站位一般成倒三角形,任何一个队员接到球后随时都可以组织两人以上同时参与进攻的战术打法,这种阵容可以打出掩护、交叉战术,还可以打出快攻、背溜、双快一掩护等较复杂多变的战术进攻球。

(二) 防守战术

1. "弧形防"

"弧形防"就是三名队员在中场成小弧形的站位防守。"弧形防"阵型是在对方的攻球威力不大时采用,这种区域联防的特点是防守视线清楚、分工明确,防守一般性攻球效果很好。

2. "一拦二防"

"一拦二防"在场上三个队员中,一人在网前拦网,另两名队员分别在其两侧分区防守。"一拦二防"这种封线分防的特点是有两道防线,网上拦网封线路,网下中场防落点,拦防结合,利于反击。

3. "二拦一防"

"二拦一防"阵型就是在场上三个队员有两人在网前拦网,另一名队员在其中后方防守。"二拦一防"这种封线补防的特点是网上拦网封线路,网下中场补空缺具有明显的网上拦网优势。

4. "拦—堵—防"

"拦—堵—防"阵型就是一人在网前拦网,一人在侧面往后堵击,另一人在中后场防守。"拦—堵—防"这种封堵联防阵型构成三道防线,具有既可以互相补缺又可以灵活机动应变的特点,是目前比较理想的防守阵型。

第六节　高尔夫球

一、高尔夫球运动的起源与发展

高尔夫球是一项古老的贵族运动，它起源于15世纪或更早的苏格兰。苏格兰山区气候湿润、多雾，极适合牧草生长，在工业文明以前，这里是连绵不断的牧场。相传，当时的牧羊人在放牧休息时，喜爱玩一种用木板将石子击入兔子洞或洞穴中的游戏，久而久之便形成了一定规则。苏格兰地区非常寒冷，人们每次出去打球时，总爱将一扁瓶烈酒放在后口袋中，每次发球前先喝一小瓶盖酒。一瓶酒重18盎司，而一瓶盖正好装1盎司，打完18个洞，酒也喝完了。时间长了，很多人便认为打一场球必须打18个洞。关于高尔夫球起源的史料记载是在1457年，当时在苏格兰叫"GOFF""GOWF"和"GOLF"。17世纪，高尔夫球运动被欧洲人带到了美洲，19世纪20年代又传进了亚洲。近年来，高尔夫球运动迅速发展，在美国有近2万个高尔夫球场，日本有1700个球场，新加坡有20多个球场。高尔夫球运动的发展是与经济的发展密切相关的。

目前世界各地高尔夫球竞赛繁多，主要的高尔夫球组织与赛事有：美国高尔夫球协会、美国高尔夫球公开赛、美国业余女子高尔夫球锦标赛；英国职业高尔夫球协会、英国高尔夫球公开赛、英国业余高尔夫球锦标赛；世界业余高尔夫球理事会、世界杯高尔夫球赛等。

1896年，中国上海高尔夫球俱乐部成立，标志着这项已有几百年历史的运动进入了中国。1985年5月，中国高尔夫球协会在北京成立。

随着人民生活水平的提高，一些热衷于高尔夫球运动的有识之士在北京、天津、广州等地办起了各种类型的培训班，并有针对性地在大、中、小学学生中进行培训。高尔夫球运动已经走进了学校，受到青年的喜爱，一些人已掌握了高尔夫球的技术和规则。高尔夫球是一项不太激烈的体育运动。GOLF（高尔夫）是由英文GREEN（绿色）、OXYGEN（氧气）、LIGHT（阳光）和FOOT（步履）的第一个字母缩写而组成，寓意着在明媚的阳光下，踩着绿色的草地，呼吸着新鲜的空气，在大自然的怀抱里边散步、边打球、边聊天。

因此，高尔夫球是高尚、文明、健康、有益的活动。随着中国社会的发展和人们生活水平的不断提高，中国的高尔夫球运动必定会迅速发展。

二、高尔夫球文化

高尔夫球是一项高雅的运动，它不但对场地、球具和球技有着高标准的要求，而且对每一个打高尔夫球的人的自身修养亦有着严格的要求。

（一）礼让为先

高尔夫球规则第一章就是礼仪规则，高尔夫球运动最崇尚的精神就是"让"。上发球台互相礼让；在球道上，让打得近的球员先打；在果岭上，让球离球洞较远的人先推杆；打得慢的一组让打得快的一组超越先打；球技好的球员与球技差的球员一起打时可以让杆……礼让是一种美德，它已经成为高尔夫球运动的传统。随着时间的推移，礼让已成为不成文的规则，所有打高尔夫球的人必须遵行。

（二）爱护场地

高尔夫球是绅士运动，除了环境优美、场地设施高雅之外，更主要的表现在打球人的一举一动要不失绅士风度。其中，爱护场地设施是每一个打高尔夫球的人必须做到的。如果在草地上打球时，把草皮铲起了，应该马上把铲起的草皮捡回，放回原处，由球童放一些细沙，然后用脚踩一踩再离开；假如球打进了沙坑，要从球离沙坑最近的边缘进入沙坑去打球；球打出沙坑后，要用平耙把沙坑耙平，恢复原状；看到果岭上有球砸的印或小坑时，应主动用专用叉子，把两边的草向中间挤一挤，然后用推杆向下压一压，把它修复平整。

（三）熟知规则

高尔夫球的规则比较复杂，比赛中要按规则打球，所以一定要熟知规则，并能在实践中正确运用。如果能自觉地遵守规则，即使球打得差一点，也会受到别人的尊敬。如果自己知道得不多，能够虚心地向队友或球童请教，不断地丰富自己的知识，同样也会受到别人的尊敬。虚心学习，可以丰富知识，也会促使自己的球技迅速提高。

（四）丰富高尔夫球知识

高尔夫球知识范围是很广泛的，高尔夫球员要不断地学习和丰富高尔夫球的知识。

①对技术的钻研是无止境的。从握杆、预备姿势、挥杆，一直到根据果岭的方位、风向、沙坑、长草区、水池等各种障碍确定打球的技术，都需要认真地思考和练习。在教练或球友的指点下，学习有关的资料和书籍，会使技术不断提高。

②要学习英语，掌握高尔夫球常用的术语，达到运用自如的程度。

③要学习规则，熟习规则，遵守规则。

④要了解高尔夫球运动的典故和历史，了解国际、国内高尔夫球运动发展的概况。

(五) 场下练好技术，然后再上场

打高尔夫球对挥杆技术要求较高，不会正确握杆，没有掌握正确挥杆技术，是不允许上场打球的。

如果没有掌握挥杆击球的技术，首先，会打不着球，即使偶然打到了球，也不会打得太远，也不会打得太准；其次，由于动作不对，会铲起大块的草皮，对球场有很大破坏。

所以，要虚心地向教练和技术好的球友学习，读有关的书籍，认真钻研技术，每天坚持做挥杆模仿练习，或者到练习场去练习。当练好基本的挥杆技术后，再去正规的球场打球。现在国外有很多球场，在入场前要检查球员的挥杆技术，也就是说要达到一定水平才允许上场。

(六) 穿着得体

高尔夫球起源于英国，早期的球员打球要穿燕尾服，着长筒靴。随着社会的发展，服饰规定不那么严格了，可是一些基本的传统还是流传了下来，形成现代打高尔夫球时着装的基本守则。

①上衣要有领子。没有领子的圆领衫属于家居服，穿家居服置身于有社交性质的球场是不礼貌的行为。

②穿短裤要穿长袜。穿短裤腿大部分暴露在外，这是不礼貌的行为。穿长袜可以弥补这一问题，以表示对球友和观众的尊重。

③穿钉鞋上场打球。平底的钉鞋可以防止侧滑，在果岭上也不会因压力不均损坏球场。

④不穿奇装异服。不要穿款式及质料太新潮、太独特的衣服去打球。有些球场对服饰有特殊的规定，如马来西亚皇家球场就禁穿黄色衣服，以表示对皇家的尊重。

(七) 保持肃静

在发球台或在果岭边，往往由专人举着"静"字牌，或把牌子竖在很明显的位置，用以提醒球员和观众保持安静。

当一个球员在准备打球时，任何人不可以说话或发出声响，以免影响球员击球。

(八) 光明磊落

高尔夫球比赛中，选手之间互为记分员和裁判员，在竞赛中要求球员高度自觉、实事求是。比如，高尔夫球规则中规定，球从发球台打出至进洞，自始至终不能擅自移动球，如果动了，就要被罚杆。但有时球被打到树根下或长草区，要把它打出来很不容易，这时难免会有一种降低杆数的心理诱惑自己。当队友都在球道另一边时，自己完全可以假借找

球的动作,把球拨到好打的地方,但这种想法和做法却违背了高尔夫球文明准则。打高尔夫球要对自己负责,多一杆少一杆并没有关系,但为了一杆、两杆欺骗别人,是不道德的行为。

三、高尔夫球运动的礼仪

(一) 球场上的礼貌

1. 安全

在击球或进行练习挥杆之前,球员应确认球杆可能击打到的地方,应避免因击球或挥杆而打到石块、石子、树枝等。同时,球员应注意观察附近是否有人站立。

2. 为其他球员着想

有优先击球权的球员应被允许在其对手或同伴之前先行发球。当球员正在做击球准备或正在击球时,任何人不得走动、讲话,或站在球及球洞附近。在前组球员未走出球的射程可及范围之前,任何球员不得打球。

3. 打球速度

为了大家的利益,球员打球时不得延误时间。当球不容易很快找到时,找球的球员应尽快发出信号,让后续球员先行通过。在后续球员先行通过并走出球的射程可及范围之前,该组球员不得继续打球。

打球结束后,球员应立即离开球洞区。如果一组球员在球场上行进迟缓并落后前面的球员整一洞以上时,应让后续的一组先行通过。

(二) 球场上的优先权

在无特殊规则时,二球组较三球组或四球组持有优先权,并有超越这些组先行通过的权利。而这些组应请二球组先行通过(单独的球员无此权利,应让其他组先行)。打完全部一轮的任何组,有超越没有打完全部一轮一组的权利。

(三) 对球场的保护

①处理沙坑内的坑穴。
在离开沙坑之前,球员应仔细地平整好打球时在沙坑内造成的所有坑穴和足迹。
②处理被铲起的草皮。
球员应将他在球洞区通道上切削或打起的草皮放回原处并压平(对球洞区造成的损坏也

应认真予以修复）。打完一洞后，因高尔夫球钉鞋对球洞区造成的损坏，亦应修复。

③保护旗杆、球杆袋、球洞区。

球员应确保在放置球杆袋和旗杆时不损坏球洞区。球员及其球童在靠近球洞站立、扶持旗杆或将球从洞中取出时，应注意避免损坏球洞。球员在离开球洞区之前，应将旗杆正确地放回球洞中。

第七节 轮滑

一、轮滑运动的起源与发展

轮滑运动在我国也常被人们称为"旱冰"。

轮滑——旱冰这项运动，是由荷兰运动员发明的。当天热冰融化后，不能再继续滑冰时，他将木线轴安在皮鞋底下，试图在平坦地面上滑行。他的试验终于成功了，并引起了人们的兴趣。从此轮滑运动首先在欧洲兴起。

到 18 世纪 60 年代，曾出现过两轮溜冰（前后），但难以控制滑行。真正的四轮溜冰是由纽约人詹姆士·普利姆普顿于 1863 年发明的，因此说轮滑运动是由滑冰过渡来的。开始，为了能在冰上稳定地滑行，就在每只鞋上镶上四只小冰刀，这样既稳定又安全。春天来临，冰雪融化后，就用四只小轮代替四只小冰刀。也就是在一个可移动的底座上，镶上两对小轮，这样近代的四轮溜冰就诞生了。

1866 年詹姆士开办了第一个溜冰场，从此四轮溜冰运动迅速地传到欧洲各国。1884 年美国人理查森和雷蒙德发明了滚珠轴承，这对改进四轮溜冰技术起了极大的作用。

1875—1937 年滑冰运动对四轮溜冰影响较大。在四轮溜冰运动的发展中，逐渐演化为花样溜冰、速度溜冰和冰球三种不同形式的运动项目。1937 年在美国出现了第一个速度溜冰的比赛规则，1939 年制定了花样溜冰规则，从此开始了真正的四轮溜冰比赛。

我国于 1980 年参加了国际四轮溜冰联盟，正式被接纳为会员国。1982 年 5 月，首次在上海举办了"金雀杯速度溜冰邀请赛"，同年 10 月在北京举办了"环球杯旱冰邀请赛"。在此基础上于 1983 年 10 月在首都工人体育场举行了第一届全国轮滑锦标赛。比赛项目有速滑、花样两项。

二、轮滑运动的竞赛形式

每一项运动都可以形成竞赛，而激烈的竞赛造就了一大批优秀的选手，他们超凡的技艺反过来成了推动该项目发展的巨大动力。

轮滑运动项目很多，都有自己相应的赛事活动。在我国开展较好、较为成熟、较为固定的比赛有速度轮滑、花样轮滑、休闲轮滑和轮滑球。

三、参加轮滑运动对身体的影响

轮滑运动不仅是妙趣横生、令人着迷的运动项目，而且又是一种很好的交通工具。在水泥地面，油漆马路上均可滑行。滑速可快可慢，滑行可直可弯、可快可停，十分灵活自如。用来上街办事、访亲会友、旅游观光、上班下班等都十分方便。

轮滑又有特殊的灵活性，在一块很小的地面上，就可进行高难度的技巧与艺术表演，因此宾馆、商店可用来招揽生意，甚至还可搬上舞台进行各种精彩的艺术表演。

花样轮滑是轮滑与艺术相结合的运动。比赛项目有规定图形、自由滑、双人滑以及双人舞等。花样轮滑是以平衡为基础、以旋转为核心而展开的高度的技巧与艺术的体现；是在优美的旋律下，以极其丰富的想象力和创造力，表达出音乐的主题，以极其强烈的艺术感染力，给人们以美的享受。

轮滑球运动是轮滑与打球相结合的集体对抗性运动。是在高速滑跑中实现战术配合，完成进攻与防守。比赛紧张、激烈、瞬息万变、扣人心弦。

可见参加轮滑运动对身体有很多有价值的影响。速度轮滑长时间巨大的身体负荷、花样轮滑高度的平衡力和技艺、轮滑球激烈的对抗性等，都对人体提出了很高的要求。经常从事轮滑运动的锻炼，可不断提高健康水平。

轮滑运动能改善和提高机体中枢神经系统的功能、提高呼吸系统、消化系统、血液循环系统等内脏器官的功能。轮滑运动还能全面、协调地发展人体的速度、力量、耐力、灵敏、柔韧等身体素质。使人的头脑机智、灵活、反应灵敏、体魄强壮、精力充沛。对于青少年还有促进身体正常发育的良好作用。

四、参加轮滑运动应有的安全常识

在轮滑运动的教学与训练中，为防止和避免一些意外事故发生，在练习中应注意以下几方面。

（1）初学者上场练习时，应着运动服或长裤长袖衣服，戴上手套。否则摔倒时出现膝、肘部、手的外伤。

（2）初学者上场练习时必须采取正确的练习姿势。为了提高速度的需要，在轮鞋和轮子的安装上后轮较为靠前，很容易向后摔倒。因此必须注意上体前倾和小腿的前伸。切不可在滑行中身体伸展后仰。

（3）初学者练习时应及早地学会摔倒时的自我保护方法。在向前摔倒时应避免单臂前伸支撑；向后摔倒时应避免上体伸展抬头，要立即收腹低头，重点保护头都；向侧摔倒时，两臂紧贴身体向侧滚动。

（4）每次练习前师生应注意检查场地。如有沙石、木屑、碎纸、烟头、冰棍杆等杂物要及时清除干净。如地面有裂缝或破损处要及时修补，否则快速滑行中很容易绊倒摔伤。

（5）每次上场练习前要严格地检查轮鞋是否合乎练习要求。如有轴承损坏，底板螺丝松动、轮轴螺丝松动或脱落，鞋底撕裂等等，都要及时修理，修理妥善之后再上场练习。否则滑行中出现故障，很容易摔伤。

（6）在练习场上应严禁随意追逐、打闹、横穿跑道等。在速滑跑道上严禁顺时针方向滑跑。也不能几人拉手、搭肩、拥抱等。

（7）在轮滑场上要自觉地保持地面的清洁，严禁扔果皮、烟头、冰棍杆、碎纸、绳头、空瓶子等杂物。

（8）场地附近应备有常用外伤药品，一旦有外伤事故发生应及时处理。如有骨折、脑震荡等严重伤害出现，应及时护送医院治疗。

第八节　跆拳道

一、跆拳道概述

跆拳道是一项利用拳和脚进行搏击的对抗性运动，它通过竞赛、品势和功力检验等运动形式，使练习者增强体质，掌握技战术，并培养坚忍不拔的意志品质。

跆拳道的本意由三个方面组成：跆是表示以脚踢；拳是以拳头击打；道是一种精巧的艺术方法，同时也是对练习者在道德修养方面的要求。传统的跆拳道包括套路（品势）、兵器、擒拿、摔锁、对练自卫术和其他基本功夫。现代竞技跆拳道只是传统跆拳道的一部分，它技术动作简单、实用、易学，寓搏击、规范、教育于一身，不需要花费太多的时间就能达到健身、防身、修身的效果，是一项在全世界都受欢迎的搏击运动项目，有世界"第一搏击运动"之称。

二、跆拳道初级阶段基本技术

（一）基本姿势

1. 标准姿势

左脚在前称为左势，右脚在前称为右势（以下以左势为例）。

动作规格：两脚前后开立与肩同宽，前脚尖45°斜向右前方，后脚跟抬起，膝关节微屈，重心落在两脚中间；上身自然直立，45°斜向右前方，双手握拳、拳心相对，两臂弯曲置于胸前；头部直立向前，目视正前方。

2. 侧向姿势

动作规格：身体完全侧向，前后脚在一条直线上。其他部位同标准姿势。

(二) 基本站位

1. 开式站位

指和对方体前相对应的站位，即自己的身体前面相对对方的身体前面。包括左势对右势和右势对左势两种形式。

2. 闭式站位

指和对方的体前侧不相对应的站位，即自己的体前对应对方的体后。包括左势对左势和右势对右势两种站位形式。

(三) 基本步法

跆拳道是一种以腿法为主的武技，实战中步法的灵活运用对保证充分发挥腿的威力、取得实战的胜利具有极其重要的意义。腿法使用时多以后腿进攻，因此跆拳道的步法具有鲜明的特点，即重心落在两脚之间或偏于前脚，而且身体姿势大都以侧向站位，以便保护身体和正面要害部位和使后腿通过拧腰转髋发力，增加击打的力量和速度。

常用的基本步法包括以下几种。

1. 前进步

标准实战姿势开始，两脚成斜马步，两手握拳置于胸前。前进时后脚蹬地向前迈步，身体侧转成另一侧斜马步，可连续进行。这是前进步中的一种上步，注意拧腰转髋。前进时，后脚蹬地，前脚向前滑行称为前滑步；后脚蹬地，前脚向前跳跃称为前跃步。前滑步和前跃步都属于前进步，是主动进攻时采用的步法。也可用于假动作，配合两手臂的动作进行，便于快速接近对方。

2. 后退步

由标准实战姿势开始，前脚掌用力蹬地，后脚先退后一步，前脚随即后退，两脚以及身体仍保持原来姿势。若前脚掌蹬地后，后脚沿地向后滑行一步，前脚随即同样向后滑行一步，两脚以及身体仍保持原来姿势，叫作后滑步退。这种步法可以拉开和对手的距离，避开对方的进攻，准备做反击动作。

3. 后撤步

从标准实战姿势开始，以后脚前脚掌为轴，前脚抬起向后经后脚内侧向后撤一步，形成和原来相反的实战姿势。后撤步可根据实战需要左右变化，调整与对方的相对距离，准备进行攻击或反击。

4. 跳换步

由标准实战姿势开始，两脚同时蹬地使身体腾空，空中两脚前后交换，同时转体；落地时身体姿势成另一侧的准备姿势。跳换步的腾空不宜高，略离地即可；换步时，要拧腰转髋，迅速敏捷，其目的是干扰对方的攻防思路，选择适于自己进攻的方位和转换自己身体的得分部位使对方不能得分。

(四) 跆拳道基本进攻技术

跆拳道的基本进攻技术主要包括拳法和脚踢法，这些技法组成了跆拳道的基本形式。

只有练好基本进攻技术，才能为今后的实战提高打下基础，才有可能成为优秀的跆拳道选手和跆拳道实战家。所以，必须认真学习基本技术，体会基本技术的动作含义，揣摩研究基本技术的实际运用规律，为今后的提高打下坚实的基础。

1. 拳法

拳法是跆拳道中最基本而又非常重要的技术。出拳的基本原则是从腰间发力将拳击出，抱拳于腰间时拳心向上，拳击的过程中要做手臂的内旋动作，拳击至最远端时手臂伸直，拳心向下，击打目标后放松收回。

2. 脚踢法

跆拳道以其变幻莫测、优美潇洒的腿法闻名于世，被世人称为踢的艺术，这是跆拳道区别于其他格斗术的一个重要特点。跆拳道的腿法讲究变化多样和灵活多变，对人体的柔韧性、大脑反应的灵敏性、身体运动的稳定性都有很高的要求，是对人体机能和体能的综合考验。

(1) 前踢（图 7-77）。

实战姿势开始。右脚蹬地髋关节向左旋转，双手握拳置于体侧；同时，右腿以髋关节为轴屈膝上提；当大腿抬至水平或稍高时，髋关节向前送，向前顶，小腿以膝关节为轴快速向前上方踢出，力达脚尖，整条腿踹直；踢击后迅速放松，右腿沿原路线弹回，将右脚放置在左脚前面，仍成实战姿势。

图 7-77　前踢

练习方法：采用分解教法，先练提后腿，同时向前送髋；再练弹出小腿；完整练习前踢动作并能熟练使用。

（2）侧踢（图7-78）。

实战姿势开始；右脚蹬地右腿以髋关节为轴屈膝提起，两手握拳置于体侧；随即左脚以前脚掌为轴外旋180°，髋关节向左旋转，右腿以膝关节为轴向前蹬伸，右脚快速向右前上方直线踢出，力点在脚跟。发力后沿起腿路线收腿、放松，重心落下（原处或向前均可），再次回到实战姿势。

图7-78 侧踢

练习方法：先练习提腿转髋动作；再练习平蹬腿动作；完整练习侧踢动作。

（3）劈腿（图7-79）。

实战姿势开始。右脚蹬地，重心前移至左脚；同时，右腿以髋关节为轴屈膝上提，两手握拳置于胸前；随即充分送髋，上提膝关节至胸部，右小腿以膝关节为轴向上伸直，将右腿伸直举于体前，右脚过头；然后放松向下以右脚后跟（或脚掌）为力点劈击，一直到地面，成实战姿势。

图7-79 劈腿

练习方法：开始练习时可扶物先练提腿、提膝和上举腿动作；练习下劈腿的动作；先扶物，动作熟练后，再进行徒手练习；完整练习劈腿动作。

（4）推踢（图7-80）。

实战姿势开始。右脚蹬地，右脚以髋关节为轴提膝前蹬，用右脚脚掌向前蹬推脚掌，推力向正前方。

图 7-80 推踢

三、跆拳道提高阶段脚法的核心技术及学练方法

(一) 横踢

1. 动作方法

实战姿势开始。右脚蹬地，重心前移至左脚，右脚屈膝上提，两拳置于胸前；左脚前脚掌碾地内旋，髋关节左转，左膝内扣；随即左脚掌继续内旋至 180°，右腿膝关节向前抬至水平状态，小腿快速向左前横向踢出；击打目标后迅速放松收回小腿，右腿落回原地成实战姿势（图 7-81）。

图 7-81 横踢

2. 练习方法

先练前踢，待熟练后再练横踢；提后腿（提膝），同时转髋，弹出小腿；熟练后可练习横踢击打头部（高横踢）。

(二) 后踢

1. 动作方法

实战姿势开始,转身后,腿后撤背对对方。重心后移至左脚,右脚蹬地后屈膝提起,右脚贴近左大腿,两手握拳置于胸前;随即左脚蹬地伸直,右脚自左大腿内侧向后方直线踢出,力达脚跟;踢击后右脚按原路线快速收回,成实战姿势(图7-82)。

图 7-82 后踢

2. 练习方法

开始练习时可手扶支撑物,体会后蹬的感觉;练习转身同时提关节的动作;平伸后蹬;进行完整的后踢动作练习,可采用踢打固定靶练习;练习反击后踢。

(三) 后旋踢

1. 动作方法

实战姿势开始。两脚以两脚掌为轴均内旋约180°,身体随之右转约90°,两拳置于胸前;上体右转,与双腿拧成一定角度,右脚蹬地将蹬地的力量与上体拧转的力量合在一起,将右腿向后上以髋关节为轴直腿摆起,右脚继续向右后旋摆鞭打,同时上体右转,带动右腿弧形摆至身体右侧,右腿屈膝回收落地(图7-83)。

图 7-83 后旋踢

2. 练习方法

支撑脚前脚掌着地转动，转身同时向后蹬伸腿；右腿向后摆动；先练习身体原地转动 360°；右腿开始摆动时不要求高度，以后再逐渐升至摆动高度；进行完整的后旋踢动作练习。

四、重点组合的评价与考核

（一）进攻—防守（即先进攻再防守）

1. 右横踢—左后踢

考核要点：右横踢可以使假动作，趁对方反击时用后踢重创对手。

2. 右下劈—左下劈

考核要点：两个动作要连贯。

（二）进攻—进攻（即连续进攻）

1. 左横踢—右横踢

考核要点：如果左横踢踢空，右横踢要快速连接。

2. 右前横踢—左横踢

考核要点：前横踢启动要突然。

第九节　太极柔力球

一、太极柔力球运动的发展

太极柔力球是一项新兴的、具有民族特色的体育运动项目，是把太极拳的一些动作与网球、羽毛球的技术相结合，形成的一种太极式的球类运动。

太极柔力球是由山西医科大学晋中学院体育教师白榕先生于 1991 年发明，后经山西省体育界同仁李健康、张路、李小斌、成明铎等共同研讨、创编、规范和完善，并命名为"太极柔力球"，于 1992 年正式向社会推出。

到目前为止全国高校已有北京体育大学、香港浸会大学、山西财经大学、华中师范大学、武汉体育学院、东北林业大学、浙江工业大学、厦门大学、沈阳体育学院、河北信息工程学院、内蒙古师范大学、湛江师范学院、淮阴师范学院、深圳大学、武汉大学、华中科技大学、武汉理工大学、中南财经政法大学、武汉科技大学、华中农业大学、武汉电力职业学院、江汉大学等都将此项运动列为正式课程和选修课程，让我们看到了太极柔力球更加光辉美好的未来。

"只有民族的，才是世界的。"相信在大家不懈努力下，太极柔力球一定会在不远的将来大放异彩。让这项民族文化和民族智慧孕育而生的体育项目，为人类的健康文化事业做出更大的贡献。

二、太极柔力球的运动特点

太极柔力球的运动由运动者手持一种特制的拍子控制，该拍子由拍柄和拍框组成，拍框内有一个能起缓冲作用、带风孔的橡胶软面，通过弧形引化的方法将球抛来抛去。它改变了传统的硬性击球方法，从入球到出球是由迎、引、抛三个部分组成一个连贯、自然、流畅的弧形引化过程。可以两人对抛、单人独练、几人互传或隔网竞技，是可以健身、娱乐、表演和竞技的一种运动项目。

太极柔力球将太极运动完整连贯、刚柔并济、自然流畅、缓急有致的特点充分体现出来。柔、圆、退、整是太极柔力球的四大特点。迎、引、抛是太极柔力球运动的三大要素。太极柔力球融入了太极的精髓，是一种让自己身心得到愉悦和陶醉的运动，给人以舒畅顺达之美。

太极柔力球运动是一种全身性的运动，可以使颈、肩、腰、腿得到均衡全面的发展，对提高中枢神经系统机能具有良好的作用。近些年的研究表明，太极柔力球运动对提高青少年的反向思维、创造性意识、反应速度以及刚柔并济的特质具有显著作用。

三、太极柔力球运动基本技术

（一）握拍方法

（1）正手握拍法。

正手握拍法是用拇指和食指第一指节的指腹部位捏握拍把与拍面平行的两个宽面处，其余手指顺势扣握，拍把的尾部靠在手掌的小鱼际处，掌心空出，以便球拍在手中自如运转。

（2）反手握拍法。

反手握拍法是用拇指和食指第一指节的指腹部位捏握拍把与拍面垂直的两个窄面处，其余手指顺势扣握，掌心空出，使球拍灵活应对各种复杂技术动作的要求。

（二）基本握拍要求

（1）握拍时手掌要灵活松弛、肌肉放松，不宜过于用力。
（2）手不要靠上或靠下，掌心要空出，不可大把握住球拍。
（3）握拍时拇指、食指、中指起主要作用，无名指和小指则起辅助作用。

（三）基本站位

1. 动作方法

（1）正手基本站位。

正手基本站位是指正手握拍，接抛身体右侧来球的站位方法。该站位要求面向对方，两脚自然开立且略宽于肩，两膝弯曲略内扣，身体重心在两脚之间，脚跟略微提起，以前脚掌着地，髋关节放松，含胸收腹，上体略向前倾，平视前方，右手持拍并自然置于身体右前上方（图7-84）。

（2）反手基本站位。

反手基本站位是指反握拍，接抛身体左侧来球的方法。该站位要求面向对方，两脚自然开立且略宽于肩，两膝弯曲略内扣，身体重心在两脚之间，含胸收腹，注视前方，右手持拍并自然置于身体左前上方（图7-85）。

图7-84　正手基本站位　　　图7-85　反手基本站位

2. 容易出现的错误

（1）两脚呈"八"字外张，身体重心在全脚掌上；
（2）两脚直立，膝关节不弯曲，弯腰，上体前倾；
（3）全身肌肉紧张，捏拍过紧。

3. 纠正方法

（1）多进行各种脚步移动练习，体会身体重心放在前脚掌移动的感觉；
（2）练习基本站位时，强调膝关节弯曲，身体重心下沉；
（3）做放松练习，持拍臂自然下垂。

(四) 发球

1. 动作方法

发球是太极柔力球比赛中唯一不受对手制约和限制的技术，可以最大限度地施展自己的战术意图，因此具有极大的自主性。发球是指比赛或对抛开始时把球抛向对手的动作。发球时，必须一只脚支撑地面，且不得移动和脱离地面，根据发出的球在空中飞行轨迹的不同分为高远球、平快球和网前球。

（1）发高远球。

发球时双脚前后站立，左手拿球，右手持拍，左手将球由身体的前方向后上方抛出，使球在空中有明显的飞行轨迹。在抛球的同时右手持拍向前迎球，球入拍后做完整的弧形引化动作，再将球顺势抛出。

（2）发平快球。

发平快球与发高远球动作相似，但出球时的挥摆动作要以向前用力为主，发出的平快球从接近网口的高度直奔对方后场，发球时用力一定要完整连贯。

（3）发网前球。

面对球网，两脚前后站立，身体重心在两脚之间，发球时手臂用力要柔和、准确，身体的重心起伏和前后移动幅度较小，发出的球最好贴近球网而过，使球在过网后立即坠落，球的落点应在对方场地的进网处和边角处。

2. 发球易犯错误

（1）挥拍后不做弧形引化，而是将球硬性击出。
（2）发球时为增加威胁而横向挥拍，将球击出球拍。
（3）为发高远球，出球时利用手腕勾、挑球拍。
（4）两脚直立，重心没有变化。

3. 纠正方法

（1）加强专项辅助练习，严格规范每一个发球动作。
（2）多做空拍练习，在练习中注意身体重心下沉和前后移动的变化。
（3）自抛自接练习，体会球入球拍时的最佳角度和全身用力将球抛出的感觉，以及每个球出球拍时拍框与出球方向的正确位置。

(4) 对墙或对网练习,体会全身完整用力的感觉,杜绝手腕单独用力。

(五) 接抛球

1. 动作方法

(1) 正手接抛高球。

正手接抛高球是指以正手握拍法接抛身体右侧前上方来球的方法。

接抛高球时,根据来球的方向、速度及时调整站位,将接球点置于身体右侧前上方,持拍臂以肩为轴,向右前上方伸出迎球,当球触及球拍后,迅速顺势向后经右后上方、右后下方做弧形引化动作,并从身体的右前下方将球抛出。在球入球拍时,应从球拍的侧框切入,从入球点对面的侧框抛出。在球出球拍的瞬间,出球点的球拍侧框应与出球方向保持一致,不要让拍头对向出球方向,注意身体保持中正,腿和腰要有力(图 7-86)。

图 7-86 正手接抛高球

(2) 正手接抛低球。

正手接抛低球是指以正手握拍法接抛身体右侧前下方来球的方法。

接抛低球时,根据来球的方向、速度及时调整站位,将接球点置于身体右侧前下方,持拍臂以肩为轴,向右前下方伸出迎球。当球触及拍后,迅速顺势向右侧后 45°做弧形引化动作,并经右前上方将球抛出。在弧形引化过程中动作要连贯,入球时全身协调"拉上"力量,在球出球拍的瞬间,球拍的侧框对向出球方向(图 7-87)。

图 7-87 正手接抛低球

(3) 反手接抛球。

①反手正握接抛高球。

正手握拍，在身体左侧按逆时针方向完成弧形引化动作即为反手正握接抛高球法。

接抛高球时，根据来球的速度和落点及时调整站位，将接球点置于身体左侧前上方，持拍臂以肩为轴，手臂外旋，持拍手拇指在下、四指在上，向左前上方伸出迎球，球拍的边框对着来球。当球触及拍后，双脚蹬转，使力集中在腰部，由腰带动持拍臂向左侧后下方做弧形引化动作后，将球由左前下方向前抛出（图 7-88）。

图 7-88 反手正握接抛高球

②反手正握接抛低球。

正手握拍，在身体左侧按顺时针方向完成弧形引化动作即为反手正握接抛低球法。

接抛低球时，根据来球的方向和速度及时调整站位，将接球点置于身体左侧前下方，持拍臂以肩为轴，向左侧前下方伸出迎球，持拍手拇指在上、四指在下。当球触及球拍后，使全身的力量集中在腰部，以腰带动持拍臂向左后上方做弧形引化动作后，将球由左前上方向前抛出（图7-89）。

图7-89　反手正握接抛低球

③反手反握接抛高球。

反手反握接抛高球是指反手握拍，接抛身体左侧前上方来球的方法。

接球时，反手握拍，手臂外旋，持拍手的手心向上，持拍臂向左前上方伸拍迎球。球入拍后，以身体的完整力量带动持拍臂向身体左侧后下方做弧形引化动作后，将球由左前下方向前抛出。

④反手反握接抛低球。

反手反握接抛低球是指反手握拍，接抛身体左侧前下方来球的方法。

接球时，反手握拍，手臂内旋，握拍手的手心向下，向身体的左侧前下方伸拍迎球。球入拍后，以身体带动持拍臂向左后上方做弧形引化动作，将球由左前上方向前抛出。

（4）体前平弧球。

体前平弧球是指接球队员在体前采用水平弧形引化方法的接抛球技术。体前平弧球可用正握拍，也可用反握拍。由于它的引化动作是有支撑点无实体轴的运动，因此虽然动作缺少力量，但是变化非常丰富。

①正拍右拉球。

正握球拍，将接球点置于体前偏左侧，前臂外旋，向左前下方伸拍迎球。触拍时，拍面与地面垂直，球入拍后迅速在体前向右侧做水平弧形引化，并将球引化至身体右侧时择向抛出（图7-90）。

图7-90 正拍右拉球

②正拍左拉球。

正握球拍，将接球点置于体前偏右侧，前臂内旋，向右前下方伸拍迎球。触拍时拍面与地面垂直，拍头侧对地面，当球入拍后迅速在体前向左侧做水平弧形引化动作，并将球引化至身体左侧时择向抛出（图7-91）。

图7-91 正拍左拉球

③反拍右拉球。

反握球拍，将接球点置于体前偏左侧，前臂外旋，向左前下方伸拍迎球，拍面与地面垂直。当球入拍后，迅速在体前向右侧做水平弧形引化动作，并将球引化至身体右侧时择向抛出。

④反拍左拉球。

反握球拍,将接球点置于体前偏右侧,前臂内旋,向右前下方伸拍迎球,拍面与地面垂直。当球入拍后,迅速在体前左侧做水平弧形引化动作,并将球引化至身体左侧时择向抛出。

⑤体前平拉球。

体前平拉球是指接球员在体前用水平弧形引化方法接抛球的技术,可以正握拍,也可以反握拍。由于它的引化动作是有支撑点而无实体轴的运动,因而动作缺少力量。但是变化非常丰富,且球的落点准确,是竞技比赛中前场常用的小球技法。

2. 注意事项

(1) 站位调整要及时、准确;
(2) 身体重心要稳,腿部主动蹬转,腰要拧转;
(3) 身体重心随着弧形引化动作的变化而变化;
(4) 弧形引化动作要连贯、圆顺;
(5) 出球时,手腕不要以挑、抖等动作发力。

四、基本套路

1. 预备势

身体直立,两臂自然下垂,目视前方,右手正握球拍,左手持球。

2. 起势

左脚向左横跨步,两腿开立,身体重心微微下沉的同时,左手持球由左经头前上方抛至右前上方,身体重心移至右脚,持拍臂迎球将球顺势引化。

3. 左右摆动

(1) 向左摆动:左脚向左横跨步,两腿开立,身体重心微微下沉的同时,左手持球由左经头前上方抛至右前上方,身体重心移至右脚,持拍臂由身体右侧位经体前向左弧形摆动至左侧位,拍尖向前,拍面约与地面垂直,稍高于肩。

(2) 向右摆动:身体重心由右脚移至左脚,持拍臂由身体左侧位经体前向右弧形摆动至右侧位,拍尖向前,拍面约与地面垂直,稍高于肩。

4. 左右小抛

(1) 左小抛:左脚向左横跨1步,成马步,持拍臂由右向左弧形摆动至左侧位,球拍的左边框向上时,将球沿所画弧线的切线方向抛出(球抛出的高度稍高于头10~20cm)。

(2) 右小抛:持拍臂左侧位主动将球沿球拍左边框迎引入拍,由左向右弧形摆动至右侧位,球拍的右边框向上时,将球沿所画弧线的切线方向抛出。

5. 左右转体

（1）左转体：左脚向左横跨 1 步，两臂张开，右手持拍，由腰带动身体向左转 180°。右脚随身体的转动脚尖踮起，左手掌心向上，目视前方。

（2）右转体：右手持拍，由左向右转体 180°，左脚随身体的转动脚尖踮起，左手掌心向上，目视前方。

6. 正反绕环

（1）正绕环：左脚向左横跨 1 步，成马步，持拍臂以肩为轴，由右向左在体前顺时针正绕环一周，左臂随右臂顺时针摆动。

（2）反绕环：左脚向左横跨 1 步，成马步，持拍臂以肩为轴，由左向右在体前逆时针反绕环一周，左臂随右臂逆时针摆动。

7. 正反立旋

（1）正立旋：左脚向左横跨 1 步，右手持拍纳球由右向左上步，转体 180°，右手持拍立旋至头上，左脚撤步，右手持拍继续旋转 180°，完成一周的立旋。

（2）反立旋：右手持拍纳球由左前方向右后方弧线拉球，左脚向右上步，右手持拍向头上弧线拉球，右脚撤步，右手持拍向下顺时针弧线拉球。

8. 腿下抛接

（1）左腿下抛接：左脚向左横跨一步，两膝微屈，右手持拍由右上向左下方做弧形引化动作，当左腿抬起时，将球由腿下向上抛起。

（2）右腿下抛接：右手持拍由右侧上方向左下方做弧形引化动作，当右腿抬起时，将球由腿下向上抛起。

9. 背后抛接

右手持拍纳球由右上方向背后做弧形引化动作，同时上左步踮脚尖，将球由背后向左前方抛起。

10. "8"字绕环

左脚向左横跨 1 步，成马步，持拍臂由身体右侧向前摆至左前侧位，稍向后画弧。再由身体左侧向前摆至右前侧位，稍向后画弧，左臂配合右臂双重摆动，连贯动作在体前形成横"8"字。

11. 整理运动

由右向体前弧形摆动，在体前球拍的左边框向上将球沿球拍的边框抛出，左手手心向前接球并缓缓落至身体左侧，同时左脚向右脚移动，还原成直立。

参 考 文 献

[1] 杨文轩，陈琦. 体育概论（第二版）［M］. 北京：高等教育出版社，2022.

[2] 《体育概论》编写组. 体育概论［M］. 北京：北京体育大学出版社，2022.

[3] 刘耀荣，于宁. 体能训练［M］. 北京：人民体育出版社，2021.

[4] 张蕴琨，金其贯. 运动营养学［M］. 北京：高等教育出版社，2019.

[5] 陈俊，王江，柴仲学，等. 大学体育与健康［M］. 北京：人民体育出版社，2021.

[6] 陈建波，曹学，刘娜. 大学体育［M］. 北京：高等教育出版社，2023.

[7] 全国体育院校教材委员会. 中国武术教程［M］. 北京：人民体育出版社，2004.

[8] 袁守龙，等. 大学体育与健康［M］. 北京：人民邮电出版社，2023.

[9] 中国田径协会. 田径竞赛规则（2018—2019）［M］. 北京：人民体育出版社，2018.

[10] 中国篮球协会. 篮球竞赛规则2022［M］. 北京：北京体育大学出版社，2022.

[11] 中国足球协会. 足球竞赛规则2022/2023［M］. 北京：人民体育出版社，2023.

[12] 中国排球协会. 排球竞赛规则2021—2024［M］. 北京：人民体育出版社，2023.

[13] 中国羽毛球协会. 羽毛球竞赛规则2023［M］. 北京：人民体育出版社，2023.

[14] 中国网球协会. 网球竞赛规则2023［M］. 北京：人民体育出版社，2023.

[15] 中国乒乓球协会. 乒乓球竞赛规则（2022）［M］. 北京：北京体育大学出版社，2022.